Asla Yalnız Yeme

NEVER EAT ALONE

ASLA YALNIZ YEME

Telif Ajansı: ONK Ajans

YAYINCI: Kapital Medya Hizmetleri A.Ş.
GENEL YAYIN YÖNETMENİ: Pelin Özkan
YAYIN KOORDİNATÖRÜ: Ufkun Balkış
EDİTÖR: Gülen Çetin
KAPAK UYARLAMA: Yeşim Kayan
GÖRSEL YÖNETMEN: Sena Altun Çakıroğlu
4. BASKI: Şubat 2013

MediaCat
KİTAPLARI

YÖNETİM YERİ: Nispetiye Caddesi,
Akmerkez E Blok Kat: 6 Etiler/İSTANBUL
Tel: (212) 282 26 40
Faks: (212) 282 26 32
e-posta: kitap@kapital.com.tr

ISBN: 978-9944-383-67-7
Yayıncı Sertifika No: 16190
BASIM ve CİLT: Golden Matbaacılık • 100. Yıl Mah. Mas-Sit 1. Cadde No: 38 34204 Bağcılar - İstanbul Tel: (212) 669 10 84 • Sertifika No: 12358

Asla Yalnız Yeme

Başarıyla Başarısızlık Arasındaki İnce Çizgi: İlişkinin Gücü

KEITH FERRAZZI

Tahl Raz

Çeviri
Levent Göktem

Anneme ve Babama...

İçindekiler

BİRİNCİ KISIM

İşin Teorisi

BİRİNCİ BÖLÜM

Bir Kulübün Üyesi Olmak

İlişkiler her şeyden önemlidir. Evrendeki her şey birbiriyle ilişki içindedir ve var olmalarının dayanağı da budur. Hiçbir şeyin tek başına var olmasının yolu yoktur. Kendi kendimize yetebileceğimiz bireyler olduğumuz masalını artık bir kenara bırakmamız gerekiyor.

–Margaret Wheatley

Harvard Business School'da birinci sınıf öğrenciliğimin ilk günlerinde kendime sürekli olarak aynı soruyu sorup duruyordum: "Tanrım, benim burada ne işim var?"

Eğitim hayatımda tek bir muhasebe ya da finans dersi almamıştım. Etrafım ise işletme alanında üniversite bitirmiş, kendini işletme alanına adeta acımasızca vermiş gençler ile çevriliydi. Wall Street'teki en iyi şirketlerde sayılarla, istatistiklerle, verilerle çalışmışlıkları vardı. Birçoğu da zengin aile çocuğu idi. Köklü bir soyları, ailelerine ait efsaneleri vardı. İsimlerindeki Roma rakamlarından hiç bahsetmeyelim isterseniz. Samimi olmak gerekirse, gözüm bir hayli korkmuştu.

Benim gibi edebiyat fakültesini bitirmiş, imalat sektöründeki bir şirkette birkaç sene çalışmış bir orta sınıf ailenin çocuğu, kendi ahırlarındaki verileri hesaplayan McKinsey ve GoldmanSachs safkanları ile nasıl yarışa girebilirdi?

Hayatımın ve kariyerimin kilometre taşlarından biriydi.

Pennsylvania'nın güneybatı kesiminden taşralı bir çocuktum. Çelik ve kömür işinin yoğun olarak yürütüldüğü Youngstown adında küçük ve çalışkan bir kasabada büyüdüm. Yaşadığımız yerin köyden farkı yoktu. Gösterişsiz evimizin verandasından çevrenize baktığınızda tek bir ev dahi göremezdiniz. Babam, civardaki bir çelik fabrikasında çalışıyordu. Hafta sonları da boş durmaz ve inşaat işleri yapardı. Annem ise komşu kasabada doktorların ve avukatların evlerine temizliğe giderdi. Küçük kardeşim askere yazılarak bu kasaba hayatından kaçmayı başarmıştı. Annemin önceki evliliğinden olan ablam ise ben daha emeklerken ve kendisi henüz bir lise öğrencisiyken evlenmişti.

Çocukluğumda yaşadığım güvensizlik duygusunu Harvard'da tekrar tekrar yaşamaya başladım. Tamam, çok paramız yoktu. Ama annem ve babam, kardeşlerime sağlamadıkları imkanları bana sağlamak için çok uğraştı. Kasabamızdaki varlıklı ailelerin çocuklarına sağladıkları eğitim imkanlarından yararlanabilmem için canla başla çırpınıyorlardı. Bu uğurda her şeylerinden fedakarlık ettiler. Devam ettiğim özel ilkokulun önündeki otobüs durağından annemin beni, kırık dökük Nova'mızla eve götürüşü gözlerimin önüne geliyordu sürekli. Ben o mavi renkli eski püskü arabaya binerken, bütün arkadaşlarım limuzinlerle ya da BMW'ler ile evlerine gidiyorlardı. Arabamızla, sentetik kumaştan kıyafetlerimle ve taklit Docksiders ayakkabılarımla sürekli dalga geçiyorlar, bana hayattaki yerimi istisnasız her gün hatırlatıyorlardı.

Aslında bu yaşadıklarım bana bir lütuftu. Başarma azmimi ve hırsımı kamçılıyordu. Zenginler ile yoksullar arasında çok kalın bir çizgi olduğu beynime kazınmıştı. Yoksulluk beni kızdırıyor, öfkelendiriyordu. Kendimi dışlanmış hissediyordum. Öte yandan, içimdeki bu duygular, çevremdeki herkesten daha çok çalışmak konusunda bana müthiş bir motivasyon sağlıyordu.

Diğerleri ile aramdaki farkı kapatmanın yolu Harvard'a girmek, onun yolu da çok çalışmaktan geçiyordu. Beni sınıfımdaki diğer öğrencilerden ayıran ve bana avantaj sağlayan bir husus vardı. Cambridge'e gelmeden önce öğrendiğim bir şeyi onlar daha henüz öğrenememişlerdi.

Çocukken, bir kır kulübünde çalışmıştım. Komşu mahallenin zenginleri bu kulübün müdavimleriydi. Hayatta başarıyı yakalayanlar ve başarısız olanlar üzerine kafa yormaya bu kulüpte çalıştığım dönemde başladım. O zamanlar yaptığım bir gözlem, dünyaya bakışımı tamamen değiştirecekti.

Zenginler golf oynarken ben onların çantalarını taşırdım. Annemle babamın asla hayal edemeyecekleri profesyonel zirvelere bayrak dikmiş insanların birbirleriyle nasıl sıkı bir dayanışma içinde olduklarını gördüm. Birbirlerine iş bulmakta yardımcı oluyorlar, birbirlerinin fikirlerine zaman ve para harcıyorlar, çocuklarının en iyi okullara girmelerine aracılık yapıyorlar, stajlarında ve nihayet güzel işlere girmelerinde önemli katkılarda bulunuyorlardı.

Her şey gözlerimin önünde olup bitiyordu. Başarı, başarıyı besliyor, zenginler daha da zenginleşiyordu. Arkadaşlık ve ahbaplık ilişkileri, benim sırtlayıp oradan oraya taşıdığım golf çantalarındaki en güçlü sopanın ta kendisiydi. Orada anlamıştım ki yoksulluk sadece mali kaynakların azlığı demek değildir. Yoksulluk, sizi başarıya ulaştıracak insanlardan da uzaklaştıran bir durumdur.

Artık benim için hayatın kendisi de golf gibi bir oyundan ibaretti. Kuralları iyi bilen insanlar, oyunu da en iyi şekilde oynar ve sonunda başarıyı yakalarlardı. Doğru insanları tanıyorsanız ve bu insanlarla kurduğunuz ilişkilerin gücünü doğru şekilde değerlendirebiliyorsanız, benim gibi golf çantası taşıyan bir çocuk olarak hayata adım atmış olsanız bile, sonunda başarıyı yakalar ve "kulübün üyesi" olabilirdiniz.

Anladım ki, hayattaki amaçlarınızı gerçekleştirmek için ne kadar zeki olduğunuzun, doğuştan gelen yeteneklerinizin hatta, en ilginci, nereden geldiğinizin ve hayata nasıl başladığınızın çok da fazla bir önemi yoktu. Elbette önemliydiler. Ne var ki şu gerçeği idrak edememişseniz hiçbir şey ifade etmezler: "Oraya tek başınıza varamazsınız. Daha net ifade etmek gerekirse, tek başınıza hayat yolunda pek bir mesafe kaydetmeniz mümkün değildir."

Şanslıydım. Çünkü başarıya açtım; başarmalıydım. (Samimi bir itirafta bulunmam gerekirse, hayatta başarısız olmam durumunda kendimi beş para etmez bir adam olarak bulmaktan da deliler gibi korkuyordum.) Aksi takdirde, belki de golf sahasındaki arkadaşlarım gibi her şeyin yanımdan geçip gitmesini izleyecektim.

İlk iş olarak Bayan Poland'dan insan ilişkilerinin inanılmaz gücünü öğrendim. Caryl Poland, kasabamızdaki büyük kereste deposu sahibi adamla evliydi. Oğulları Brett ile yaşıt ve arkadaştık. Bizim gittiğimiz kiliseye gelirlerdi. O zamanlarda hep Brett gibi (zengin, kızların ilgisini üzerine çeken atletik) biri olmak isterdim.

Kulüpte Bayan Poland'ın golf çantasını ben taşırdım. Sigaralarını saklamak konusunda titizlenen tek kişi ne gariptir ki bendim. Her turnuvayı kazanması için ben de çok uğraşırdım. Turnuvadan önceki sabah, oyunun oynanacağı alanı dolaşır ve en zor deliklerin yerlerini saptardım. Çimenler üzerinde topun hangi hızla yol alacağını test ederdim. Böylece, Bayan Poland çok sayıda oyunu kazanırdı. Bayan Poland arkadaşlarına benden övgüyle söz ederdi. Öyle ki zamanla, arkadaşları da kendilerine yardımcı olmamı istemeye başladılar.

Günde 36 deliğe çanta taşıyordum. Kulübün çantacı başına kralmış gibi davranmayı da ihmal etmiyordum. İlk senemde en iyi çanta taşıyıcısı ödülünü aldım. Bu da bana doğup büyüdüğü yerde oynamak için geldiğinde Arnold Palmer'ın çantasını taşıma fırsatını yarattı. Arnie de benim gibi bir çanta taşıyıcısı olarak başlamış, büyüyüp bir yetişkin olduktan sonra da çalıştığı Latrobe Kulübü'nü satın alarak başına geçmişti. Onu kendime örnek aldım. Golfte ve hayatta başarının mensubu olduğun sınıfla hiçbir ilgisinin olmadığını gösteren canlı bir kanıttı kendisi. İşin özü başarmaktı. Onun durumunda biraz da yetenek devreye giriyordu. Bazıları ise, doğuştan ya da zenginlikleri sayesinde başarıya erişiyordu. Arnold Palmer gibi bazı insanlar ise her yaptıkları işte muazzam bir başarı kazanabiliyordu. Benim avantajım, sahip olduğum azim ve kararlılıktı. Arnie, geçmişinizin geleceğinizi tayin edemeyeceğine dair etten kemikten bir kanıt olarak önümde duruyordu.

Yıllarca Poland ailesinin gerçek bir ferdi gibi yaşadım. Hemen her gün evlerindeydim. Tatillerimi onlarla geçirdim. Brett ve ben birbirinden ayrılmaz iki arkadaş olmuştuk. Onun ailesini kendi ailem kadar çok seviyordum. Bayan Poland, kulüpte bana bir şekilde yardımı dokunabilecek herkesle tanışmamı sağlıyordu. Ne zaman canım sıkılsa bunu anlar ve benimle ilgilenirdi. Golf sahasında ona yardım ediyordum. Yardımlarıma ve gösterdiğim ilgiye teşekkür anlamında o da bana hayatta yardımcı oluyordu. Bana cömertliğe dair küçük ama çok önemli bir ders vermişti. Başkalarına yardım edersen, onlar da sana yardım eder. Karşılıkta bulunma ya da zamandan bağımsız bu yaşam ilkesini insanların daha yetişkin çağlarında tanımlamakta kullandıkları bir sözcüktü. Bense sadece "ilgi" kelimesini biliyordum. Birbirimizle ilgilenirdik. Birbirimiz için iyi şeyler yapmak adına çaba gösterirdik.

Poland ailesi ile yaşadıklarım ve Bayan Poland'ın bana öğrettiği bu ders, Harvard'daki o aşırı rekabetçi, bireyselci öğrencilerin aslında çok yanlış bir yolda olduklarını daha ilk sömestrde bana gösterecekti. Başta iş hayatında olmak üzere her alandaki başarının temel şartı insanlara karşı değil, insanlarla birlikte çalışmaktır. İş, beşeri bir olgudur ve onu yaratanlar, yürütenler insanlardır. Parayla, rakamlarla uğraşmak, bu mutlak gerçeği asla değiştiremez.

İkinci yarıyılda artık şakayla karışık kendi kendime sormaya başlamıştım: "İyi de öteki öğrenciler nasıl oldu da buraya gelebildiler?"

Okul arkadaşlarımda önemli bir niteliğin eksik olduğunu keşfetmiştim. İnsanlarla ilişki kurmak ve geliştirmek konusunda beceri ve stratejileri yoktu. Amerika'da, bilhassa iş dünyasında bizlere John Wayne tarzı bireyselciliği benimsememiz öğretilir. Başkalarının hayatına dâhil olmak için onlarla gerçekten ilgileniyormuş gibi gözüken insanlara yalaka ya da çıkarcı gibi sıfatları uygun görürüz.

Yıllar içinde, insanlarla aktif ilişki kuran kişilerin ne kadar yanlış anlaşıldığını ve ilişki kurma yol ve yöntemlerine dair doğru bilinenlerin de aslında ne denli yanlış olduğunu kavradım. Golf sahasında arkadaşlar birbirlerine yardım ediyorlardı. Aileler, sevdikleri ve ilgilendikleri ailelere yardımcı oluyordu. Orada bir çıkarcılık ya da uyanıklık söz konusu değildi. Kimin kime nasıl yardım ettiğine dair bir çetele tutulduğu pek görülmezdi. Karşılığında bir şey elde etmek için birine yardımcı olmak gibi bir strateji güdülmezdi.

Zamanla, insanlara ulaşmanın onların hayatında bir fark yaratmakla kalmadığını, kendi hayatımı keşfetmeye, öğrenmeye ve zenginleştirmeye yaradığını da fark ettim. Hayat yolumun taşlarını da bu doğrultuda dizmeye başladım. İnsanlarla ilişki kurma çabalarımı bu bakış açısından değerlendirince, iş ve özel hayatımın her bölümünde bunu coşkuyla uygulama konusunda kendi kendime izin verdim.

"İlişki ağları" hakkındaki görüşlerimin tersine insanlara ulaşmaya çalışmanın hiç de soğuk ve duygudan uzak bir şey olmadığını düşünüyordum. Başkalarına değer katmanın, aynı esnada da kendi değerimi artırmanın yolunu arıyordum ve bunu da *bağlantı* kurarak, bilgi birikimimi ve kaynaklarımı, zaman ve enerjimi, dostluk ve arkadaşlıklarımı, empati ve şefkatimi başkalarıyla paylaşarak yapabileceğimi görmüştüm. Tıpkı iş dünyasında olduğu gibi, bağlantı kuran kişi olmanın yolu, işin kendisini değil, ilişkileri yönetmekten geçiyordu.

İçgüdüsel olarak güçlü bir ilişki ağı kurabilenler daima büyük işlere imza atmıştır. İş dediğiniz kavramın, üzerindeki tanımları sıyırıp iskeletine bakarsanız, diğer insanlara bir şeyler satan başka insanların meydana getirdiği bir yapı olduğunu görürsünüz. İş dünyası nihai rekabet avantajını yakalamak adına sürekli olarak markalardan teknolojiye her şeyi çekip çevirirken bu fikri o hayhuy arasında çok kolayca gözünden kaçırabilir. Ama başarıyı yakalamış bir CEO'ya, girişimciye ya da herhangi bir profesyonele o başarıyı nasıl elde ettiğini sorarsanız, sizi temin ederim, iş jargonu ile kurulan pek az cümle duyarsınız. Dürüstlerse ve kendi başarılarının kölesi olmamışlarsa, en çok duyacağınız şey, onlara kapıları açan kişiler olacaktır.

Hayatımda ve kariyerimde ilişkilerin gücünü başarıyla kullandıktan sonra, ilişki kurmanın işte ve hayatta öğrenilmesi gereken en önemli becerilerden biri olduğuna kanaat getirdim. Niye mi? Çünkü, açık konuşmak gerekirse, insanlar tanıdıkları ve sevdikleri insanlarla iş yaparlar. Düşünülebilecek her alandaki iş yaşamı da aynı yolu takip eder. Mutluluğumuz ve huzurumuz, kendimiz için kurduğumuz insan topluluğundan alabildiğimiz destek, rehberlik ve sevginin miktarı ile doğru orantılıdır.

Başka insanlarla ilişki kurmanın yollarını anlamam uzunca bir süremi aldı. ABD başkanlığına da oynasam, mahallemdeki bir derneğin yöneticiliğine de göz diksem bu yolda yardımlarına gereksinim duyacağım çok sayıda insan olacağını gayet iyi biliyordum.

Kendi Kendine Yeterlilik: Yanlış Bir Kavram

Bir tanıdığınızı arkadaşa nasıl dönüştürürsünüz? Başka insanların sizin gelişiminize duygusal olarak yatırım yapmasını nasıl sağlarsınız? Neden bazı tipler iş konferanslarından ceplerinde yığınla yemek randevusu ile ve bir düzine potansiyel yeni arkadaşla ayrılırken, bazıları sadece havasını alarak ayrılır? Hayatınızda en büyük etkiyi yapabilecek insanlarla nerelerde tanışabilirsiniz?

Latrobe'daki çocukluk günlerimden itibaren bulabildiğim her kaynaktan öğüt ve bilgelik almaya çalışırım. Bu kaynaklar arkadaşlarım, komşular, öğretmenlerim veya ailem de olabilir, kitaplar da. İnsanlarla iletişim ve ilişki kurma isteğim o kadar güçlüydü ki hiçbir zaman bu isteğimin dinmeyeceğini düşünürdüm. İş hayatımda ise mentorluk kavramını keşfettim. Kariyerimin her safhasında etrafımdaki en başarılı insanları arayıp buldum ve onlardan yardım ve rehberlik etmelerini istedim.

Mentorluğun değeri hakkında bana ilk dersi veren kişi, yaşadığım yerde avukatlık yapan George Love idi. O ve kasabanın bankeri Walt Saling beni kanatlarının altına aldı. Profesyonel hayatlarına dair hikayeler anlatıyorlar ve hayat okulundan edindikleri dersleri benimle paylaşıyorlar, beni kendilerine hayran bırakıyorlardı. Hırslarımın ve tutkularımın tohumları, George ve Walt'un daldan dala konan iş haylazlıklarının verimli topraklarında filizlendi. O günden beri, bana bir şeyler öğretebilecek, bana esin kaynağı olabilecek insanları arar dururum. Hayatımın sonraki evrelerinde, şirket yöneticileri, işyeri sahipleri, siyasetçiler ve her mevkiden farklı farklı insanları tanıdıkça, ülkedeki en başarılı şahsiyetlerin başkalarına nasıl destek olduklarını ve kendi başarılarında da aynı insanların nasıl pay sahibi olduklarını gözlemledim.

Öğrendim ki, *gerçek* insan ilişkileri kurmak demek, *başka* insanların daha başarılı olmaları için imkan ve yollar sağlamak demekti. Alacağınızdan daha fazlasını vermeye çalışmak demekti. Bu yüksek felsefenin hayata geçirilmesi için kullanabileceğimiz gerçekçi ilkeler olduğuna inanıyordum.

Sözünü ettiğim bu ilkeler, yapabileceğimi hiç düşünmediğim şeyleri başarmama yardımcı olabilirdi. Bana, aldığım eğitim ve geldiğim yerden bağımsız olarak çok üst seviyelerdeki kapıları aralayabilir, başarısızlığa uğradığımda yardımıma koşabilirdi. O yardıma en çok, Harvard sonrasında çalışmaya başladığım ilk şirket olan Deloitte & Touche Consulting'daki işimde ihtiyaç duydum.

Klasik kriterlerle bakıldığında felaket ötesi bir danışmandım. Önümde bir hesap tablosu, penceresiz, daracık bir oda, dosyaların zeminden tavana kadar yükseldiği, diğer yeni danışmanların kafasına veri yağmuru yağdırdığı bir ortam... Çok denedim, uğraştım. Ama olmadı. Bu kadar yoğun bir can sıkıntısının ölümcül olduğuna karar verdim.

Kendimi kovdurmak ya da istifa etmek konusunda emin adımlarla ilerliyordum. Neyse ki daha işi öğrenme aşamasında ilişki kurma kurallarının bazılarını çoktan uygulamaya koymuştum. Verilerle dolup taşan hesap tablolarını incelemediğim boş zamanlarda eski sınıf arkadaşlarımla, hocalarımla, eski patronlarımla ve Deloitte ile ilişki kurmaktan bir yarar sağlayabilecek herkes ile iletişime geçmiştim. Hafta sonlarında çeşitli şehirlerde küçük konferanslar veriyor, Harvard'da, Len Schlessinger'in (kendisine bugünkü konuşma tarzımı da borçluyum) verdiği eğitimden edindiklerimi anlatıyordum. Amacım, yeni firmam için iş kapılarını aralarken, bir yandan da tanıtımını yapmaktı. Organizasyon içinde CEO Pat Loconto da dahil birçok akıl hocam vardı.

Her şeye rağmen ilk yılımdaki performans değerlendirmemin sonucu çok kötüydü. Benden beklenen odaklanmayı gösteremediğim ve işimi severek yapamadığım için kötü puanlar vermişlerdi. Ancak, kendileriyle yakın ilişkiler geliştirdiğim müdürlerim, mesai harici çabalarımın farkındaydılar. Akıllarında benim için bir düşünce vardı. Birlikte, daha önce hiç olmayan bir iş tanımı hazırladık.

Akıl hocalarım bana 150.000 dolarlık bir harcama hesabı tahsis ettiler. Bunu halihazırda yaptığım işler için, yani iş geliştirmek, konuşmalar yaparak şirketi temsil etmek ve Deloitte'un pazardaki yerini sağlamlaştırmaya yönelik olarak basın ve iş dünyası ile ilişkiler kurmak için harcayacaktım. Müdürlerimin bana olan güveni meyvelerini verdi. Bir yıl içinde, şirketin marka bilinirliği benim odaklandığım alanda en dipten en üst sıralara yükseldi. Böylesi bir artış (elbette başka çalışanların da bunda payı vardı) şirket tarihinde daha önce görülmemişti. Şirketin pazarlamadan sorumlu genel müdür yardımcılığına getirilmekle kalmadım, ortaklığa kabul edilen en genç kişi unvanına da sahip oldum. Bir anda her şey olağanüstü güzelleşmişti. Artık eğlenceli, heyecanlı ve ilginç bir işim vardı. Bir işten bekleyebileceğiniz her şeye sahiptim.

İş hayatım böyle tam gaz sürüp giderken, bazı açılardan şanlı bir tesadüf gibi görülüyordu. Aslında, yıllarca profesyonel hayat çizgimin beni nereye götüreceğini tam olarak görememiştim. Deloitte'dan sonra çeşitli üst düzey görevlerde bulunduktan sonra kendi işimi kurdum. Ancak bugün geçmişe baktığımda, yaşadıklarımın benim için ne kadar önemli ve anlamlı olduğunu anlayabiliyorum.

Deloitte'dan sonra Starwood Hotels & Resorts'ta çalışırken *Fortune* 500'e giren en genç pazarlamadan sorumlu genel müdür yardımcısı oldum. Sonrasında, Knowledge Universe (Michael Milken) adlı şirketin CEO'luğuna getirildim. En sonunda da FerrazziGreenlight adıyla kendi şirketimi kurdum. Bir satış ve pazarlama danışmanlığı firması olan, aynı zamanda eğitim faaliyetlerinde de bulunan FerrazziGreenlight, birbirinden saygın çok sayıda markaya hizmet verirken, dünyanın dört bir yanından CEO'lara da danışmanlık yapıyor. Zirveye çıkan yolda zikzaklar çizerek ilerledim. Sıkıştığım, tavsiyeye ihtiyaç duyduğum her an, yarattığım arkadaş çevreme danıştım.

Başlangıçta, insanlarla ilişki kurma becerilerimi gözlerden uzak tutmaya çalışırdım. Çünkü, işle ilgili daha "saygın" becerilerle kıyaslandığında bunların küçümseneceğini sanırdım. Ama zaman geçip yaş ilerleyince CEO'lardan siyasetçilere, üniversite öğrencilerinden kendi personelime kadar herkes gelip tavsiye istemeye başladı ki bu da benim yapmaktan her zaman büyük bir keyif aldığım bir işti. *Crain's* dergisi, 40 yaşın altındaki en başarılı yöneticiler listesine beni de dâhil etti. Dünya Ekonomik Forumu bana "Geleceğin Global Lideri" unvanını verdi. Senatör Hillary Clinton, özel olarak ilgilendiği bir sivil toplum kuruluşu olan Save America's Treasures için benden ilişki kurma becerimi kullanarak bağış toplamamı rica etti. Arkadaşlarım ve *Fortune* 500 şirketlerinin CEO'ları benden potansiyel ve mevcut müşterileri için daha sıcak partiler düzenlemem konusunda ricada bulunuyorlardı. MBA öğrencileri bana e-posta gönderiyor ve okullarında öğrenemedikleri ilişki kurma yollarını kendilerine anlatmamı istiyorlardı. Bu ricalar, Amerika'nın en prestijli MBA programlarında öğretilen resmi dersler olarak karşılık bulacaktı.

Başarımda payı olan ilişki kurma becerisi, başkalarının da öğrenerek fayda sağlayabilecekleri bir kazanımdı.

Elbette başarının tek yeter koşulu bir ilişkiler ağı oluşturmak olamaz. Ama kariyerinizi ve hayatınızı arkadaşlarınızın, tanıdıklarınızın ve ailenizin destek ve yardımlarıyla kurarsanız çok değerli artıların sahibi de olursunuz.

1. Canınız hiç sıkılmaz. Bazen çokça zaman alabilir. Çok şey yapmanızı gerektirebilir. Ama asla sıkılmazsınız. Sürekli olarak kendinizle, diğer insanlarla, işinizle ve dünya ile ilgili yeni şeyler öğrenirsiniz ve bu harika bir duygudur.
2. İlişkileri odakta tutan bir kariyer, çalıştığınız şirketler için de iyidir. Çünkü, sizin büyümeniz, gelişmeniz herkes için de iyi bir şeydir. İnsanlar, sizin sunduğunuz değerle bağlantı kurmak isterler. Gelişiminizde çevrenizdeki kişilerin ve şirketinizin pay sahibi olması insanı gerçekten mutlu eden bir duygudur.
3. İlişki kurmak bir başka deyişle insanlarla yeni bağlantılar yapmak, kendisiyle birlikte gelen destek, esneklik ve fırsatlar nedeniyle içinde bulunduğumuz dünyada öz gelişim için büyük anlam taşır. Bir zamanlar organizasyonlarca önerilen sadakat ve güvenlik, bir noktadan sonra kendi çevremiz tarafından temin edilebilir olur. Bir şirkette ömür billah çalışmak denen olgu artık tarih oldu. Şimdi hepimiz birer bağımsız çalışanız ve farklı işlerde ve şirketlerde kendi kariyerlerimizi yönetiyoruz. Günümüzün geçer akçesi ise bilgidir. Dolayısıyla, geniş bir çevre, farklı alanlarda düşünce lideri olmak ve bu konumu sürdürmek açısından en emin yoldur.

Bugün adres defterimde, aradığım zaman cevap verecek 5 binden fazla kişinin irtibat bilgileri bulunuyor. Uzmanlıklarını, yardımlarını, teşviklerini sunacak, iş teklifinde bulunacak hatta ve hatta ilgi ve sevgi gösterecek 5 bin kişiden bahsediyorum. Tanıdığım en başarılı insanlar, ne özel yetenekleri olanlardı, ne özel eğitimleri veya tılsımları vardı. Ortak noktaları, güvenebilecekleri, yetenekli ve ilham verebilen insanlardan oluşan, gereksinim duyduklarında yardıma koşacak bir çevreye sahip olmalarıydı.

Böyle bir çevreyi oluşturmak çaba ister. Tıpkı benim o golf sahasında döktüğüm gibi ter dökmenizi gerektirir. Kendinizi değil, başkalarını düşünmeniz icap eder. Başkalarına ulaşmaya karar verdiğinizde ve onlardan yardımlarını rica ettiğinizde, tıpkı benim gibi siz de hedeflerinizi başarmak anlamında bunun ne kadar etkin bir yol olduğunu göreceksiniz. Hayatınızı daha dolu yaşayacak, sevdiğiniz ve sizi seven, sizi düşünen insanlardan oluşan ve sürekli büyüyen capcanlı bir çevrede yaşamanın mutluluğunu tadacaksınız.

Okumakta olduğunuz bu kitap, başarılı birçok insanın arkasındaki sırların ana hatlarını ortaya koymak için yazıldı. Bu sırlar, işletme fakültelerince, kariyer danışmanlarınca veya terapistlerce pek de ciddiye alınmıyor. Bu kitapta ele aldığım fikirlerden yararlanarak sizler de iyi ilişkilerden örülü bir çevrenin merkezinde bulunabilir, bu sayede hayatta başarıyı yakalayabilirsiniz. Çevre oluşturmak konusunda ben çılgınca bir istekle çabaladım elbette. Size öğreteceklerimi ben kendi hayatımda bol bol uygulamaktayım. Ama sadece başka insanlara ulaşmaya çalışarak ve kimsenin hayatta tek başına başarılı olamayacağını anlayarak bile, inanıyorum ki çok kısa sürede çok güzel sonuçlar almaya başlayacaksınız.

Herkesin ilişki kurma ve çevre oluşturma kapasitesi vardır. Ayrıca, Pennsylvania gibi bir yerde doğup büyüyen bir köylü çocuğu bile kulübe girebiliyorsa, siz neden giremeyesiniz?

Kulüpte görüşmek üzere.

İKİNCİ BÖLÜM

Çetele Tutmayın

Kendi kendini meydana getirmiş insan diye bir şey yoktur. Her birimiz binlerce başka insandan meydana geliriz. Bizim için bir iyilik yapmış, bizi cesaretlendirecek bir söz söylemiş olan herkes karakterimizi, düşüncelerimizi ve başarımızı oluşturan kişilerin arasındaki yerini almıştır.

–George Burton Adams

Üniversite ve yüksek lisans öğrencilerine konuşmalar yaptığımda bana hep aynı soruyu yöneltirler: "Başarının sırrı nedir?" Gençler, başarının gizli kurallarını merak ederler hep. Cevabı da güzel, şık bir paket içinde kendilerine sunmamı beklerler. Hiç garip değil. Onların yaşında ben de aynısını isterdim.

Onlara diyorum ki, "Demek başarının sırrını çok net bir şekilde size söylememi istiyorsunuz. Pekala, sizin için başarının sırrını tek kelimeyle özetleyeceğim: Cömertlik."

Sonra biraz durup çocukların yüzlerini inceliyorum. Gözlerinde soru soran ifadeler oluyor. Grubun yarısı onlara bir fıkra anlatmamı bekliyor. Diğer yarısı ise bu konuşmayı dinlemektense gidip bir bira içmek istiyor. Bakışlarından bunları okuyorum.

Sözlerime açıklık getirmek için anlatmaya devam ediyorum. Babamın Pennsylvania'lı bir çelik işçisi olduğunu, benim için kendi sahip olduğundan çok daha fazlasını istediğini söylüyorum. Bu isteğini daha önce hiç yüz yüze gelmediği birine, çalıştığı şirketin CEO'su Alex McKenna'ya ilettiğini, Bay McKenna'nın babamın bu istek ve cesaretine sempati ile baktığını ve kendisinin de yönetim kurulunda bulunduğu, ülkenin en iyi okullardan birinde burs almamı sağladığını anlatıyorum.

Daha sonra, *New York Times*'da hakkımda çıkan ve Yale'de ikinci sınıf öğrencisiyken New Haven Belediye Meclisi'ne girme çabalarımın başarısızlıkla sonuçlanmasının anlatıldığı bir yazı nedeniyle tanışma şansını elde ettiğim Pennsylvania Cumhuriyetçi Parti Başkanı Elsie Hillman'ın bana borç para verip işletme fakültesine girmem konusunda beni nasıl yüreklendirdiğini aktarıyorum.

"Sizin yaşınızdayken, bana dünyadaki en iyi eğitim fırsatlarından biri tanındı. Bu da neredeyse tamamen başkalarının bana sundukları cömertlikle mümkün oldu" diyorum. Ara vermeden devam ediyorum, "İşin en zor kısmı şu: Sunulan cömertliği kabul etmeniz yetmez. Dışarı çıkıp onu istemeniz gerekir."

O anda çevremdeki gençlerin yüzlerinde bir kıvılcım çakıyor. Hemen hepsinin bir iş görüşmesine, stajyerliğe girmesi için çıkıp o sözünü ettiğim cömertliği bulması gerekiyor. Ne var ki, yardım istemek için işe koyulmanız ancak işin yarısını teşkil ediyor. Aynı oranda yardım da etmek zorundasınız.

İşte ilişki kurmak dediğim zaman kastettiğim budur. Sürekli olarak yardım etmek ve yardım istemek sürecidir. İnsanlar arasında ilişkiler kurarak, onlara zaman ayırarak, uzmanlığınızı paylaşarak mevcut olan ortadaki pastanın herkes için büyümesini sağlayabilirsiniz.

Karma felsefesine benzeyen bu görüş, iş dünyasından nefret etmiş kişilere saflık gibi gelebilir. Kurumsal Amerika'nın koridorlarında cömertliğin gücü henüz yeterince anlaşılmamış olsa da ilişkiler dünyasındaki değeri tartışmasız bir biçimde kanıtlanmıştır.

Kendimden örnek vereyim. Kariyer danışmanlığı yapmaktan büyük keyif alıyorum. Bu benim için bir hobi oldu. Yüzlerce genç için bunu yaptım. İş hayatlarındaki başarılarını duydukça nasıl mutlu olduğumu bilemezsiniz. Genç bir insanın hayatında büyük değişiklikler yapabileceğim dönemler var. Bir kapıyı açabilir, bir telefon görüşmesi yapabilir, bir stajyerlik ayarlayabilirim. Sadece bunlarla bile insanların hayatlarında ciddi değişiklikler yapabilirim. Ama ne var ki bu tür önerilerim çoğu zaman geri çevrilir.

Karşımdaki kişiden aldığım cevaplar üç aşağı beş yukarı aynıdır. "Kusura bakmayın ama, bunu kabul edersem size nasıl geri ödeyeceğimi bilemiyorum. O nedenle kabul edemeyeceğim" veya "Kimseye minnet borcu duymak istemem. İster istemez geri çevirmek zorundayım" derler. Bazısı da "Bunu bir gün size mutlaka ödeyeceğim" der. En çok kızdığım konu, bu dünyada işlerin nasıl yürüdüğüne gözlerini kapatmalarıdır. Genelleme yaptığımı düşünmeyin. Çok farklı yaşlardan ve mesleklerden insanların verdikleri tepkileri aktarıyorum sadece.

Bir ilişki ağı, karşılıklı ihtiyaçların mevcudiyeti ve bunun farkında olunması sayesinde işlevini görür. Kişisel ilişkiler kurmaya zaman ve para yatırılması, doğru insanlar söz konusuysa temettüsünü mutlaka verir. Mentorları olduğum kişilerin imrenerek baktıkları olağanüstü zengin ve başarılı kişilerin (ben onları "yüzde 1'ciler" diye tanımlıyorum) çoğu bu dinamiği kavradıkları için o konuma ulaştılar. Çünkü onlar, arkadaş ve tanıdık çevrelerinin gücünü kullanarak bugünkü mevkilerine yükseldiler.

Siz de bunu gerçekleştirmek istiyorsanız, ilk iş olarak çetele tutmayı bırakmalısınız. Tanıdıklarınızı başkalarına tanıştırmak için şevkle çaba göstermiyorsanız, kendi çevrenizi oluşturmanız da mümkün değildir. Ne kadar çok sayıda insana yardım elinizi uzatırsanız, o kadar çok sayıda insandan size yardım eli gelir. Tıpkı internet gibi. Ne kadar çok sayıda insan interneti kullanırsa internet de o kadar değerli olur. Bugün mentorluğunu yapmış olduğum bir ordu insan var. Farklı sektörlerde başarılı kariyerlere imza atan bu insanlar, bir taraftan da bana gelen gençlere mentorluk yapmamda yardımcı oluyorlar.

İçi boş laflar değil bunlar. İş dünyasının gerçekçi dünyasına mensup kişilerin çok ciddiye aldıkları bir olgudan söz ediyorum.

Sistemin bütün unsurlarının birbirine dayanarak ayakta kalabildiği bir çağdayız. Firmalar, nakavt olmamak için her fırsatta stratejik işbirliklerine gidiyorlar. Her gün daha fazla insan, hedeflerini gerçekleştirebilmek için başkalarıyla çalışmak zorunda olduklarını kavrıyor. Sadece tek tarafın kazançlı çıktığı senaryoların uzun vadede iki tarafın da kaybetmesiyle sonuçlandığı her zamankinden daha iyi anlaşıldı. Kazan-kazan ilkesi birbirine bağlı bir dünyada bir realite haline geldi. Birbirine sıkı bağlarla bağlı bir pazarda, işbirliğinin rekabet üzerindeki ağırlığı da giderek artıyor.

Oyunun kuralları değişti.

1956 yılında William Whyte'ın çok satan kitabı *The Organization Man*, tipik Amerikan işçisinin temel özelliklerini anlatıyordu. Üzerimize gri takım elbiselerimizi giydik ve büyük şirketler için çalışmaya başladık. İş güvenliği karşılığında sadakatimizi verdik. Göklere çıkarılan, sözleşme ile şartları belirlenmiş, pek az seçenek ve fırsat sunan bir kölelikti bu. Bugün ise artık işverenler pek az sadakat sunuyorlar. Çalışanlar ise bu kelimeyi unuttular. Çalışanlar artık birer serbest ajan gibiler. Her biri girişimci ve inisiyatif sahibi insanlar. Her birinin kendine özgü bir markası var.

Büyük balığın küçük balığı yuttuğuna, etraftaki en kötü, en zalim balıkların kazandığına inanan insanlar bu yeni zamanlara uyum sağladılar. Ama bu durumun gerçekle uzaktan yakından alakası yoktu.

Çalışan kesimin cömertlik ve sadakati, çalıştıkları şirketlerde bulduğu o zamanlar geride kaldı. Artık, bunları kendi ilişkilerimiz içinde arayıp bulmak zorundayız. Zamanında, şirketlere körü körüne verdiğimiz sadakat ve cömertlikten bahsetmiyorum. Daha kişisel düzeyde, iş arkadaşlarınıza, ekibinize, dostlarınıza ve müşterilerinize sunduğunuz bir sadakat ve cömertliği ifade etmeye çalışıyorum.

Bugün birbirimize her zamankinden çok daha fazla ihtiyacımız var.

İşin üzücü tarafı, birçok insanın hâlâ 1950'lerdeki gibi davranması. Bağımsızlığı romantikleştirmeye meraklı bir tarafımız var. İş literatürü hâlâ özerkliği bir erdem olarak kabul ederken, iletişimin, takım çalışmasının ve işbirliğinin değeri daha az. Böyle düşünenler için bağımsızlık, koşulsuz bağımlılığın sadece bir türevinden ibaret. Bu düşünce ise benim deneyimlerime göre bir kariyer katilinden başka bir şey değil.

Özerklik, kumdan inşa edilmiş bir can yeleğidir. Bağımsız düşünme ve hareket etme becerileri olmayan kişiler, bireysel olarak iyi üreticiler olabilirler. Ama iyi liderlik veya takım oyunculuğu söz konusu olduğunda makbul değillerdir. Kariyerleri kolayca sarsılır ve mahvolmaya mahkum olurlar.

Bir örnek vermek istiyorum. Deloitte firmasında çalışırken ülkenin en büyük sağlık ve bakım şirketi için bir proje üzerinde çalışıyordum. Kaiser Permanente beni iki genel merkez arasında San Francisco'dan Los Angeles arasında dolaştırıp duruyordu. Hafta sonlarında ise Chicago'daki evime geliyordum.

Danışmanlık dünyasını başka bir alana geçiş yapmak için kullanabileceğimi daha o zamanlarda düşünmüştüm. Los Angeles'tayken eğlence sektörüne nasıl bir yol açabileceğimi hesaplamaya başladım. Özel olarak başarmak istediğim bir konu yoktu. Sadece bu sektöre ilgi duyuyordum ve yeni bir şeyler yapma zamanı geldiğinde bir aracıya mektup yazmama gerek kalmaksızın Hollywood'a nasıl girebileceğimi öğrenmek istiyordum.

Üniversite yıllarımda en iyi arkadaşım olan Ray Gallo Los Angeles'ta avukatlık yapıyordu. Onu aradım ve bana tavsiyede bulunmasını rica ettim:

"Hey, Ray. Eğlence dünyasından tanıyıp da bana sektöre nasıl gireceğim konusunda tavsiyelerde bulunabilecek bir tanıdığın var mı? Kısa bir öğle yemeğine hayır demeyecek biri?"

David adında biri vardı. Ortak arkadaşları aracılığıyla tanıdığı biriydi. O da Harvard Business School'da okumuştu. Ray, onu arayabileceğimi söyledi.

David, Hollywood'da bazı yaratıcı işler yapan zeki bir girişimciydi. Okuldan tanıdığı bir arkadaşı aynı zamanda film stüdyolarının birinde üst düzey yöneticiydi. Her ikisini de tanıma şansını elde etmeyi umuyordum.

David ile Santa Monica'da bir kafede buluştuk. Los Angeles sakinlerine özgü tarzda, hayli şık bir kıyafet giymişti. Benim üzerimde takım elbise ve kravat vardı. Tam bir orta batılı danışman görünümündeydim.

Havadan sudan konuştuktan sonra David'e bir soru sordum. "Gelecekte eğlence sektörüne geçmeyi düşünüyorum. Bana önerilerde bulunacak bir tanıdığın var mı?" David'in yakın arkadaşı benim de arkadaşımdı. Bu ricam, tanışma şeklimizi düşününce gayet kabul edilebilir bir rica gibi görünüyordu.

Birini tanıdığını, Paramount'ta üst düzey yönetici olduğunu söyledi.

Çok sevinmiştim. Heyecanla, kendisiyle hemen tanışmak istediğimi söyledim. Bir görüşme ayarlayıp ayarlayamayacağını sordum. Belki bir e-posta atmak bile yeterli gelirdi.

Duygusuz bir ses tonuyla "Olmaz" dedi. Şaşırmıştım. Şaşkınlığım yüzümden okunuyordu. Şunları söyledi: "Keith, durum şu: Bir gün biliyorum ki bu kişiden bir iyilik isteyeceğim. Bu iyiliği sen ya da bir başkası için rica etmek istemiyorum. Bunu kendime saklamak istiyorum. Kusura bakma. Beni anlayacağını umuyorum."

Ne var ki anlamamıştım. Hâlâ da anlamış değilim. Söylediği sözler benim için çok anlamsızdı. İnsanlar arasındaki ilişkilerin sınırlı, sonu olan şeyler olduğunu düşünüyordu. Belki de bir pasta olarak görüyordu. Pastayı dilimleyip bir dilimini aldığınızda geriye kalan pasta miktarı azalıyordu onun gözünde. Oysa ben, ilişkilerin kaslar gibi olduğunu biliyordum. Onları ne kadar çalıştırırsanız o kadar gelişir, güçlenirlerdi.

Birisiyle görüşmek için zaman ayırıyorsam, o kişinin başarılı olmasına çalışacağım içindir. Ama David çetele tutan bir insandı. Her türlü sosyal ilişkiyi, azalan verimler yasası çerçevesinde görüyordu. Ona göre sosyal ilişkilerde çok az iyi niyet vardı ve bunların dikkatli değerlendirilmesi gerekiyordu.

Anlamadığı şey ise insan ilişkilerinin kaslara benzediğiydi. David bunu hiçbir zaman da anlayacak birine benzemiyordu.

Pennsylvania'daki eski lise müdürüm Jack Pidgeon bana bir ders öğretmişti. Okulunu geliştirmesinin sırrı, insanlara "Bana nasıl yardımcı olabilirsiniz?" şeklinde değil, "Size nasıl yardımcı olabilirim?" anlayışı ile yaklaşmaktı.

Üniversitede ikinci sınıfta okurken, Jack'in birçok kereler bana yardımı dokunmuştu. Jack Kennedy'ye karşı Kongre adaylığı için yarışan bir kadın için çalışmaya gönüllü olmuştum. Boston'da Kennedy'ye karşı yarışmak, üstelik Jack Kennedy'nin daha önce de Kongre üyesi olduğunu düşünürseniz, birçokları için baştan kaybedilmiş bir davaydı. Çok genç ve saftım. Savaşmaya hazırdım.

Maalesef, beyaz bayrak çekmeden önce zırhımızı kuşanmamız için pek fazla zaman bulamayacaktık. Kampanyamızın daha birinci ayında paramız bitmişti. Diğer sekiz üniversite öğrencisi ve ben, resmen otel odamızdan kovulmuştuk. Keza, kampanya merkezimizi de kirasını ödeyemediğimiz için boşaltmak zorunda kalmıştık.

Çantalarımıza bir şeyler koyup, kiralık bir minibüse atlayıp başkente gitmeye karar verdik. Başka bir şey yapmak aklımıza gelmiyordu. Saf saf, başka bir kampanyaya destek verebileceğimizi düşünüyorduk. Gençlik başka türlü bir şeymiş gerçekten de.

Yolda giderken, gece yarısı mola verdiğimiz bir noktadan Bay Pidgeon'u aradım. Ona durumumuzu anlattığımda kıkırdayarak güldü. Sonra, okulundan mezun olanlar için yıllardır yaptığı bir şeyi yaptı. Telefon defterinden bazı kişileri aramaya başladı.

Aradığı kişilerden biri Jim Moore idi. Eski mezunlardandı. Reagan yönetimi sırasında Ticaret Bakanı Yardımcılığı görevinde bulunmuştu. Kayıp ruhlar minibüsümüz başkente vardığında yatacak yerlerimiz ayarlanmıştı. Yaz aylarında yapacağımız işler ise belli olmak üzereydi. Bay Pidgeon'un Jim'i başka vesileler ile daha evvel de aradığından eminim.

Bay Pidgeon, insanları birbirleriyle tanıştırmanın değerini anlamış biriydi. Mezunları birbirlerine tanıtıyordu. Sadece bireysel çapta bir etki yaratmadığının farkındaydı. Bu sayede, beş binadan meydana gelen, iflasın eşiğindeki o güzel ve küçük okulu da ayakta tutmasını sağlayacak sadakati yaratıyordu.

Öyle de oldu. Jim ve ben şimdi mezun olduğumuz okulun yönetim kurulundayız. Jack'in okulu ilk devraldığı dönemdeki halini bilseydiniz, bugünkü halini tanımakta zorluk çekerdiniz. Okulumuz, kayak pistleriyle, golf sahasıyla, güzel sanatlar merkeziyle ve ileri teknolojisiyle ortabatıdaki MIT'i andırıyor.

İlişkiler, güvenle sağlamlaşır. Ben buna inanıyorum. Kurumlar da bunun üzerine kurulur. Başkan Kennedy'nin de dediği gibi insanların güvenini, onların sizin için neler yapabileceğini sorarak kazanamazsınız. Onlar için bir şeyler yaparak güvenlerini elde edebilirsiniz.

Başka bir şekilde ifade etmek gerekirse, gerçek insan ilişkilerinde geçer akçe hırs değil cömertliktir.

Sağlam ve uzun ömürlü ilişkiler kurmakla ilgili olarak geçmişte bana çok değerli dersler öğreten insanlar oldu. Babam, Elsie, mentorluk yaptığım kişiler, kendileriyle konuşmalar yaptığım üniversite öğrencileri, Ray, Bay Pidgeon, birlikte çalıştığım iş arkadaşlarım... Onlardan öğrendiklerimi ve yaptığım gözlemleri birkaç maddede özetlemek gerekirse;

1. Dün elimizde yeni ekonomi vardı. Bugün ise elimizde (yine) eski ekonomi var! Sonraki safhada neyle karşılaşacağımızı kimse bilemez. İş dünyasında döngüler vardır. Bunlar gelir geçer. Ama dostlarınız ve güvenilir tanıdıklarınız bakidir. Bir gün patronunuzun odasına çağrılıp "Bunu söylemek beni çok üzüyor ama..." diye başlayan bir cümleyi işitme olasılığı her zaman vardır. Herkesin zor günleri olur. Eğer bu görüşme sonrasında arayabileceğiniz birileri, odasına girip "Ben de ne zamandır bugünü bekliyordum. Aramıza hoş geldin" diyecek tanıdıklarınız varsa her

şeyi çok daha kolayca atlatabilirsiniz. İş güvenliği mi? Şunu unutmayın. Deneyiminiz ya da çok çalışkan olmanız veya yetenekleriniz sizi zor zamanlarda kurtarmaz. Bir işe, paraya, akla, yardıma, umuda, bir şeyler satmak için bir yola ihtiyaç duyduğunuzda her zaman güvenebileceğiniz tek bir yer vardır, o da dostlarınızdan ve arkadaşlarınızdan meydana gelen çevrenizdir.

2. Yaptığınız ve size yapılan iyiliklerin hesabını tutmayın. Ne gerek var ki? Size "Hollywood" David'in artık pek iyi durumda olmadığını söylesem şaşar mısınız? David, yardımların ve iyiliklerin hesabını tutuyordu. Ta ki sonunda çevresinde hesabı tutulacak bir şey kalmadığını görünceye kadar. Onunla tanıştıktan bu yana 10 yıl geçti ama bir daha onunla hiç haberleşmedik. Tanıdığım hiç kimse de ondan bir haber almış değil. Birçok sektör gibi, eğlence sektörü de küçük, minik bir dünya işte. Kıssadan hisse: Almadan önce vermek daha iyidir. Asla da çetele tutmayın, hesap yapmayın. Yaptıklarınıza cömertliğiniz hükmederse, ödülleriniz de peşi sıra gelecektir.
3. İş dünyası, değişken ve rekabetin yoğun yaşandığı bir ortamdır. Dünün asistanı bugünün etkili bir ismi olabilir. Bir zamanlar telefonlarıma cevap veren gençlerin birçoğu bugün aradığımda teşekkürlerini sunuyorlar. Unutmayın, sizin altınızda yer alan kişiler, başarılı olmamanız için paçanızdan çekiştirmek yerine ilerlemeniz için size memnuniyetle yardımcı oluyorsa, işte o durumda gerçekten de yükselirsiniz. İçinde yaşadığımız bu dönemde tek tek her birimiz birer markayız. Bir çalışan olarak değerinizin sadakat ve kıdeminizle ölçüldüğü günler çok gerilerde kaldı. Şirketler artık marka taktikleri kullanarak müşterileriyle güçlü ve kalıcı ilişkiler kurmayı öğrenmiş bulunuyorlar. Günümüzün değişken ekonomisinde siz de kendi çevrenizle birlikte aynısını yapmaya mecbursunuz. Hep derim ki baş-

kalarıyla aranızdaki ilişkiler, kim olduğunuzun ve sunabileceklerinizin en güzel, en inanılır ifadesidir. Buna yakın başka hiçbir şey yoktur.

4. Katkı sağlayın. İnsan ilişkileri açısından bu unsur adeta sihirli bir etkiye sahiptir. Büyüyen, genişleyen çevreniz için zaman, para ve uzmanlığınızı sunun.
5. Jack Pidgeon ve diğer sayısız insanın benim için yaptıklarını ve Bay Pidgeon'un arkasında nasıl bir efsane bırakacağını düşününce, şuna inandım ki, eski müdürüme borcumu ödemenin en iyi yolu, ondan öğrendiklerimi başkalarıyla paylaşmaktan geçiyordu. Binlerce kez teşekkürler Bay Pidgeon.

ÜÇÜNCÜ BÖLÜM

Misyonunuz Nedir?

"Bana söylesene n'olur, hangi yoldan gitmeliyim?"

Kedi yanıtladı: "Cevap, nereye gitmek istediğine bağlı olarak değişir."

"Nereye gitmek istediğim pek de önemli değil" dedi Alice.

"O zaman hangi yolu seçeceğinin bir önemi yok" dedi Kedi.

–*Alice Harikalar Diyarında,* LEWIS CARROLL

Milletvekili mi olmak istersiniz yoksa CEO mu? Mesleğinizin mi zirvesine çıkmak istersiniz, çocuğunuzun gittiği okulun yönetim kurulunun zirvesini mi istersiniz? Daha çok paranız mı olsun, arkadaşınız mı?

Yapmak istediklerinize dair daha net düşünceleriniz olursa, onları başarmak konusunda daha sağlıklı yöntemler geliştirebilirsiniz. Bunun bir parçası da elbette, size yolunuzda yardımcı olabilecek kişilerle kuracağınız ilişkilerdir.

Tanıdığım her başarılı insanın hedef belirlemek konusunda özel bir hevesi olduğunu gözlemledim. Başarılı atletler, CEO'lar, karizmatik liderler, yöneticiler, imkansızı başaran satıcılar hep hayatta ne yapmak istediklerini bilen ve onun peşinden giden insanlar arasından çıkar.

Babamın her zaman dediği gibi, kimse tesadüfen astronot olmaz.

Hedef belirlemek konusunda ilk çabalarım oldukça küçük yaşlarda başladı. Yale'de okurken siyasetçi olmak istediğimi düşünüyordum. Pennsylvania'nın gelecekteki valiliğine göz koymuştum. (Gerçekten de bu kadar net ve aynı zamanda saftım.)

Zaman içinde gördüm ki, hedef ne kadar elle tutulabilir olursa, başarması da o kadar kolay olur. İkinci senemde, Yale'in siyaset grubunun başkanı oldum. Okulumuzdan mezun olanlar, o grupta kendilerini siyasete hazırlamış ve sonraki yıllarda siyaset dünyasına atılmış kişilerdi. Bir öğrenci kuruluşuna girmeyi düşünmeye başladığımda katılabileceğim ilk kuruluşa girmedim hemen. Hangi kuruluşun içinde okuldan mezun olmuş aktif siyasetçiler vardı, onu araştırdım. Sigma Chi'nin köklü bir geleneği vardı. Mezun listesinde etkileyici liderler bulunuyordu. Ama o sıralarda Yale'in kabul ettiği kuruluşlar arasında değildi. Biz de bir şubesini kurmaya karar verdik.

Nihayet, New Haven belediye meclisi için adaylığımı koymaya karar verdim. Seçimlere girdim ama kaybettim. Yazar William F. Buckley'den Pennsylvania Valisi Dick Thornburg'e, Yale Rektörü Bart Giamatti'ye kadar birçok insanla bu süreçte tanışma şansını elde ettim. Bart'ı vefatına kadar düzenli olarak ziyaret ettim. Ondan çok feyzaldım. Ayrıca, birçok kişi ile tanışmama da vesile olmuştur. O günlerde bile, net bir şekilde tanımı yapılmış hedefler koymanın, okul yıllarında hangi alana yöneleceklerini bir türlü belirleyemeyip daldan dala konan öğrencilerden beni nasıl farklılaştırdığını görebiliyordum. Sonraki yıllarda bu yeteneğimin meyvelerini daha da verimli şekilde toplamaya devam edecektim.

Deloitte & Touche firmasında yüksek lisans öğrencilerinden kendimi farklılaştırmamı sağlayan bir unsur da net hedef belirleyebilme yeteneğim oldu. Odaklanmam gerektiğini biliyordum. Bir yön belirlemeli ve enerjimi oraya sarf etmeliydim. Harvard yıllarımda Michael Hammer'ın bir makalesini okuduktan sonra o odağı buldum. *Reengineering the Corporation* adlı kitabın iki yazarından biri olan Hammer'ın fikirleri iş dünyasında fırtınalar koparıyor, danışmanlık hizmetleri için yeni bir tanımlama yaratıyordu.

Karşımda, görece yeni ve kısa sürede çok popüler olma potansiyeli taşıyan, bilgi ve araştırmayı merkeze almış bir alanda uzman olma şansı duruyordu. Bütün vaka incelemelerini okudum. Olabildiğince çok sayıda konferansa katıldım. Michael Hammer neredeyse ben oradaydım. Zaman geçtikçe beni peşinde dolaşan bir sapık olarak görmekten vazgeçip bir öğrencisi ve arkadaşı olarak görmeye başladı. Michael Hammer ile tanışıklığım ve konuyla ilgili bilgimin artması, şirketim ile iş dünyasının en etkili ve saygın düşünürlerinden biri arasında köprü kurmama yardım etti. Ardından, Deloitte firmasının adı kamuoyunda daha fazla duyulmaya başladı. Yeniden yapılanma hareketinin bayraktarları arasında yerini alan şirketin gelirleri de buna koşut olarak arttı. Bu başarım sayesinde, şirket içindeki o size anlattığım sallantılı yerden yükseklere kanat açacaktım.

Geçen yıllarda hedef belirlemek konusunda sayısız kitap yazıldı. Gerçekten de konu, üzerinde bu denli çok kitap yazılacak kadar öneme sahip. Yaşadıklarıma bakarak, hedef belirleme sürecimi üç aşamaya ayırmanın doğru olacağına karar verdim. Fakat, buradaki temel nokta, hedef koyma işini bir alışkanlığa dönüştürmektir. Bunu başarırsanız, hedef belirleme, hayatınızın bir parçası olur. Başaramazsanız, hedefleriniz ölüp gider.

Birinci Aşama: Tutkunuzu Bulun

Bir konferansta tanıdığım, satış konusunda son derece başarılı olan bir kadın bana "hedef"in bugüne kadar duyduğum en güzel tanımını yapmıştı: "Hedef, belli bir süre içinde gerçekleştirilmesi gereken bir rüyadır." Bu muazzam tanım, çok önemli bir noktanın da altını çiziyor. Hedeflerinizi yazmaya başlamadan önce, rüyanızın ne olduğunu bilmelisiniz. Yoksa, kendinizi ilk başta aklınızın ucundan dahi geçmeyen yerlerde bulabilirsiniz.

Amerikalıların yarısından fazlasının işte mutsuz olduklarını araştırmalar ortaya koymuş bulunuyor. Aslında bu insanlar, iyi para kazanıyorlar. Ama bu parayı, sevmedikleri bir işte çalışırken kazanıyorlar. Kendimizi böyle durumlara nasıl soktuğumuzu anlamak zor değil. İnsanlar, işleri, aileleri, sektörleri ve gelecekleri hakkında kararlar verirken bunalıyorlar. Önlerinde çok fazla seçenek duruyor. Sonunda da bize uymayan bir iş hayatına atılıyor ve kendimizi sahip olmadığımız becerilere odaklanmış buluyoruz. Gelecekte nelerle karşılaşabileceğimize hiç kafa yormadan, kendimize bazı çok önemli soruları sormadan kaderimize razı oluyoruz.

Oturup kendi kendinize "Ben en çok nelerden hoşlanıyorum" diye sordunuz mu hiç? Hangi konularda iyisinizdir? Hayatta neleri başarmak istiyorsunuz? Önünüze çıkan engeller neler? Birçoğumuz bunu yapmayız. Ne yapmak *istediğimize* kafa yormak yerine, ne yapmamız gerektiğini kabullenir, otururuz.

Her birimizin kendi aşkları, güvensizlikleri, güçlü yanları, zaafları ve özel yönleri vardır. Yetenek ve isteklerimizin kesişme noktalarında bunları da hesaba katmamız gerekir. Bu kesişme noktasına ben "mavi alev" adını verdim. Bu noktada tutkularınız ile yetenekleriniz bir araya geliyor. İçinizdeki mavi alev tutuştuğunda, gitmek istediğiniz yere sizi götüren muazzam bir güce dönüşüyor.

Yeteneklerinizi gerçekçi bir bakış açısıyla tartıyorsunuz. Sonra bunun üzerinde hedefinizi ve tutkunuzu buluşturuyorsunuz. Mavi alev, işte o buluşma noktasını ifade ediyor. Yaşlılara bakmaktan anne olmaya, yüksek mühendis olmaktan yazar ya da müzisyen olmaya uzanan çizgide hayatınızın amacını belirlemenizi sağlıyor. Bence herkesin içinde, esin kaynağı olacak kadar güçlü bir hedef mutlaka vardır.

"Mutluluğunu takip et" deyimine 1900'lerin başında babalık yapan Joseph Campbell, Columbia Üniversitesi mezunuydu. Onun mavi alevi, Yunan mitolojisi idi. Fakat, o tarihlerde öyle bir akademik saha henüz açılmamıştı. Bunu öğrendiğinde kendi planını uygulamaya karar verdi.

Mezun olduktan sonra, New York'un Woodstock bölgesinde bir kulübeye yerleşti. Orada, sabahın dokuzundan akşamın altısına kadar kitap okumak dışında hiçbir şey yapmadı. Yunan mitolojisine gönül verenler için çok net bir iş imkanı yoktu. Campbell o kulübede muazzam bilgili bir insana dönüştü. Ama ne yazık ki hâlâ hayatta ne yapacağına dair bir karar verememişti. Mitoloji sevgisinin peşinden gitmek konusunda ise aynı ısrarı sürdürüyordu.

Bu sürede tanıştığı insanlar, Campbell'in bilgeliği ve tutkusundan büyüleniyorlardı. Nihayet, Sarah Lawrence Üniversitesi'nde bir konuşma yapmaya davet edildi. Konuşmalar birbirini takip etti. İlk konuşmasını yaptıktan 28 yıl sonra çok ünlü bir yazar ve mitoloji profesörüydü. Sevdiği işi yapıyordu. Ona bir fırsat tanıyan okulda çalışıyordu. Diyordu ki: "Mutluluğunuzun peşinden giderseniz, sizi öteden beri bekleyen bir yola girmiş olursunuz."

Sizin mutluluğunuz nedir?

Campbell, herkesin içinde, hayatta en çok istediği şeye dair doğuştan gelen bir bilgi olduğuna inanıyordu. Tek yapmamız gereken onu arayıp bulmak.

Dr. Campbell ile aynı fikirdeyim. Tüm iyi kararlar, iyi bilgi eşliğinde alınmıştır. Tutkularınızın, mutluluğunuzun, mavi alevinizin ne olduğuna karar vermek arasında hiçbir fark yoktur. İyi bilgiyi edinmenin iki yolu vardır. İlki içinizden gelirken, ikincisinin kaynağı çevrenizdeki insanlardır.

1. İçinize bakın

Hedef ve rüyalarınızın öz değerlendirmesini yapmakta birkaç farklı yöntem vardır. Bazı insanlar dua eder. Bazıları düşüncelere dalar ya da okumayı seçer. Bazıları egzersiz yaparken, kimileri de uzun süre kendi kabuğuna çekilir.

Öz değerlendirme yaparken dikkat edilmesi gereken şey, bu aşamada her türlü kısıtlamalardan, yapıyor olmanız gereken işlerden kaynaklanan kuşkulardan, korkulardan ve beklentilerden kendinizi uzak tutmaktır. Zaman, para ve mecburiyet engellerini bir kenara bırakabilmeniz gerekir.

Doğru ruh halinde olduğum anlarda, rüyalarımı ve hedeflerimi bir listede toplamaya başlarım. Bazıları absürddür, bazıları ise aşırı derecede pragmatik. Listenin özünü sansürleme ya da değiştirme yoluna gitmem. Her şeyi ama her şeyi kağıda dökerim. O listenin yanına daha sonra ikinci bir sütun açarım. Buraya da bana mutluluk ve sevinç veren şeyleri sıralarım. Başarılarımı, sevdiğim kişileri ve diğer şeyleri yazarım. İpuçlarını, hobilerinizde, sevdiğiniz dergilerde, filmlerde ya da kitaplarda kolayca bulabilirsiniz. Saatlerin nasıl geçtiğini anlamadan yaptığınız aktiviteleriniz size yol gösterecektir.

Bunlar bitince, iki listeyi birleştirmeye başlar, bir yönü ya da amacı işaret eden kesişme noktalarını bulmaya çalışırım. Basit bir egzersizdir ama elde edeceğiniz sonuçlar hayatınızı değiştirebilir.

2. Dışarıya bakın

Sonraki aşamada, sizi en iyi tanıyan kişilere "Benim en güçlü ve zayıf yönlerim nelerdir?" diye sorun. Sizin hangi özelliğinize hayranlar, hangi noktalarda yardıma ihtiyaç duyabileceğinizi düşünüyorlar, öğrenin.

Kendi içinize bakarak ve dışarıdan edindiğiniz bilgilere dayanarak yaptığınız değerlendirme sonucunda misyonunuz ve hayattaki istikametiniz hakkında çok somut sonuçlara vardığınızı göreceksiniz.

İş dünyasının en güçlü CEO'ları ve girişimcilerinden bazıları, başka başka isimler takmış olsalar bile benim "mavi alev" kavramıma yürekten inanıyor.

Reengineering the Corporation adlı kitabın yazarlarından James Champy aynı zamanda ünlü bir danışmandır. Kendisi, başarının, rüyaların ilk ve en önemli malzemesi olduğunu savunuyor. Champy, *The Arc of Ambition* adıyla çıkardığı kitabında Ted Turner, Michael Dell ve Jack Welch gibi başarılı liderlerin yeteneklerinin ikinci planda yer alan unsurlar olduğunu söylüyor. Bu kategoriye giren liderlerin öne çıkan esas nitelikleri, yaptıkları her şeyde onlara yol gösteren, çok net tanımlanmış hedefleri olmaları.

Champy, Michael Dell'e Dell Computers'ı kurma hırsını nereden edindiğini sorduğunda ünlü CEO iş döngülerinden ve teknolojiden söz etmeye başlamıştı. Dell sonra susuverdi.

"Sana bu rüyanın nereden doğduğunu söyleyeyim mi?" diyerek sözlerine devam etti. Houston'un mahalleleri arasında okula giderken büyük bayrak direkleri olan ofis binalarına gözlerini kırpmadan bakarmış. Dell, kendisinin de bir bayrak direği olsun istemiş. Bu dünyada kendisi için böyle bir duruş belirlemiş. Onun için, büyük bayrak direkli bir ofis binası, başarının simgesiymiş. Böylece, daha kanuni olarak içki içme yaşına gelmeden önce kendi şirketinin temellerini atmış. Bugün Michael Dell'in üç bayrak direği var. Michael ile birçok defa Dell'deki stratejisi hakkında konuştum. Her konuşmamızda bu rüyasından söz açılması muhteşem bir şeydi.

İnsanların hırsları Japon aynalı sazan balıklarına benzer; ortamlarının boyutlarıyla doğru orantılı olarak büyürler. Başarılarımızın büyüklüğü de her zaman için rüyalarımızın büyüklükleriyle ve misyonumuz istikametinde ilerleme azmimizle doğru orantılıdır.

Ne yapmak istediğinize duygularınızın kılavuzluğunda karar vermek, bana sorarsanız, önünüze hedefler koymaktan, onları zaman içinde güncellemekten ve bu hedefleri gerçekleştirmeye yönelik çabalarınızı izlemekten çok daha önemlidir.

Umutsuz bir hayalcinin General Electric'i Jack Welch kadar başarıyla yönetmesi mümkün müdür? Tabii ki hayır. Bir rüyanın gerçeğe dönüşmesi çok çalışmaya ve disiplinli hareket etmeye bağlıdır.

Champy'ye göre Jack Welch'e "Sen hayalci bir insansın" demeniz onu gücendirirdi. Ama işin aslı şu ki Welch, disiplinli bir hayalciydi. Farklı farklı sektörlere girip oralardaki fırsatları araştıracak yeteneğe ve zekaya sahipti.

Disiplinli hayalcilerin ortak noktası "misyon"dur. Misyon, riskli, sıradışı ve başarılması da inanılmaz zor bir kavramdır.

Ama her şeye rağmen başarılabilir. Bir rüyayı misyona ve misyonu gerçeğe dönüştüren disiplin, hedeflerin belirlenmesinde de büyük rol oynar.

İkinci Aşama: Hedefleri Kağıda Dökün

Bir misyonu gerçekleştirmek, kendi kendine olmaz. Bir sanat eseri gibi, bir şirket gibi aşağıdan yukarı inşa edilir. İlk koşul, hayalinin kurulmasıdır. Sonra, gerekli araç, materyal ve becerilerin bir araya getirilmesi icap eder. Zaman alan, düşünme, azim, sabır ve inanç gerektiren bir süreçtir.

Yukarıda sözünü ettiğim araca ben "İlişki Eylem Planı" diyorum.

İlişki Eylem Planı, üç ana bölümden meydana geliyor. İlk bölüm, misyonunuzu gerçekleştirmenize yardım edecek hedeflerin geliştirilmesini ele alıyor. İşin yapılmasına yardımcı olacak insanlarla, yerlerle ve diğer şeylerle hedeflerin birleştirilmesi ikinci bölümün kalbini oluşturuyor. Üçüncü bölüm ise hedeflerinizi gerçekleştirmenizde yardımı dokunacak kişilere ulaşmanın en iyi yollarını saptamanızı sağlıyor.

Plan, esas itibariyle çok sade ve net bir tablo aslında ama bana, satış ekibime ve birçok dostuma ne kadar yardımı dokunduğunu tahmin edemezsiniz.

İlk bölümde, bugünden itibaren gelecek üç yıllık sürede neleri başarmak istediğimi yazıyorum. Daha sonra geriye doğru bir yıl ve üç aylık dönemler halinde çalışarak orta ve kısa erimli hedefleri belirliyorum. Bu hedefler, misyonumu gerçekleştirmede bana yardımcı olacak. Her bir zaman diliminde bir A ve B noktası yaratıyorum. Bunlar, üç yıl içinde nerede olmak istediğim konusunda bana kolaylık sağlıyor.

Yakın dostlarımdan Jamie, bu sürecin nasıl işlediğine dair iyi bir örnek. Hayattaki yolunu çizmeye çalışan Jamie, Harvard'dan mezun olduktan sonra kendine profesör olma hedefini koydu. Ama akademisyenliğin çok sıkıcı olduğunu gördü. Bu sefer yüzünü iş dünyasına çevirdi. Ne var ki iş dünyası da emeklerinin karşılığını vermekten uzaktı. Jamie, Manhattan'da aylar boyunca oturup düşündü. Kendine nasıl bir yol çizmesi gerektiğini bulmaya çalıştı. Sonunda anladı ki, yapmak istediği iş öğretmenlikti. Çocukları eğitecekti.

Jamie'ye "İlişki Eylem Planı"nı denemesini önerdim. Başta kuşkuyla yaklaştı. "MBA'ciler için iyi bir şey olabilir ama benim gibiler için bir fayda sağlayacağından pek emin değilim" diyordu. Sonunda denemeye ikna ettim.

Sayfayı doldurmaya başladı. Üç yıllık A hedefi öğretmen olmaktı. Üç yıllık B hedefi, kendisinin de oturmak istediği güzel bir semtteki bir okulda öğretmenlik yapmaktı. Sonra, kısa erimli A ve B hedeflerini yazmaya başladı.

Doksan gün sonunda lise öğretmeni sertifikası alarak bu meslek için gereken koşulları yerine getirmek istiyordu. Bunun için, özel bir programa kayıt yaptırması ve öğretmenlik formasyonunu alabilmesi lazımdı. Bir yıl içinde tam zamanlı öğretmenlik yapmak istiyordu. Çalışmaktan mutluluk duyacağı Manhattan okullarının bir listesini çıkardı.

Planın ikinci bölümünde, A ve B hedefleri için yardımlarını alabileceği insanları sıraladı.

Jamie bir araştırma yaptı ve kariyerlerinin ortasındayken öğretmenliğe geçmek isteyenlerin alması icap eden programla ilgili kontak kişiyi buldu. Bununla da kalmadı, çalışmak istediği okullarda işe alımlarla ilgilenen kişilerin irtibat bilgilerine de ulaştı. Son olarak, öğretmen adayları için düzenlenen sertifika kurslarını veren bir kurumun telefonunu buldu.

Sadece birkaç hafta içinde Jamie yola koyulmuştu. Hedef belirlemek ile hedefleri gerçekleştirme sürecinde yardımı dokunacak insanlara ulaşmak arasındaki yakın ilişkiyi de anlamaya başladı. Başarılı oldukça, eğitimcilerden meydana gelen çevresi de büyüdü. Çevresi büyüdükçe, üç yıllık hedeflerine de o kadar yaklaştı.

Üçüncü bölüm, kitabın sonraki kısımlarında size göstereceğim stratejilerden hangilerinin kendiniz için en iyisi olacağına karar vermenizi sağlayacak. Bazı kişileri araya aracı koymadan aramanız daha iyi olur. Bu konuyu ileride ayrıntısıyla ele alacağız. Diğerlerine arkadaşlarının arkadaşları vasıtasıyla ulaşmanız gerekir. Bazılarına da yemekli partilerle ya konferanslarla ulaşır, tanışma fırsatı bulursunuz. Bu yöntemlerden ve diğerlerinden nasıl yararlanacağınızı size bir bir öğreteceğim. Merak etmeyin.

Jamie'ye gelince, Beverly Hills'teki en iyi liselerden birinde kadrolu tarih öğretmeni olarak çalışıyor. İşini de çok seviyor.

Anlattığım bu süreci, mesleği ne olursa olsun, herkes uygulayabilir. Planı doldurmayı bitirince elinizde bir misyon olacak. Misyonunuzu başarmada size yardım edecek insanların isimlerini belirlemiş, bu insanlara hangi yollardan ulaşabileceğinizi netleştirmiş olacaksınız.

Bu egzersizin amacı, çevre oluşturmakta bir "süreç" ya da bir "sistem"in var olduğunu göstermektir. Çevre edinmek, sihirle, büyüyle olan bir şey değildir. Sosyal olma becerisiyle doğan küçük bir grup insana özgü bir şey hiç değildir. Başka insanlarla ilişki kurmak, önceden çizilmiş bir plana sahip olmayı ve onu uygulamayı gerektirir. İster lisede tarih öğretmeni olmak isteyin, ister kendi işinizi kurmaya niyetlenin, bu değişmez.

Aynı planı hayatınızın birçok safhasında başarıyla uygulamanız mümkündür. Arkadaş çevrenizi genişletebilir, eğitiminizi ilerletebilir, uzun ömürlü ortaklıklar kurabilir, manevi rehberlik arayabilirsiniz.

Planınızı tamamlayınca, gün içinde görebileceğiniz bir yere hatta birden fazla yere koyun ki sürekli olarak hatırınızda kalsın. Amaçlarınızı başkalarıyla paylaşın. Bu, net hedeflerinizin olmasının en güçlü ve ödüllendirici boyutlarından biridir. Herkesin içinde açığa çıkarılması gereken birtakım saklı fırsatlar olabilir. Ne istediğinizi başkalarına açtığınızda bu fırsatların önünüzde belirivermesi işten bile değildir.

Sonraki safhaya geçmeden önce kendiniz için bir plan yapın. Başarmak istediklerimi ve bunun için kimlere başvurmam gerektiğini el bilgisayarımda tutuyorum ve kendime düzenli olarak hatırlatmalar yapıyorum. Birkaç yıl önce, planımı üzerine yazdığım kağıdın ufaltılmış halini PVC ile kaplatıp cüzdanımda taşımaya başladım.

Şurası çok önemli: Hedefleriniz *mutlaka yazılı olmalı*. Onları kağıda dökmenin büyük önemi olduğunu asla unutmamalısınız. Yazılı olmayan bir dilek, rüya olmaktan öteye geçemez. Yazılı olan dilek ise bir taahhüt, bir hedef kimliğine bürünür.

Aşağıda, İlişki Eylem Planı'nı doldururken göz önünde tutmanız gereken birkaç husustan daha bahsedeceğim:

- Hedefleriniz net olmalıdır. Belli belirsiz, bulanık hedefler çok geniş bir kapsama yayılır ve bunları gerçekleştirmek aşırı zor olur. Somut ve ayrıntılandırılmış hedefler en iyisidir. Hedefinizi gerçekleştirmek için hangi adımları atmanız gerektiğini ve hedefinizi gerçekleştirip gerçekleştiremediğinizi tartmakta hangi ölçütleri kullanacağınızı iyi bilmelisiniz. Elbette başarı için kendinize bir de tarih belirlemelisiniz. Satış ekibimdeki çalışanlara, "Bugüne kadarki en yüksek satış ciromu gerçekleştireceğim" gibi bir hedefin yeterli olmayacağını söylüyorum. Çünkü burada bir belirsizlik var. 100.000 dolar mı kazanacaklar, 500.000 dolarlık satış mı hedefliyorlar?
- Hedefleriniz inanılır olmalıdır. Hedeflerinizi başaracağınıza inanmıyorsanız, başaramazsınız. Hedefiniz, şirketinizin satışlarını bir yılda 5 milyon dolara çıkarmak ise ve geçen seneki cironuz sadece 1 milyon dolar ise kendinizi hüsrana hazırlıyorsunuz demektir. Onun yerine, o yıl için 1-1,5 milyon dolarlık bir hedef belirleyin ve yapabiliyorsanız bunun da üzerine çıkın.
- Hedefleriniz, zorlayıcı ve uğraştırıcı olmalıdır. Rahat döşeğinizden kalkın artık. Risk ve belirsizlik unsurları içeren he-

> defler belirleyin. Bir hedefi başarınca bir başkasını belirleyin. Tanıdığım en iyi satıcılardan biri, babamın arkadaşı Lyle idi. Kapı kapı dolaşır, kitap satardı. Kendisine yıllık satış hedefleri belirler, onları kağıda yazar ve olabilecek her yere bir kopyasını koyardı. Cüzdanında, buzdolabı kapısında ya da masasında o notları görebilirdiniz. Kaçınılmaz olarak hedefini planladığından çok önce gerçekleştirirdi. Ama asla memnun olmazdı. Önemli olanın hedefleri başarmak değil, yeni yeni hedefler koymak olduğuna inanırdı. Pennsylvania'da ve belki de bütün ülkede kapı kapı dolaşıp kitap satan ve zengin bir adam olarak ölen tek kişi muhtemelen bizim Lyle idi.

Sonraki aşama: *HAREKETE GEÇİN!* Adını boşuna İlişki *Eylem* Planı koymadım. Maraton koşusuna kendinizi hazırlamak istiyorsanız, her gün çıkıp antrenman yapmalısınız. Elinizdeki planla işe koyulmalı ve her gün bu plana uygun şekilde hareket etmelisiniz.

Üçüncü Aşama: Kendi Danışmanlar Kurulunuzu Oluşturun

Bu kitapta anlattığım diğer her şey gibi hedefler de tek başına başarılamazlar. Elinizdeki plana sadık kalabilmek için her gün azminizi takviye etmeniz gerekir. Her işte olduğu gibi en titizlikle hazırlanmış planlar da harici görüşlerden büyük fayda sağlar.

En az bir, hatta, iki-üç aydınlanmış danışmanınız olsun ve bunlar size hem amigoluk yapsın, yani sizi teşvik etsin, hem de kartal bakışlarıyla gözetleyicilik yapsın. Bu tür gruplara ben Kişisel Danışmanlar Kurulu adını verdim. Aile üyelerinden oluşabilirler. Akıl hocalığınızı yapmış birisi ya da eski bir-iki arkadaşınız da kurul üyesi olabilir.

Kendi kurulum, W. Hotel ve Westin gibi büyük markaların sahibi olan Starwood Hotels and Resorts'tan ayrıldığımda bana yol gösterdi. Boşlukta kalmıştım. Hayatımda ilk defa olarak bir işim veya unvanım yoktu. Misyonumu yeniden değerlendirmeliydim.

Deloitte firmasından Starwood'a geri çevrilmesi mümkün olmayan bir teklifle geçmiştim. Bir *Fortune* 500 şirketinde çalışan en genç pazarlamadan sorumlu genel müdür yardımcısı olacaktım. Bu hedefi kendime üç yıl önce koymuştum. Oradaki işimde, koca bir sektörün pazarlamaya dair düşüncesini kökünden değiştirdim.

Ancak yeni işim planlandığı gibi gitmedi.

Beni işe alan Juergen Bartels aynı zamanda Starwood'un da başkanıydı. Şirketin gelecekteki yöneticilerinden biri olmam konusunda bana mentorluk yapmaya ve yolumu açmaya söz vermişti. Şirket için büyük hedefler koymuştum. Bu hedeflerin başarılması, şirketin düşünce sisteminin topyekun değişmesine bağlıydı.

O ana kadar otelcilik ve turizm sektöründeki pazarlama anlayışı bölgesel bir mesele olarak ele alınırdı. Genelde de şirket otelleri kendi hallerine bırakılırdı. Bu tür bir düzenlemenin maliyeti, şirketin marka bilinirliğindeki tutarsızlık olarak karşımıza çıkıyordu. Global bir anlayışla pazarlama faaliyetlerimizi tek bir çatı altında birleştirmeyi planladık. Dünyanın dört bir yanındaki otelleri pazarlama faaliyetlerinde kendi başlarına bırakmaktansa, bu faaliyetleri merkezileştirmeyi istiyordum. Bu sayede mesajımızı net bir şekilde geniş kitlelere duyurabilecek ve markamızın pazarda daha etkili olmasını sağlayabilecektik. Müşteri kitlemizin önemli bir kısmı da iş seyahatleri yapanlardı ve global kimlikte, istikrar beklentisi içinde olan insanlardı.

İşe alındıktan kısa süre sonra Juergen Bartel maalesef şirketten ayrıldı. Şirketlerin doğasında değişime direnmek vardır. Hele ki üst yönetimin desteklemediği bir değişimi kabul ettirmeniz çok zordur. Şirketteki ilk yılım daha dolmamıştı. Ama yeni başkanın yönetimi altında, planladığım köklü değişimi yapmama yetecek desteği alamayacağımı anlamam çok sürmedi.

Yeni başkan, pazarlama departmanını yeniden yapılandırma planımı hayata geçirmeyeceğini açık açık söyledi. Her şey çok net bir şekilde göz önündeydi. Şirketi başarıya taşıyacağına ve kendimi daha yüksek bir mevkide bulmama yardımcı olacak cesur kararları almakta gerekli desteği görmem imkansızdı. Belirlediğim hedeflere o şirkette ulaşmak mümkün olmayacaktı.

Şoktaydım. O gün işten erken çıktım ve Central Park'ın o güzel yollarında çok uzun bir yürüyüş yaptım. Egzersiz yapmak bana göre sığınılabilecek en iyi yollardan biri ve aynı zamanda düşünmeme de çok yardımcı oluyor. Ne var ki 15 kilometre yürüdükten sonra bile şoktan çıkamamıştım.

Ertesi sabah ofise yürüyerek geldiğimde geleceğimin başka bir yerde olacağını biliyordum. Üst düzey bir yöneticinin düşleyebileceği şeyler –büyük ve rahat bir oda, maun ağacından mobilyalar, şirket uçağı, kapıda fiyakalı bir unvan–İşi eğlenceli, yaratıcı, heyecanlı yapamadığım takdirde anlamını yitirecekti. İstifamı kısa sürede verdim. Vermeseydim de o şirkette uzun süre kalmayacağımı biliyordum.

Şimdi kendime yeni bir hedef belirlemem gerekiyordu. Belki yine pazarlamadan sorumlu genel müdür yardımcısı olabilir, daha büyük ve daha iyi markalar yaratıp, daha yüksek cirolar ve kârlara imza atabilir, şirketi bir marka ikonuna dönüştürebilir ve kendimi de en iyi şekilde kanıtlayabilirdim. Yoksa çıtayı daha yükseğe mi koysaydım? Nihai hedefim CEO olmaktı. Fakat pazarlamacıların CEO'luğa gelmeleri nadiren görülürdü. Kariyerimin büyük bir kısmında üst yönetimi, pazarlamanın bütün kurumsal faaliyetleri doğrudan etkilediği konusunda ikna etmeye çalıştım. Böyle de olması gerekiyordu.

Markayı doğru şekilde tanımlamak konusunda en etkili pazarlama işi CEO'luktu. Hedefimi CEO olmak şeklinde koymam durumunda neler yapmam gerekiyordu? CEO olmayı nasıl öğrenecektim? Böyle bir mevkiye gelme ihtimalim neydi? Hangi fedakarlıkları yapmalı, hangi riskleri göze almalıydım?

Açık konuşmak gerekirse, o zamanlar bu soruların yanıtlarını bilmiyordum. Hayal kırıklığı içindeydim. Koşturmaca içinde geçen yıllardan sonra yolumu kaybetmiş bir vaziyetteydim. Ne olmak istediğimi oturup yeni baştan düşünmeliydim.

Korkuyordum. Yıllar sonra ilk defa adımın yanında bir şirket ismi yoktu. Yaptıklarımı açıklayamadan yeni insanlarla tanışma düşüncesi beni ürkütüyordu.

Sonraki aylarda, güvendiğim yüzlerce insanla görüştüm. Vipassana meditasyonu yaptım. On gün arka arkaya on saat boyunca hiç konuşmadan oturdum. Çenesi düşük biri için bu gerçekten de bir tür işkence idi. "Bütün zamanımı düşünerek geçirsem ne olur?" ya da "Acaba Pennsylvania'da bir göl kıyısına yerleşeyim mi?" gibi sorulara cevap aradım.

O zaman zarfında 12 sayfalık bir misyon raporu yazdım ve kendime sorular yönelttim. Güçlü ve zayıf yanlarımı sorguladım. Önümde hangi sektör fırsatlarının olabileceğini düşündüm. Risk sermayesi işi yapanlar arasından tanışmak istediğim insanları, tanışıklığımız olan CEO'ları, tavsiyelerinden yararlanabileceğim liderleri ve hayranı olduğum şirketleri alt alta sıraladım. Tüm kapıları açık bıraktım. Öğretmenlik de yapabilirdim, rahiplik ya da CEO'luk da... Bütün bu seçenekleri dikkate alarak bir İlişki Eylem Planı yazdım.

Ardından kişisel danışmanlar kurulumdaki insanlara gittim. Büyük bir şirkette CEO olabilmek için gerekli vasıflara sahip değildim. Ama, gerçekten istediğim şeyin bu olduğuna da emindim.

Yayınevi yöneticisi, en iyi arkadaşlarımdan ve danışmanlarımdan Tad Smith ile bir gün beraber oturmuş konuşuyorduk. Bana *Fortune* 500 şirketlerinde çalışma takıntımdan vazgeçmemi tavsiye etti. CEO olmak istiyorsam, kendisi ile birlikte büyüyebileceğim bir firmada çalışmamı önerdi.

İşte bu tam duymak istediğim tavsiyeydi. Kafamı büyük şirketlere takmıştım. Dot.com patlaması dijital dünyaya giriş için fazla cesaret vermese de temel iş prensiplerine ihtiyaç duyan çok sayıda iyi şirket vardı. Artık nereye bakmam gerektiğini biliyordum. Eylem planımı elden geçirmeye başladım.

O günden sonra yaptığım telefon görüşmeleri, katıldığım toplantılar ve konferanslar, evim diye göreceğim o küçük firmayı bulmaya yönelik olacaktı. Üç ay sonra önümde tam beş iş teklifi duruyordu.

Görüştüğüm kişilerden biri Sandy Climan idi. Tanınmış bir Hollywood oyuncusu ve bir zamanlar Michael Ovitz'in Creative Artists Agency şirketindeki sağ kolu idi. Sonra Los Angeles'da Entertainment Media Ventures adlı risk sermayesi şirketini işletecekti. Sandy ile tanışmam, Deloitte firmasındaki görevim sırasında eğlence dünyasına geçiş yollarını araştırdığım zamanlara rastlar. Sandy beni, firmasının portföyündeki yatırımlardan biri olan YaYa adlı şirketin yöneticileriyle tanıştırdı.

YaYa, reklam araçları olarak online oyunları kullanan öncü bir pazarlama firmasıydı. İyi bir konseptleri ve kendilerini işlerine adamış kurucu ve çalışanları vardı. Pazarın ilgisini çekebilmek için daha büyük bir vizyona ihtiyaç duyuyorlardı. O zamanlar tanınmayan ürünleri için ses getirecek bir şeyler yapmak ve ürünlerini bu sayede çılgınlar gibi satabilecek birini bulmak istiyorlardı.

Kasım 2000'de YaYa bana CEO'luk pozisyonunu önerdi. Bu elbisenin bana uyacağını biliyordum. Şirketin merkezi Los Angeles'taydı. Bana hep girmeye çalıştığım eğlence sektörüne dolaylı da olsa giriş şansı vermelerinin yanısıra pazarlamadan kazandığım deneyimleri CEO pozisyonuna taşıma imkanı da veriyorlardı.

Virginia Yapabiliyorsa Sen de Yapabilirsin

Birkaç ay önce bir arkadaşım, büyüdüğüm yerin yakınlarında oturan Virginia Feigles adında bir kadından söz etti. Onun başarısından çok etkilenmişti. Hikayesini dinleyince ben de aynı derecede etkilendim.

Virginia 44 yaşına geldiğinde artık kuaför olarak çalışmak istemediğine karar vermiş. Mühendis olmayı kafasına koymuş. Daha ilk baştan karşısına yapamazsın, edemezsin diyen insanlar çıkmış. Onların bu olumsuz tavırları Virginia'yı daha fazla cesaretlendirmiş.

Virginia o günler hatırlatıldığında şöyle konuşuyor: "O günlerde çok sayıda arkadaşımı kaybettim. Hiç kimsenin size layık görmediği şeyi yapmaya karar verdiğinizde insanlar sizi çok kıskanıyor. Yolunuzu açmak için çok zorlanıyorsunuz."

Lise mezunu biri olarak, yürek isteyen bir misyonu kafaya koyup başarmak için yola çıkan Virginia'nın macerası, o misyona gerçekleştirme konusunda kendisine yardımı dokunacak insanların desteğini nasıl aldığına dair de güzel bir örnek teşkil ediyor. Macerada gerçekleri de en sert yüzüyle görüyoruz: Değişim zordur. Arkadaşlarınızı kaybetme, aşılmaz engellerle karşılaşma ve en zorlu engelle yani özgüvensizliğinizle yüzleşme ihtimallerini içinde barındırır.

Virginia, üniversite okumayı hep düşünmüş. Pennsylvania'nın Milton adlı ufak bir kasabasında bekar bir annenin yetiştirdiği Virginia için fırsatlar pek azmış. On yedi yaşında evlenmiş. Bir sene sonra da hamile kalmış. Kocasının kuaför salonunda çalışmaya başlamış. Oğlunu büyütmüş. Derken bir bakmış ki aradan yirmi koca yıl geçmiş. İkinci boşanmasının ardından hayatını yeni baştan ele alması gerektiği sonucuna varmış. Büyüme denen şeyin ancak ve ancak değişimin sonucunda elde edilebildiğine kanaat getirmiş. Değişimin ise ancak yeni hedeflerle mümkün olabileceğini düşünmüş.

Hayatın kendisine daha fazlasını verebileceğini idrak ettiğinde ticaret ofisinde yarı zamanlı sekreter olarak çalışıyormuş. "Dedim ki 'Ne aptalca bir durum. Neden bunun yanlış tarafındayım ki? Fizik bölümünü bitiren herkes bir Albert Einstein olacak diye bir kural mı var?'"

Her mühendisin bir deha olması söz konusu değil elbette. Ama tabii ki hepsi de cebir biliyor. Virginia, bu eksiğini görerek cebir öğrenmeye karar vermiş. Sıkı bir çalışma ile birkaç ay içinde konuya enine boyuna hakim olmuş.

Oturduğu yere yakın bir okulda yaz dönemi derslerine devam ettikten sonra Bucknell Üniversitesi'nde inşaat mühendisliği okumaya karar vermiş. Dekan yardımcısı Trudy Cunningham, bu isteğe pek de sıcak bakmamış: "Virginia geldiğinde ona hayatının zorlaşacağını söyledim. Bir dairesi, arabası vardı. Oturmuş bir hayatı sürüyordu. Yurtlarda kalan, yemekleri önüne gelen çocuklarla rekabet etmesi gerekecekti."

Virginia'nın şansı hayatı boyunca insan ilişkilerine önem veren biri olmasıymış. Çeşitli kurum ve kuruluşlarda aktif bir üyeymiş. YMCA, Milton Ticaret Odası ve Parklar ve Rekreasyon Alanları Komitesi'nin faaliyetlerinde etkin roller üstlenirmiş. Bahçe Kulübü'nün ve Milton Ticaret Derneği'nin de başkanlığını yapmış. Dolayısıyla etrafında onu destekleyecek arkadaşları ve danışmanları varmış.

Diğer öğrenciler için dersin bitmesi demek bira partisi veya top oynamak demekmiş. Oysa Virginia için ders bittikten sonra kuaför salonunda çalışmaya sıra geliyormuş. O bitince yine ders... Fakat Virginia, vazgeçmeyi bir an için bile olsa düşünmemiş.

Fizikten girdiği ilk testte başarısız olmuş.

Uykusuz geçeler ve zorlu sınavlar sonunda, 1999 yılında mezun olan 137 mühendis arasında Virginia da yer almayı başarmış. Mezuniyetine kimse onun kadar şaşırmamış. "Kendi kendime sorup duruyordum ben ne yaptım diye. Sonra yine kendi kendime tekrarlıyordum. 'Başardım! Sonunda başardım işte!'"

Hedeflerini başardı. Çevresini genişletti. Sadece yeni arkadaşlarla değil, yeni iş ilişkileri de kurdu. Evlendi. Eşi, ticaret ofisindeki eski patronu. Ulaştırma Bakanlığı'ndaki kariyerinde var gücüyle çalışıyor. Bir zamanlar sekreter olarak not tuttuğu Planlama Komisyonu'nda da başkanlığa getirildi.

Hedeflerinize ulaşmanın kolay olacağını kimse söylemiyor. Ama elinizde işe koyulacak hedefleriniz, hedeflerinizi başarmanızda yardımcı olacak makul bir plan ve size yardımı dokunacak bir arkadaş çevreniz varsa hemen hemen her şeyi başarmanız mümkün. Kırk yaşında mühendis bile olabilirsiniz.

BİR ÜNLÜNÜN PROFİLİ

Bill Clinton

"Hayattaki misyonunuzu iyi belirleyin."

Yıl 1968. Oxford Üniversitesi'nde Rhodes bursu ile okuyan Wiliam Jefferson Clinton, bir partide son sınıf öğrencisi Jeffrey Stamps ile karşılaşır. Clinton cebinden siyah kaplı adres defterini çıkarır ve sorar: "Oxford'da ne için bulunuyorsun Jeff?"

"Pembroke Koleji'nde Fulbright bursu ile okuyorum." Clinton, defterine "Pembroke" diye not düşer. Sonra Stamps'in tahsili ile, akademik alanı ile ilgili başka sorular yöneltir. Stamps meraklanır: "Bill, bunları neden not alıyorsun?"

"Arkansas valiliğine adaylığımı koymayı düşünüyorum. Bu nedenle tanıştığım herkesin kaydını tutuyorum."

Stamps'in anlattığı bu hikaye Bill Clinton'ın, hayatında belirlemiş olduğu hedefe yaklaşımındaki keskinliği ve bu hedefe ulaşmakta kendisine yardımı dokunacak insanlara ulaşma becerisini gözler önüne seriyor. Daha o zamandan, bir makam için adaylığını koyup çabalayacağını net bir şekilde tasarlamıştı. Hedefe ulaşma duygusu, bu çabalarını tutku ve içtenlik ile güçlendirmişti.

ABD'nin 42. başkanı Clinton, Georgetown Üniversitesi'nde okurken, gün içinde tanıştığı, karşılaştığı herkesin adını ve diğer önemli bilgilerini fihrist kartlar üzerine yazmayı her akşam yatmadan önce yaptığı bir alışkanlık haline getirmişti.

Kariyeri boyunca Bill Clinton'ın politik hedefleri ve çevresindeki insanlara ulaşma becerisi ayrılmaz bir bütün olarak varlığını muhafaza etti. 1984 yılında Arkansas Valisi iken ilk defa Güney Carolina eyaletinin Hilton Head şehrinde düzenlenen Rönesans Haftasonu adlı bir düşünce önderliği ve ulusal çapta çevre edinme etkinliğine katıldı. Clinton, o etkinliğe katılmak için arkadaşı Richard Riley'nin temin ettiği davetiyeyi kullanacaktı. Riley daha sonra Güney Carolina eyaletinin valiliğine kadar yükseldi. Böylesi bir etkinliğe katılmak, Clinton gibi biri için bir oyuncak dükkanı ziyareti gibiydi. İnsanlarla tanışmak ve arkadaşlıklar kurmak konusunda bir saniyesini bile ziyan etmedi. Aralık 1992'den bir *Washington Post* makalesi bakın Clinton'un etkinlikteki durumunu nasıl aktarıyor:

"Clinton'ın oradaki halini düşünen çoğu konuğun kafasında kelimelerden çok görüntüler yer etmiş olmalı. Clinton, salon içinde bir tartışmadan diğerine koşuyor, sonra odanın bir kenarında, gayet rahat bir şekilde duvara yaslanarak herkesi tanıyormuşçasına salondakileri gözlemliyordu. Clinton, diğer katılımcıları sadece yaka kartlarını okuyarak tanımıyordu. Ne yaptıklarını ve nelerle ilgili olduklarını da biliyordu. Eski Greenville Belediye Başkanı Max Heller, onun hakkında 'Clinton sizi sarıp sarmalıyor. Sadece fiziksel olarak değil, tümüyle sarıyor' diyerek hissettiklerini anlatıyordu."

Heller'in de dediği gibi Clinton'ın özel bir yeteneği var. Konuştuğu kişiyle anında sıcak bir ilişki kurabiliyor. Clinton sadece şahsi bilgilerinizi hatırlamıyor, aynı zamanda sizinle ilişkisini güçlendirmek için bu bilgileri başarıyla kullanıyor.

Clinton'dan iki ders öğreniyoruz: İlki, hayatta nereye gitmek istediğinize dair fikirleriniz ne kadar net olursa, ona uygun çevre edinme stratejisini geliştirmek de o kadar kolay olur.

İkincisi, başkalarıyla gerçek ilişkiler kurma çabalarınızda duyarlı davranın. Zengin ya da güçlüyseniz, insanların sizin keyfi davranışlarınızı affetme olasılığı yüksektir. Clinton, çevrenizdekilere içtenlikle yaklaştığınızda, ne kadar etkileyici ve popüler olabileceğinize ve öyle kalabileceğinize güzel bir örnek.

DÖRDÜNCÜ BÖLÜM

Gerekmeden Önce Kurmuş Olun

Sevdiklerinizden ve sizi seven kişilerden oluşan küçük bir çevre kurun.

-Mitch Albom

Hepimizin kafasında aynı resim vardır. İşsiz kalmış, umutsuz durumdaki biri, iş bulabilirim umuduyla, önüne koyduğu yığınla kartviziti karıştırıyor, okuyor. Bir yandan da iş bulmakla ilgili her türlü kurumsal etkinliğe koşuyor. Bu resmi silin beyninizden. Çevre edinmekle ilgili büyük mit der ki, sadece bir iş bulmanız ya da buna benzer bir durum söz konusuysa başka insanlarla temas kurmaya çalışırsınız. Oysa, çevreleri en geniş insanlar iyi bilirler ki başka insanlarla temas kurmaya henüz hiçbir şeye gereksiniminiz yokken başlamalısınız.

George'u ele alalım. Yirmili yaşlarında, zeki bir genç. Bir arkadaşım aracılığıyla tanıdım. New York'ta halkla ilişkiler (Hi) sektöründe çalışmış; kendi Hi işini kurmak istiyormuş. Bana bir öğle yemeğini beraber yememizi teklif edip kendisine tavsiye ve cesaret vermemi rica etti.

Oturalı on dakika olmuştu ki onun yanlış yolda gittiğini anladım.

"Potansiyel müşterilerinle temas kurmaya başladın mı?" diye sordum.

Başlamadığını söyledi. "Her şeyi aşama aşama götürmek istiyorum. Şu anki şirketimde yükselerek korkmadan işi bırakabileceğim bir mevkiye gelmeyi planlıyorum. Sonra kendi işimi kuracağım, bir ofis tutacağım ve ilk müşterilerimi aramaya başlayacağım. Kendi şirketimi kurmadan, güvenilir bir halkla ilişkilerci olarak kendimi sunabileceğim konuma gelmeden önce potansiyel müşterilerimle toplantılar yapmayı uygun görmüyorum" diye de açıklama getirdi.

Çizdiği yolun çok yanlış olduğunu söyledim. Kendisini başarısızlığa götürmekten başka şeye yaramayacaktı.

Müstakbel müşterilerini şimdiden bulmasını tavsiye ettim. Hangi sektörde uzmanlaşacağını belirlemiş miydi? O sektörden üst düzey isimlerin nerelere takıldıklarını biliyor muydu? Bu soruların yanıtlarını verdikten sonraki aşama, o isimlerle birlikte olabileceği yerlerde gözükmekti.

Dedim ki: "Bu insanlarla potansiyel müşterilerin olarak değil, arkadaşların olarak tanışmalısın. Bir noktada haklısın. Ne kadar samimi olursanız olun, o kişiler yaptıkları işin ehliyseler, seni hemen halkla ilişkilerini emanet edecek biri olarak görmeyeceklerdir. O kadar duygusal davranmazlar. Senin yapman gereken, başlangıçta hizmetlerini ücretsiz sunmaktır. Bir dernek, vakıf gibi kâr amacı gütmeyen bir kuruluşa zaman ayırabilirsin. Çocuklarının okuduğu okula bağış toplama kampanyasının tanıtımını yapabilirsin belki."

"Patronum işimden başka konulara enerjimi harcamama kızmaz mı?"

"İşverenin için iyi işler çıkarmak birinci önceliğindir. Dışarıdaki işlerini yönetmek için zaman yaratmak ise senin sorumluluğundur. Patronunun hizmet vermediği bir sektöre yoğunlaş. İşini açtığın gün, gerekli hazırlıkları yapıp bitirmemişsen, göz açıp kapayıncaya kadar eski işine geri dönersin, benden söylemesi."

"Bu kişiler için *ücret almadan* çalışmam şart mı?" diye sordu George.

"Kesinlikle. Bugün sen, kendini kanıtlamamış bir isimsin ve sektöre girmek çok zor bir iş. Ama sonunda sen de, yaptığın çalışmaları görüp sana inanan kişilerden meydana gelecek bir çevreye sahip olacaksın. Kendi şirketini kuracaksan ya da kariyerinde değişiklik yapacaksan, sahip olman gereken çevre, işte bu nitelikleri taşımalı."

"Halihazırda mevcut işverenin için çalışırken, bir yandan da temasta olduğun kişilerden birini sana ücret ödeyecek gerçek müşteriye dönüştürmenin yollarını araştırmalısın. Sana referans olabilecek, ağızdan ağıza reklamını yapacak müşteriyi bağladın mı yolun yarısını geçmişsin demektir. İşte o zaman şirketine geri dönüp yarı zamanlı çalışmak istediğini bildirmelisin. Hatta daha da iyisi, onları ikinci büyük müşterin yapmalısın. O noktada istifa edersen şansını artırırsın. Seni yeni bir kariyere geçişinde destekleyecek bir grup insan yanında olacak."

Yemeğimizin son yarım saatinde, ona başlangıçta yardım edebilecek tanıdıklarını düşündü. Kendi çevremden bazı isimleri önerdim. George'un özgüveni hemen artıverdi. İnsanlarla ilişki kurmaya başladığında çabalarının boşa gitmeyeceğinden eminim. Başkalarına yardım etmenin yollarını arayacak ve bundan herkes az çok yararlanacak.

Kendi işinizi kurma fikri ile sizi şirketinizin içinde vazgeçilmez biri yapan sebepler temelde aynı. Size iş güvencesi sağlamasına hiç değinmiyorum bile. Şu anki iş ortamına bakıldığında söylediklerime inanmayabilirsiniz. İşletme fakültelerinde yapılan bir araştırmaya göre 2004 yılında MBA sahibi olup da mezuniyetlerinin ilk üç ayı içinde hâlâ iş bulamamış olanların oranı üç kat artarak yüzde 20'ye yükselmiş. Dışarıda, iş arayan ya da işsiz kalma korkusuyla yaşayan bir yığın insan var. Sürekli işten çıkarmaların yaşandığı bir ortamda iş arayan kesim, iş ilanlarını incelemek ve özgeçmiş göndermekten daha fazlasını yapmaları gerektiğine ikna olmuş durumda.

Genellikle verimsiz şeyleri çok verimli şekilde yapmayı beceririz. Tek odaklandığımız konu, o gün akşama kadar yapacağımız işi sağ salim bitirmek olur. Kendinize yarın yepyeni bir çevre edinin demiyorum. Ne olursa olsun, sürekli olarak kendiniz için istediğiniz ortamı ve çevreyi oluşturmaya çalışın diyorum.

Böyle bir topluluk yaratmak kısa erimli bir çözüm ya da gerektiğinde kullanılacak tek dozluk bir faaliyet değildir. İlişki kurmanın dinamiğinde adım adım ilerleme vardır. Birinin güvenini ve desteğini zaman içinde ufak ufak kazanırsınız.

Kariyerinizde ilerlemenizde katkı sağlayacak topluluğu oluşturmak konusunda önünüzde sayısız yol bulunuyor. Neler mi yapabilirsiniz: (1) Yeni becerileri öğrenmenizi sağlayacak ve şirketiniz içindeki diğer insanlarla tanışmanıza yardımcı olacak şirket içi bir proje oluşturabilirsiniz. (2) İlginizi çeken hobilerde ve şirket dışında düzenlenen organizasyonlarda liderlik pozisyonlarını üstlenebilirsiniz. (3) Yerel mezunlar kulübüne katılabilir ve yapmak istediğiniz işleri yapan kişilerle tanışabilirsiniz. (4) Yüksekokul ya da üniversitede işinizle ya da gelecekte yapmak istediğiniz işle ilgili bir konuda derslere girebilirsiniz.

Saydığım yöntemlerin hepsi de yeni insanlarla tanışmanızı sağlar. İhtimal yasası, ne kadar çok insanla tanışırsanız önünüze o kadar çok fırsat çıkacağını ve kariyerinizin kritik yol ayrımlarında o kadar çok yardım ve destek göreceğinizi garantiler.

Harvard'daki ilk senemde arkadaşım ve şimdi Reed Business Information adlı büyük yayıncılık şirketinde medya departmanının başkanı olan Tad Smith ile konuşurduk. Okuldan sonra bir danışmanlık firması kuralım diye bir fikrimiz yoktu. Düşüncemiz, küçük şirketlere uygun fiyatlarla bilgimizi ve iş ahlakımızı sunmaktı. Karşılığında yeni sektörleri tanıyacak, gerçek dünya becerilerine sahip olacak ve mezun olduğumuzda arayabileceğimiz bir dolu insanla tanışmış olacaktık. Elbette hemen para kazanmaya da başlayacaktık.

Yaşadığınız dünyaya ne dersiniz? Çevrenizdeki insanlarla temasta mısınız?

Bir an için durup düşünün. Aileniz, arkadaşlarınız ve diğer tanıdıklarınız bir bahçenin bir parçasını oluşturuyorlar. O ilişkiler bahçesinde yürüyüşe çıkın. Ne görüyorsunuz?

Çoğunluğu oluşturan insanlardan fazla bir farkınız yoksa adres defterinizdeki olağan isimlerden oluşan, kesimi, bakımı çok güzel yapılmış ufak bir çimenlik alanı görüyorsunuzdur. Burası, yakın arkadaşlarınızın, iş arkadaşlarınızın, ortaklarınızın bulunduğu yerdir.

Gerçek çevreniz ise aşırı büyümüş bitkilerden oluşan bir orman gibidir. Genellikle ihmal edilmiş köşe bucakları kaplar.

İnsanlarla temas kurma potansiyeliniz, orada, düşünebileceğinizden daha fazladır. İnsanlarla ilişki kurmak ve geliştirmek anlamında karşınızda altın fırsatlar sizi bekliyordur. Bu fırsatları değerlendirerek tanıdığınız insanlarla ilişkilerinizi geliştirebilir, onların tanıdığı ama sizin tanımadığınız insanlarla ve böyle böyle daha bir sürü insanla tanışabilirsiniz.

Mevcut çevrenizin gücünden verimli şekilde yararlanmak için birkaç yöntem vardır. Anne babanızın tanıdıklarını denediniz mi hiç? Kardeşlerinizin tanıdıklarını? Liseden, üniversiteden arkadaşlarınızı? Aynı spor salonuna, ibadethaneye gittiğiniz kişileri? Avukatınızla, doktorunuzla, yatırım danışmanınız ya da emlakçınızla görüştünüz mü?

İş dünyasında bir söz vardır: "En iyi müşteriniz halihazırda hizmet verdiğiniz müşteridir." En başarılı satışlarınızı eski müşterilerinize yaparsınız. Yeni satışlar size yüksek kârlılık sağlamaz. En kârlı satışlarınızı daima eski müşterilerinize gerçekleştirirsiniz. Değişmez kuraldır bu. Çevrenizdeki insanlara, onlarla ilişkiniz çok güçlü olmasa bile, ulaşmanız çok daha kolaydır.

Çevre oluşturmak konusunda en büyük problemlerden biri, tanımadığınız insanlarla pat diye iletişim kurmaya çalışmaktır. Bilinmeyenle uğraşmak her zaman için zorlayıcıdır. Dolayısıyla ilk adımı mutlaka tanıdığınız kişilere doğru atmalısınız. Yabancılarla tanışmayı sonraki adımda gerçekleştirirsiniz.

Hemen yanı başınızdaki insanlara odaklanın. Arkadaşlarınızın arkadaşları, okuldan eski tanıdıklar, ailenizden olup da aranızda mesafe olan kişiler... Çok merak ediyorum, acaba hiç kuzenlerinize, kardeşlerinize, kayınbiraderlerinize gidip de size yardımı dokunabilecek birini tanıyıp tanımadıklarını sordunuz mu?

Ailenizdeki bireylerden postacınıza kadar herkes yeni tanıdıklara açılan bir kapıdır.

İşsiz güçsüz, tek başınıza kalacağınız güne kadar beklemeyin. Çıkın ve insanlarla yakınlaşın. Ahbaplardan, tanıdıklardan meydana gelen o çevreyi ihtiyaç duymadan *önce* oluşturmalısınız. Çevrenizdeki diğer insanlar da, daha evvelden tanımış ve sevmişlerse size mutlaka yardımcı olacaklardır. Şimdi bahçeye çıkıp kollarınızı sıvayın hemen. Kendi arka bahçenizde neler bulacağınıza çok şaşıracaksınız.

BEŞİNCİ BÖLÜM

Cesaretin Dehası

Bu anı elinizden kaçırmayın. Neyi yapabiliyorsan, neyi düşlüyorsan, durma başla yapmaya. Cesarette deha, güç ve sihir vardır.

–JOHANN WOLFGANG VON GOETHE

Babam Pete Ferrazzi ilk nesil Amerikalılardandı. İkinci Dünya Savaşı'nda ticaret gemilerinde denizcilik yapmıştı. Çok çalışıp az para kazanan, eğitimsiz, hayatı zorluklarla geçen bir aile babasıydı. Benim için daha fazlasını yapmak istiyordu. İkimiz ayrılmaz bir ikiliydik. Arkadaşları beni "re-Pete" diye çağırırlardı çünkü babam her gittiği yere beni de götürüyordu. Çalışan sınıfa mensup bir aileydik. Bu sınıfın dışına çıkmanın bir yolunu bulabilirse benim daha güzel bir hayat sürebileceğimi biliyordu.

Ne var ki babam, çıkış yollarını bilmiyordu. Yüksek tahsili yoktu. Kasaba kulüplerinden, özel okullardan pek anlamazdı. Yardımı dokunacak, benim için örülmekte olan kaderden beni çekip çıkarabilecek tek bir kişi olduğunu düşünüyordu. Patronu Alex McKenna. Bay McKenna aslında babamın patronunun patronunun patronunun patronuydu. Kennametal şirketinin CEO'suydu. Babam, bu şirketin fabrikalarından birinde çalışıyordu.

Daha önce hiç tanışmamışlardı. Ama babamın dünyanın işleyişine dair sezgileri kuvvetli ve doğruydu. Fabrikada çalışırken, aynı oranda yetenekli iki kişiyi ve bu kişilerin unvanlarını birbirinden ayıran özelliğin genellikle cesaret unsuru olduğunu gözlemleyerek anlamıştı. Buradan yola çıkarak Bay McKenna ile görüşme talebinde bulundu. Bay McKenna bunu duyunca meraklanarak görüşme isteğine olumlu cevap vermiş. Görüşme sırasında benimle tanışmayı kabul etmiş. Ama başka bir söz vermemiş.

Sonradan anlaşıldı ki beni sevmiş. Bunun bir nedeni de babamın yöntemiymiş. Çevredeki özel bir ilkokul olan Valley School of Ligonier'in yönetim kurulundaymış. Bütün zengin çocuklarının devam ettiği bu okul, ülkedeki en iyi ilkokullar arasında gösteriliyordu. Bay McKenna'nın devreye girmesi sonucunda okul müdürü Peter Messer ile görüşme ayarlandı.

Burslu olarak Valley School'a başladığım gün dünyam değişti. Önümde yepyeni bir yol uzanıyordu. Babamın benim için istediği şey gerçekleşmişti. Amerika'daki en iyi eğitimlerden birini aldım. Valley School'un ardından Kiski School'a, Yale Üniversitesi'ne ve Harvard Business School'a devam ettim. "Sormaktan bir şey olmaz" diye düşünen babam olmasaydı bugün burada olamazdım.

Kariyerime geri dönüp baktığımda, bunun hayatımdaki en önemli olay olduğunu görüyorum. Babamdan öğrendiğim ders, sonraki hayatımda yaptığım her şeye imzasını atacaktı.

Ailesinin ihtiyaçları söz konusu olduğunda babam utanıp sıkılmazdı. Bir keresinde arabayla eve giderken babam birinin çöplüğünde üç tekerlekli, kırık bir bisiklet gördü. Durdu. Bisikleti aldı ve evin kapısını çaldı.

Kapıyı açan kadına "Bu bisikleti çöpe atmışsınız. Bunu almamın bir mahzuru var mı acaba? Tamir edebilirim gibi geliyor. Böyle bir şeyi oğluma hediye edebilirsem kendimi çok mutlu hissedeceğim."

Cesarete bakın! Orta sınıfa mensup, gururlu bir adam, o kadınla böyle açık yüreklilikle konuşacak; yoksulluğunu itiraf edecek ve çöpünü almak istediğini söyleyecek... Düşünebiliyor musunuz?

Peki bisikletin sahibi o kadının hissettikleri? Bir başkasına hediye verme şansına sahip olarak yaşadığı mutluluk? Bunu da hesaba katmak gerek. O mutluluktan olsa gerek kadın sevinçle "Elbette" dedi. O bisikletle oynayan çocuklar koca adam olmuşlardı ve oyuncaklarına çoktandır el sürmüyorlardı.

"Memnuniyetle alabilirsiniz," dedi kadın. "Benim bindiğim bisiklet de sizin olabilir. O kadar güzel ki atmaya kıyamadım."

Babamla tekrar eve doğru yola koyulduk. "Yeni" bir üç tekerlekli bisikletim olmuştu. Bir de büyüdüğümde binebileceğim iki tekerlekli bir bisikletim vardı. İyilikten gelen bir gülümseme ve bir kalp çarpıntısı gördüm o kadında. Babam bana cesaretin içindeki aklı ve nezaketi orada bir ders gibi öğretmişti.

Yapabileceklerim ve yapamayacaklarıma dair ne zaman sınırlar belirlemeye kalksam, bir korku gelir düşüncelerime çöreklenir. Üç tekerlekli bisikleti hatırlarım. Davranışlarına korkunun hâkim olduğu, riskten uzak durmaya meyilli insanların başarıyı yakalama şanslarının ne kadar az olduğunu hatırlatırım kendi kendime.

O günlerin hatıraları beynime kazındı. Babam bana, alabileceğim en kötü karşılığın "Hayır" olduğunu gösterdi. Bir kişi zamanını ya da desteğini vermemeyi tercih ediyorsa bu onun kaybıdır.

Durum ne olursa olsun sormaktan çekinmemek sayesinde hayatım boyunca birçok fırsat kapısını araladım. İsviçre'deki Dünya Ekonomik Forumu'na katıldığımda bir otel otobüsünde Nike'nin kurucusu Phil Knight'ı gördüm. Knight o zamanlar benim için hayranı olduğum bir insandı. Nike markasını yaratıp geliştirmesindeki olağanüstü başarısından ve imzasını attığı yenilikçi pazarlama taktiklerinden dolayı kendisine hayranlık duyuyordum. Deliler gibi heyecanlıydım. Fakat, onunla konuşma fırsatını kaçıramazdım. Yanındaki koltuğa gidip oturdum. Sonraki yıllarda kendisi YaYa'nın ilk teknoloji müşterisi olacaktı. Böyle girişimleri hep yaparım. Durum ne olursa olsun benim için fark etmez.

Bazen duvara çarptığım da olur. Arkadaşlık kurmak istediğim ama benimle pek ilgilenmeyen isimlerden oluşan uzun bir liste sunabilirim size. İnsanlarla bu tür ilişki kurarken karşınıza çıkabilecek olumsuzluklar, gönül ilişkilerindekilerin aynısıdır. (Hangisinde daha başarılı olduğumu merak ediyorsanız, iş odaklı ilişkiler kurmakta daha iyiyim demem yeterli olur sanırım.)

Tanıdığımız insanlarla birlikte olma davranışı bize cazip gelir. Ama, bazı gönül ilişkileri türlerinin tersine, çevresini genişletmeye çalışan biri tek bir başarılı beraberlikle kendini sınırlamamalıdır. Güvenilir ilişkilerden meydana gelen bir çevre edinmenin koşullarından biri her zaman için orada, o *karışım* içinde olmaktır. Bugüne dek, tanışıklığımın olmadığı insanlarla ilk temasta beni reddedecekleri korkusunu hep içimde duymuşumdur. Sonra babamın bana aldığı üç tekerlekli bisikleti hatırlar ve korkumu yenerim.

Pek çoğumuza göre çevre edinme kavramı doğal ya da içgüdüsel değildir. Doğuştan gelen özgüven ve sosyal beceriler sayesinde insanlarla kolayca yakınlık kurabilenleri bir kenarda tutmak lazım elbette.

Geri kalan kısmı bizim gibiler oluşturuyor. YaYa'daki ilk zamanlarımda şirketin ayakta kalabileceğinden emin olamıyordum. Kariyerimde ilk defa olarak tanımadığım çok sayıda insanla iletişim kurmak, tanınmamış bir şirketi temsil etmek, pazarda daha önce test edilmemiş bir ürünü lanse etmek durumunda kalmıştım. Rahatsız edici bir durumdu. BMW ve MasterCard'ın hiç tanımadığım yöneticilerini pat diye arayıp malımı alır mısınız diye konuşmak istemiyordum. Ama biliyor musunuz, BMW ile temas kurmak, çalışanlarımdan bir kısmını işten çıkarmak ya da yönetim kurulunun ve yatırımcılarının gözünde başarısız biri olarak görülmekle kıyaslandığında hiç mi hiç zor değildi.

Tanışmadığım kişilerle konuşurken cesaretimi toplamam gerekir. Bu aslında, başarısızlık korkusu ve takip edecek sonuçların vereceği utancı dengelemeye yönelik bir çabadır. Babam için, aynı durumu tanımlamak gerekirse "ya soracaktı, ya da ailesi o şeyden yoksun kalacaktı" denebilir. Kendim için ise "ya sorarım, ya da başarısız olurum" diyebilirim. Bu korku, reddedilme veya utanç verici bir duruma düşme kaygımı her zaman ortadan kaldırmıştır.

Nihayetinde herkes kendisine nasıl başarısız olacağını sormalıdır. Hepimiz başarısızlık yaşayabiliriz. Tercih; başarı ve hüsran arasında değil, riske girme ve büyüme ile hiçbir şeyi riske etmeme ve vasat bir düzeyde kalma arasındadır.

Çoğu insan için başkalarıyla tanışma korkusu, topluluk karşısında konuşma (ölüm korkusu kadar büyüyebilen bir korkudur bu) korkusu ile yakından ilişkilidir. Dünyanın en iyi hatipleri bunu açıkça itiraf ederler. Mark Twain'in de dediği gibi "İki tür hatip vardır: Heyecanlı olanlar ve yalancı olanlar."

Bu korkuyla başa çıkmanın en iyi yolu bunun son derece normal olduğunu, başkalarının da aynı duyguyu hissettiğini bilmektir. İkinci yapmanız gereken, başarınız için bu korkuyu yenmek zorunda olduğunuzu idrak etmenizdir. Üçüncü nokta ise daha iyi olmayı bir amaç olarak belirlemenizdir.

Sosyal durumlarda daha girişken ve daha rahat olmanın bazı yollarını şöyle özetleyebilirim:

- ***Bir rol modeli bulun.***

Hepimizde kendimize benzer insanlarla yakınlaşma eğilimi vardır. Çekingen insanlar, çekingenlerle, girişken insanlar girişkenlerle yakınlaşır. Bunun ardındaki neden, kendi kişiliğimizi bilinçaltında onaylatma isteğidir. Fakat herkes, arkadaş ve tanıdık grubu içinde olup da başkalarıyla hiç çekinmeden bir araya gelebilen birini mutlaka tanıyordur. Kendi başınıza yeni insanlarla temas kurmaya hazır değilseniz, o insanların sizi eğitmesini sağlayabilirsiniz. Uygun zamanlarda onları yanınıza alarak sosyal etkinliklere katılın ve bu girişken insanların o ortamlarda nasıl davrandıklarını gözlemleyin. Zamanla bazı tekniklerini siz de kapacaksınız. Sonunda, başka insanlarla ilişki kurma konusunda siz de cesaretlenecek ve daha girişken olacaksınız.

- ***Konuşmayı öğrenin.***

Çok sayıda insan daha iyi birer konuşmacı olması gerektiğini görüp eğitim kurumlarından bu yönde destek istedi. Söz konusu eğitim kurumları, kimsenin bin kişilik bir grup önünde (en azından ilk başta) bir konuşma yapmayacağı düşüncesiyle hareket ediyorlar. Gelen kişiler, öncelikle özgüven kazanmak ve çekingenliklerini üzerlerinden atmak için yöntemler öğrenmenin peşindeler. Kurumlar bu kişilere sihirli çözümler sunmuyorlar. Rehberlik edip yol gösterecek bir eğitmenin gözetiminde ve hiçbir riskin olmadığı ortamlarda pratik yapma imkanı sağlıyorlar. Böyle eğitimler veren yüzlerce okul ve eğitimci var. En bilinenlerinden biri Toastmaster Club. Amerika'da ofislerinin olmadığı bir yer yok gibi. İyi işletilen bir şirket. Bugüne kadar milyonlarca insanın konuşma becerilerini geliştirdiler ve korkularının üstesinden gelmelerine yardımcı oldular.

- ***Kulüplere katılın.***

Sizinle aynı coşkuyu paylaşan birileriyle bir şeyler yaparken kendinizi çok rahat hissedersiniz. Herhangi bir hobi bunun için iyi bir fırsat olabilir. Pul toplayın, şarkı söyleyin, maçları takip edin, edebiyatın içine dalın. Bu tür ilgi alanlarına odaklanmış çok sayıda kulüp bulabilirsiniz. Bunlara katılın. Faal bir üye olun. Kendinizi hazır hissettiğinizde grup liderliğini üstlenin. Bu son adım çok önemlidir. Hayatta lider olmak için pratik yapmanız gerekir. Grup liderliği ile bu pratiği yapabilirsiniz. Yeni kişilerle tanışma ve onlarla sağlam ilişki kurma olasılığınız katlanarak artacaktır.

- ***Terapi görün.***

Biliyorum, şimdi hepiniz, "İnsanlarla daha iyi konuşabilmem için terapi mi görmemi istiyor? Daha neler!" diyorsunuz. Durun da izah edeyim. Birincisi, şu andakinden daha iyi bir insan olmaya çalışmanız, çok önemli bir çabadır. İkincisi, tanıdığım en başarılı insanların bazıları hayatlarının bir döneminde bir terapiste gitmişlerdir. Terapi sizi daha iyi bir insan yapacak demiyorum. Öyle bir iddiam yok. Ama korkularınıza ve sosyal kaygılarınıza daha verimli bir şekilde çare getirebilir. Akıl ve Ruh Sağlığı Ulusal Enstitüsü tarafından yapılan bir dolu araştırma, çekingen insanlarda görülen özelliklerin danışmanlık alınmak suretiyle ortadan kaldırılabildiğini açıkça gösteriyor.

- *Hadi yapın.*

Kendinize, her hafta yeni biriyle tanışmak gibi bir hedef koyun. Kiminle ya da nerede tanıştığınızın fazla önemi yok. Otobüste giderken kendinizi yanınızdaki kişiye tanıtın. Barda, yanı boş olan birinin yanına gidip bir merhaba deyin. Şirkette, mutfakta çay içerken, içeriye giren ama daha önce hiç konuşmadığınız biriyle konuşmayı deneyin. Pratik yapa yapa bunun nasıl kolaylaştığını göreceksiniz. Reddedilme düşüncesinin da giderek zayıfladığına tanık olacaksınız. Bakış açınızın değişmesi sonucunda başarısızlıklar bile ileri doğru atılmış bir adım gibi gelmeye başlayacak. Öğrenmenin bir parçası olarak kabul edeceksiniz. Reddedilmeler sonunda bir kazanıma dönüşecek. Oyun yazarı, meşhur Godot'un yaratıcısı Samuel Beckett'ın dediği gibi, "Kaybedin, kaybedin, kaybedin. Sonunda daha iyi kaybedeceksiniz."

Korku, insanı güçsüz bırakır. Çekingenliğin bir yararı olmadığını anladığınızda, imkansız gibi gözükseler bile her durum ve her kişi sizin için bir başarı fırsatına dönüşecek.

Bayan Cesaret

Konuşma becerilerinizi geliştirmek dendi mi, kimse otuz iki yıllık kariyer danışmanı ve kendi adını taşıyan yönetim danışmanlığı firmasının sahibi DeAnne Rosenberg'ün eline su dökemez. Rosenberg, "Bayan Cesaret" olarak tanınır ve bunun da haklı nedenleri vardır.

Rosenberg, 1969'da *Wall Street Journal* gazetesinde bir makale okudu. Makale, Amerikan Yönetim Derneği'nin bünyesinde tek bir kadının bile yer almayışına dairdi.

Derneğin o zamanki başkanıyla bir söyleşi yapılmış. Başkan, "Yönetim konularıyla ilgili olarak kamuoyu önünde yetkinlikle konuşacak bir tek kadın bulamadık" demişti.

Rosenberg, gazeteden kestiği kupürü derneğe postaladı ve artık o kadını bulduklarını söyledi. İki hafta geçti. Ama mektubuna bir yanıt gelmedi.

Bu sefer, doğrudan doğruya dernek başkanına aynı şekilde başka bir mektup yazdı ve "Ya beni dinleyin ya da sızlanmayı kesin" dedi.

İki gün aradan sonra başkan telefonla arayarak bir konuşma yapmasını programladıklarını bildirdi. DeAnne Rosenberg, derneğin sözcülüğünü yapan ilk kadın olacaktı.

Geleceğini etkileyen o olaylar dizisinden aldığı dersleri Rosenberg hâlâ unutmamış. Başarının özgüven, azim, kararlılık ve cesaret unsurlarının bir karışımı olduğunu o günlerde anlamış. Cesurca karşılaşmalar, başarılı kariyerlerin temelini oluşturuyor. Yıllarca insanlara korkularını yenmelerini öğreten Rosenberg, başarısı kanıtlanmış bir metne de imza atarak, yeni biriyle tanışma durumunda olan herkese yol gösteriyor.

Metni çok yararlı olması nedeniyle ve şükran duygularımla buraya alıyorum:

1. Durum belirlemesi yapın. Rosenberg'ün ifadesiyle "Dosdoğru bir şekilde konuya girin ve çıplak gözle durumu nasıl gördüğünüzü karşınızdakine anlatın." Kendisi, dernek başkanına kadın sözcülerinin olmamasını bir hata olarak gördüğünü ve bir kadın sözcüyü işe almanın doğru yönde atılmış bir adım olacağını açıkça ifade etmişti. Tutkuyla ve kişisel bilgilere dayanarak konuşmaya başlamadan önce nerede durduğunuzu bilmeniz, o ikna edici konuşmanıza başlamadan önce size büyük yarar sağlayacaktır.

2. Duygularınızı açın. Başta iş dünyası olmak üzere günlük ilişkilerimizde duyguların etkisini azaltmaya çalışırız. Çünkü duygularımızı belli etmek bizi zayıf gösterir ve bu da kötü bir şeydir. Oysa, hissettiklerimizi başkalarıyla paylaşma rahatlığına eriştiğimizde, insanlarla ilk karşılaşmalarımız da derinlik ve samimiyet kazanır.
3. Konunun özünü açıkça belirtin. Ne istediğinizi açıkça ifade etmeniz gerçekten çok önemlidir. Kendinizi küçük düşürecek olsanız bile sebebini bilmelisiniz. Çözüme giden en kısa yol, dosdoğru giden yoldur. Davos'ta Nike'ın patronu Phil Knight ile otobüs içinde konuşurken beş dakika konuştuk diye bir şey satın almayacağını bilmiyor muydum sanki? Biliyordum elbette. Ama o konuşmamız sırasında e-posta adresini aldım ve onunla tekrar görüşmek istediğimi söyledim. Nitekim öyle de yaptım.
4. Açık uçlu sorular sorun. Bir soru şeklinde yöneltilen bir rica, cevabı evet ya da hayır değilse, karşıdaki insan için daha az tehdit edici olur. "Bu hususta ne düşünüyorsunuz?" ya da "Bu sorunu nasıl halledebiliriz?" gibi soruları kastediyorum. Konuyu ortaya koyuyor, duygularınızı ifade ediyor, isteklerinizi dile getiriyorsunuz. Açık uçlu bir öneri ya da soru ile karşınızdaki kişiyi sizinle birlikte çalışarak bir çözüm geliştirmeye davet ediyorsunuz. Phil'e belli bir tarihte bir öğle yemeği konusunda ısrar etmedim. Konuyu açık bıraktım ve ilk karşılaşmamızda gereksiz birtakım sorumluluklar yaratarak olumsuz bir izlenim uyandırma hatasına düşmedim.

ALTINCI BÖLÜM

Çevre Edinen Görgüsüz

Hırs dediğin sürünerek de gelebilir, kanatlanıp uçarak da...

–EDMUND BURKE

Bir elinde martini, bir elinde kartvizitler, prova edilmiş 30 saniyelik bir konuşma metni... Ağzı laf yapan, gözleri daha büyük balıkları avlamaya odaklanmış şekilde çevresini süzen bir tip. Samimiyet nedir bilmeyen, tek derdi gözüne kestirdiği herkesle sırıtkan bir ifade ile tokalaşmak olan o tipleri bilirsiniz. Onlardan biri olmak istemediğinize de bahse girerim.

Çevre edinen görgüsüz imajı, çevre edinmek, insanlarla ilişki kurmak dendi mi insanların gözünün önüne gelen imajdır genelde. Fakat kitabımda, bu tür hiperaktif tipler gerçek bir çevre edinmenin nüanslarını kavramada başarısız olurlar. İlgi çekme yetenekleri işe yaramaz çünkü anlamlı bir ilişki kurmanın temel ilkesini bilmezler.

O ilkeyi bana da kimse öğretmemişti. Zor yoldan, kendi başıma öğrenmek zorunda kalmıştım.

Gençliğimde beni tanısaydınız, muhtemelen benden hoşlanmazdınız. Ben bile o zamanlar kendimi pek sevdiğimi söyleyemem. Gençliğin ve güvensizliğin bütün klasik yanılgılarına ben de düştüm. Bencilce hareket ediyordum. Hırsımın esiriydim. Üstlerimle arkadaşlık kurarken, dengim olan kişileri görmezden geliyordum. İnsanlar genellikle astlarına karşı başka, patronlarına karşı başka ve arkadaşlarına karşı başka bir tavır takınırlar.

Deloitte firmasında pazarlamadan sorumluyken bir anda bana rapor eden bir dolu insanla çalışmaya başlamıştım. Yapmak istediklerime dair büyük fikirler vardı aklımda. Danışmanlık dünyasında daha önce pazarlama bakış açısından bakılarak yapılmamış şeylerdi bunlar. Ve sonunda o fikirleri gerçekleştirmek için artık bir ekibim vardı. Fakat ben ne yaptım? Çalışanlarımı kendimin ve onların uzun vadeli hedeflerini gerçekleştirmeye ikna edebileceğim ortaklar olarak görmek yerine, işlerimi yapacak kişiler olarak görmeyi seçtim. Bu duruma bir de yaşımın gençliğini ekleyin. Yönetim kurulunun en genç üyesinden bile yirmi yaş küçüktüm. Personelimin içindeki direnişin neden bizi planlarımızdan geri bıraktığını daha iyi anlayacaksınız. Birkaç saatte biter dediğim işler, günler alıyordu. Bu duruma dur demem gerekliydi. Bir yönetici koçuna gittim. Nancy Badore, daha bu mesleğin adı bile konmadan önce CEO'lara, hem de en üst seviyede olanlara koçluk yapıyordu.

İlk buluşmamız ofisimde gerçekleşti. Doğru dürüst bir hoşbeş merasimi yapmadan ben orada haykırdım: "Büyük bir lider olmak için ne yapmam gerekiyor, n'olur söyleyin!"

Ofisime çabucak bir göz gezdirdi. Ama hiçbir şey söylemedi. Konuşmaya başladığında ise kafama balyoz yemiş gibi oldum: "Duvarlardaki resimlere bir bakar mısın? Büyük bir lider olmak istediğini söylüyorsun. Ama senden başka kimsenin fotoğrafını odana koymamışsın. Hem büyük lider olmak istediğini söyleyeceksin, hem de kendi resminden başkasını odana koymayacaksın. Tanınmış isimlerle resimlerin var. Güzel yerlerde çekilmiş fotoğrafların var. Keza ödüllerini odana yerleştirmişsin. Ama burada ne eksik biliyor musun? Ekibinin fotoğrafı yok. Benim gibi biri odaya girdiğinde ona, ekibinin başarılarını kanıtlayacak hiçbir şey yok. Ekibini kendin kadar önemsediğini gösterecek minicik bir işaret yok. Seni liderliğe götürecek faktörler ekibinin başarıları ve senin sayende, senin için değil ama, yaptıklarıdır. Anlatabiliyor muyum?"

Soru beni yere sermişti. Yerden göğe kadar haklıydı. İş dışındaki hayatlarının nasıl gittiğine dair çalışanlarıma samimi bir ilgi göstermiş miydim? Onları da liderliğin bir parçası yapsam ne olurdu ki? İlk günden itibaren patronlarımla zaten böyle bir ilişki yürütüyordum.

O gün anladım ki uzun vadeli başarım, çevremdeki insanlara bağlıydı. Onların benim için çalıştıkları kadar ben de onlar için çalışmalıydım.

Siyasetçiler bunu yöneticilerden daha iyi anlarlar. Sevdiğimiz insanlara oy verir, başımıza getiririz. Büyük şirketleri sevgi ve hayranlık duyguları yayan CEO'lar kurar. Günümüz dünyasında bunun anlamı "bencillere yer yok"tur.

Yazar arkadaşım Tim Sanders, bireyselcilik çağının sonunu getiren iki sebebi söyledi. Öncelikle, kullandığımız ürünlerden kariyer basamaklarımıza kadar bir tercih bolluğu içinde yaşıyoruz. Zor meslektaşlar ve liderler için bu tercih bolluğu sıkıntı yaratıyor. Tim şöyle yazıyor: "Eskiden hiç olmadığı kadar çok tercih önümüzde dururken, işe yaramayan bir ürüne ya da hizmete, sevmediğimiz bir şirkete ya da saygı duymadığımız bir patrona yapışıp kalmanın gereği yok." Diğer sebep ise "yeni telgraf" dediği kavram. Şöyle izah ediyor: "Kalitesiz bir ürünün, zararlı bir şirketin ya da zavallı bir adamın bu çağda sırrını saklaması neredeyse olanaksız. E-posta, anında mesajlaşma ve interneti kullanan, kulakları delik çok geniş bir kitle söz konusu."

Uzun lafın kısası şu: Birini sevmiyorsanız, ondan kaçmanın artık çok kolay bir sürü yolu var. Başkalarının iyiliğini kalbinizde hissetmiyorsanız, o başkaları da bunu zaten eninde sonunda anlayacaktır. Kültürümüz bizden bugünlerde daha fazla şey talep ediyor. Birbirimize daha saygılı davranmamızı istiyor. Çünkü, ancak bu yolla iki insan arasındaki ilişki karşılıklı fayda temeline oturabiliyor.

İnsanlarla ilişki kurma çabalarınızı geçmişe doğru şöyle bir gözden geçirmek istediğinizde, kötü karşılaşmaların küllerini değil, güvenilir arkadaşlıklarla örülü bir dostluk ağı görmek istersiniz, öyle değil mi? "Çevre"ci görgüsüz olmak istemiyorsanız, kendi deneyimlerimden edindiğim şu ipuçlarını okumanızı salık verebilirim:

1. İçten olun.

Söyleyecek bir sözünüz olsun ve onu da gönülden söyleyin. Konuştuğunuz zaman teklif edecek bir şeyiniz olsun ve onu da içtenlikle teklif edin. Bir saatlik bir vesile ile ve daha az sayıda insanla bir araya gelerek onlarla vakit geçirip anlamlı bir iki diyaloga girmenin, herkesin üzerinde göz gezdirip tanıştığınız insanların saygısını kaybetmekten daha iyi olduğunu pek az insan bilir. Bazen şu içerikli e-postalar alıyorum: "Sevgili Keith. Çevresi geniş biri olduğunu duydum. Ben de senin gibiyim. Bir gün beraber oturup bir kahve içelim." Niye ki? Niye kahve içeyim ki böyle biriyle? İnsanlar böyle mesajlara neden cevap vermemi beklerler? Bana duygusal olarak bir sıcaklık mı sunuyor? Bana yardım edebileceğini mi söylüyor? Aramızda ortak bir şeyler bulmaya mı çalışıyor? Af buyurun ama çevre edinmek, bazı gizli tokalaşma şekilleri olan gizli bir cemaatin sır dolu bir uygulaması değildir. İçinde erdem yoktur. O erdemi ona biz katmak zorundayız.

2. Söylentilere kulak asmayın.

Söylentilere bakarak hareket etmek kolayımıza gelir. Bu tarz bilgiye kucağımız açıktır. Ama uzun vadede size yararı dokunmaz. Sonunda bilgi kaynağınız kurur ve insanlar sizin güvenilir biri olmadığınızı anlar.

3. Partiye eli boş gelmeyin.

Bugün internet dünyasının yıldızları kimler? Blogcular. Kendileri gibi düşünen insanlara, kurdukları siteler aracılığıyla bilgi, link kimi zaman da sadece empatilerini sunuyorlar. Bunu para karşılığında yapmıyorlar. Kendilerini sadakatle takip eden insanlar, sonunda onlara, aldıklarından daha fazlasını verebilmek için çırpınıyorlar. Bu bir döngü. Başı sonu yok. Blog dünyasında da insanlarla ilişki kurma anlamında da ne kadar çok şey veriyorsanız, o kadar iyisinizdir. Bu kadar basit.

4. Astlarınıza saygısızca davranmayın.

Bir süre sonra onların bazıları da "üst" olacak. İş dünyasında besin zinciri geçicidir. Basamakların altındakilere de üstündekilere de saygılı davranmak zorundasınız. Hollywood'un süper yetenek avcılarından Michael Ovitz için ilişki kurma ustası denirdi. Ancak, göz kamaştırıcı kariyeri bir anda tersine döndü. İnsanlar ne olduğunu merak ediyordu. Ovitz, gerçekten de olağanüstü iletişim becerileri olan bir insan. Hatası ise onları samimiyetsizce kullanması oldu. Artık ona lazım olmayan insanlara karşı kayıtsız kaldı. Kimi zaman daha da ileri gitti. Başarısızlığına en çok sevinen, ayağı kayarken arkasından iten insanların başında da bu insanların gelmesine şaşmamalı.

5. Şeffaf olun.

Temel Reis "Ben neysem oyum" der. Bilgi çağındayız. Açık olun. Niyetinizi gösterin. Hayranlığınızı belli edin. Bunlar, günümüzde çok değerli, peşinden koşulan özellikler oldular. İnsanlar, kendilerine açık ve dürüst şekilde yaklaşan kişilere güveniyorlar. Konferansın birinde, tanışmak için yanıp tutuştuğum birine rastlamıştım. Heyecanımı gizlemedim. "Sizinle sonunda tanışmaktan çok mutlu oldum. Çalışmalarınızı bir süredir uzaktan ve hayranlıkla takip ediyorum. Tekrar bir araya gelebilirsek bunun çok yararlı ve verimli olacağını düşünüyorum" dedim. Çekingen ve isteksiz oyunlar barlarda işe yarar. Ne var ki insanlarla anlamlı ve yakın ilişkiler kurmaksa amacınız, bunlara başvurmamalısınız.

6. İpin ucunu kaçırmayın.

En samimiyetsiz durumlardan biri, çok sayıda kişiye toplu e-posta göndermektir. İnsanlarla ilişki kurmak, çevre edinmek demek, bir tür sayı oyunu değildir. Amacınız, güvenebileceğiniz insanlarla gerçek ilişkiler kurmak olmalıdır.

Size üç cümle ile anlattığım bu durumu ben pek utanç verici bir şekilde öğrendim. Hep duyardım. Bayramlarda seyranlarda, yılbaşlarında tebrik kartı göndermenin iyi bir fikir olduğunu söylerlerdi. Yale'den mezun olunca ben de bu fikri kendi hayatımda uygulamaya koydum. Adresini bildiğim herkese kart göndermeye başladım. Deloitte firmasında işe başladığım dönemde listede artık binlerce isim vardı. Bana yardım edecek kişiler tutmam gerekti. Sadece adres yazma konusunda değil, yılbaşı kartlarına imza atma konusunda da bana destek veriyorlardı. Perşembenin gelişi çarşambadan bellidir. Bir gün üniversitedeki oda arkadaşlarımdan biri, biraz da dalga geçerek, aynı yıl için, hepsinin üzerinde farklı farklı imzalar olan üç tebrik kartı almaktan çok mutlu olduğunu söyledi. Anlayacağınız gibi, önemli olan hacim değil, gerçek iletişim kurmaktır.

İnsanlarla kurduğunuz iletişim, beraberinde arkadaş olmanız sonucunu getirmiyorsa, size ne olduğuyla alakadar olmayan tiplerle uğraşmayı bir kenara bırakmanız en iyisidir. Sizden hoşlanılmaması, ilişki kurma çabalarınızı daha başlamadan bitirir. Sevilen biri olmanız ise en etkili ve yapıcı güçtür.

BİR ÜNLÜNÜN PROFİLİ

Katharine Graham (1917-2001)

"Herkeste güven uyandırın."

Katharine Graham, bir trajedi nedeniyle ev hanımlığından yayıncılığa soyundu. Eşi Philip Graham'in 1963'teki vefatından sonra *Washington Post* gazetesinin yönetimini üstlenmek zorunda kaldı. Çekingen ve sessiz bir insandı. Ülkenin en önemli gazetelerinden birinin talepleriyle başa çıkmak için uygun biri gibi görülmüyordu. Ancak Graham böyle düşünenleri utandıracaktı. Amerika'nın en büyük gazetelerinden ve en başarılı işletmelerinden birini yarattı. Başkan Nixon'un kellesini götüren Watergate skandalı onun zamanında gazetesinde yayınlandı. Gazete, başkentin siyaset ve medya sahnesini Graham'ın kendine özgü tarzıyla yönetecekti.

Katharine Graham'ın bu dillere destan tarzı onun en uzun ömürlü mirası oldu. Gazetesini coşku, içtenlik ve nezaketle yönetirken çok güçlü bir figüre dönüştü. Graham, toplumun en alt seviyesindeki insanlardan en yüksek makam ve mevkilere kadar herkese aynı saygılı ve onurlu tavırla yaklaştı.

Washington Post köşe yazarlarından Richard Cohen, Graham'ın cenaze töreninden birkaç gün sonra kaleme aldığı yazısında şöyle diyordu: "Birkaç yıl önce, çok sıcak bir Haziran ayının bir pazar günü tatilden Washington'a dönmüştüm. *Washington Post*'un karşısındaki otoparka gidip arabamı almak için bir taksi çevirdim. Gazetenin kendi park yerinde bir çadır dikilmişti. Şirket içi bir parti yapılacaktı. Partiye, adlarını daha önce duymadığınız, tanınmamış, televizyonlara çıkmamış kişiler davetliydi. İlanların kaydını alan, evrak dağıtan ya da binayı silen insanlara özel bir partiydi. O sıcakta, Katharine Graham'ı gördüm. Parti alanına doğru zorlukla yürüyordu.

Yaşlıydı. Yürümesi hiç kolay değildi. Ne kadar zahmet çektiği belli oluyordu. Rampadan yukarıya ağır ağır ilerliyordu.

Virginia'da çiftliği, Georgetown'da evi, New York'ta dairesi ve o cehennem sıcağını da düşününce en önemlisi Martha's Vineyard adasında bir yeri vardı. Ama o işte buradaydı. O insanlara özel bir gün yaşatmak için çabalıyordu."

Katharine Graham'ın hayatına baktığımızda, çok belirgin olarak görürüz ki, onca servetine, ömür boyu rahat yaşamasına yetecek kadar paraya ve neredeyse bir kraliçeninkine denk bir sosyal statüye sahip olmasına rağmen, o, herkesle arkadaş oluyordu. Gazetesine yardımı dokunabilecek ya da *Washington*'daki pozisyonunu güçlendirecek kişilerle kendini asla sınırlamamıştı.

Cenazesine katılan çok ünlü isimler vardı. Henry Kissinger, Bill Clinton, Bill Gates, Warren Buffet ve Tom Brokaw bunlardan sadece birkaçı. Bir de uzun, hem de çok uzun bir sıradan vatandaş listesi vardı. İşte birkaç örnek:

- Irvin Kalugdan: Fairfax County'den bir özel eğitim hocası. *Washington Post*'tan aldığı 350 dolarlık destekle öğrencilerinden oluşan bir break dans ekibi kurdu.
- Rosalind Styles: Graham'ın yardımda bulunduğu Frederick Douglas Erken Çocukluk ve Aile Destek Merkezi'nde çalışıyordu.
- Henrietta Barbier: Emekli büyükelçilik personeli. Chevy Chase Kadınlar Kulübü'nde her hafta toplanıp briç oynayan altmış kadından biriydi. Graham'ın tek bir oyunu bile kaçırmadığını söyledi: "Oyunu çok seviyordu. Çok da iyiydi. Ders alacak kadar da ciddiye alıyordu."

Bütün bu anlattıklarım, insanlara ulaşabilme konusunda içsel bir gerçeği de ortaya koyuyor: Çevre edinme anlamında en iyi olanlar, çevrelerini genişletmek için bunu yapmıyorlar. Onlar, arkadaş ediniyorlar. İnsanların dostluğunu, güvenini ve hayranlığını kazanıyorlar. Herkese arkadaşça el uzatabilme becerileriyle bunu yapıyorlar. Sürekli genişleyen bir etki alanı, planlanmış bir sonuç değil, kendiliğinden ortaya çıkan bir sonuçtur sadece.

Graham'ın eski dışişleri bakanı Henry Kissinger ile arkadaşlığı, onun arkadaşlıklarını birtakım gizli hedeflere giderken kullanılacak bir yol olarak görmediğinin en iyi delili. Dışarıdan bakıldığında bu iki ismi arkadaş olarak düşünebilmenin imkanı yoktu. Graham'ın kariyerindeki en önemli kilometre taşları ise Kissinger'ın başını en çok ağrıtan olaylardı. İlk olarak 1971 yılında Graham, Pentagon Belgeleri'ni yayınlama kararı aldı. Bu belgeler, Amerikan hükümetinin Vietnam Savaşı'nda yaptıklarına dair gizli bilgileri içeriyor. Bir yıl sonra Graham'ın talimatıyla gazete Watergate olayına el attı. Her iki olay da, Kissinger'ın bakan olarak görev yaptığı Nixon yönetimi için birer rezalet anlamına geliyordu.

Graham'ın cenazesinde ilk konuşmayı kim yaptı dersiniz? Henry Kissinger. Birlikte sık sık sinemaya giderlerdi.

Graham böyle bir arkadaşlığı, ittifakı nasıl olmuş da kurmuştu? Dünyanın en güçlü ve ünlü kişilerinden isimsiz öğretmenlere kadar herkesle nasıl temas kurabilmişti? Sınırlarını biliyor ve başka insanlarda güven duygusu yaratıyordu. Mütevazı idi. Niyetleri samimiydi. Karşısındaki kişinin yararına olan şeyleri kalbinde hissettiğini gösterebiliyordu.

CNN'deki bir mülakatında Kissinger şöyle demişti: "Bizimkisi çok garip bir arkadaşlıktı. Onun gazetesi, benim açımdan çok farklı görüşler sergiliyordu. Ama gazetesine çıkar sağlamak amacıyla asla arkadaşlığımızı kullanma yoluna gitmedi. Asla bana *özel söyleşi yapalım* gibisinden tekliflerde bulunmadı."

İKİNCİ KISIM

İşin Pratiği

YEDİNCİ BÖLÜM

Ev Ödevinizi Yapın

Olağanüstü başarılar, olağanüstü hazırlıkların sonucunda elde edilir.

–ROBERT H. SCHULLER

Tanıştığınız kişileri, onlarla tanışma biçiminizi ve tanışma sonrasında hakkınızda düşüneceklerini şansa bırakmamalısınız. Winston Churchill'in de gayet güzel ifade ettiği gibi hazırlık yapmak -bizi dahi yapmasa bile- dahi gibi görünmemizi sağlar.

Yeni insanlarla tanışmadan önce kim olduklarını ve nasıl bir iş yaptıklarını araştırırım. Onlar için nelerin önemli olduğunu, hobilerini, hedeflerini ve işlerinin zor yanlarını, girdisini çıktısını öğrenirim. Buluşma öncesinde, o kişi hakkında tek sayfalık bir özet bilgi hazırlar, ya da asistanımdan hazırlamasını rica ederim. Orada olmasını istediğim tek şey, bir insan olarak hayattaki tutkularının ve onları gururlandıran en büyük başarılarının ne olduğudur.

İlişki kurmak istediğiniz kişinin şirketinde olanlar hakkında da güncel bilgiye sahip olmanız gerekir. O kişinin şirket içinde son dönemdeki başarı grafiği iyi mi, kötü mü? Şirketin yeni bir ürünü var mı? Bütün herkes, doğal olarak ve her şeyden daha çok onların ne yaptıklarıyla ilgilidir. Onların dünyasına rahatça girebilecek kadar malumat edindiyseniz ve bilgili bir şekilde konuşabiliyorsanız, takdir edilirsiniz. William James'in de yazdığı gibi "İnsan tabiatının en derin ilkesi takdir edilme arzusudur".

Bugünlerde böyle araştırmaları yapmak iyice kolaylaştı. İşe nereden başlayacağınıza dair birkaç ipucunu aşağıda bulabilirsiniz:

- İnternetten başlayın. Şirketin internet sitesine bakmayı ihmal etmeyin. Google gibi arama motorlarını kullanarak tanışacağınız kişinin bağlantılarını bulmaya çalışın. Artık, internette arama yapmadan biriyle görüşmek, kabul edilemez davranışlar listesinde yer alıyor.

- Kütüphanelerden yararlanın. Kitapların yanısıra dergiler, süreli yayınlar ve ticaret gazeteler de işinize yarar. Tanışmak istediğiniz kişinin yazdığı, ya da varsa onun hakkında yazılmış yazıları okuyun. Bulamazsanız, o takdirde o kişi hangi sektörde ya da nasıl bir pozisyonda çalışıyorsa ona dair bilgiler bulmaya çalışın. Bunların büyük kısmı internet üzerinden de bulunabilir elbette.

- Şirketin varsa halkla ilişkiler bölümünden bilgi rica edin. Arayıp planlı bir toplantınız olduğunu ve toplantıya girmeden önce bilgi edinmek istediğinizi belirtin.

- Yıllık raporlar, şirketin nereden gelip nereye gittiğine dair güzel bir fikir verebilir. Şirketin önündeki fırsatları ve zorlukları da raporlardan görebilirsiniz.

Birini tanımak, onun ihtiyaçlarını ve sorunlarını kaçınılmaz olarak anlamak demektir. İşyerinde bu, ürünlerle ilgili olabilir. Ama o kişiyle konuştukça, çocuklarının bir stajyerliğe ihtiyaçları olduğunu, kendisinin bir sağlık sorunu bulunduğunu, ya da sadece golfte bir vuruşu iyi yapamadığını öğrenirsiniz. Önemli olan, gözle görünenin ötesine geçmek ve karşınızdaki kişiyi bir insan, bir birey olarak görebilmektir. O kişinin en çok ilgi duyduğu şeylerin bir parçası olmanın bir yolunu bulun. İşte o zaman, hayatlarının da bir parçası olursunuz.

Yakın bir zamanda, Los Angeles'ta Milken Institute tarafından düzenlenen Küresel Konferans'a katıldım. Her yıl düzenlenen konferans üç gün sürüyor ve dünyanın en büyük düşünürlerine ve CEO'larına küresel sorunlar üzerinde kafa yordurtmayı amaçlıyor. Konferansın yuvarlak masa oturumlarından birinde ben de vardım. Toplam on beş katılımcının hepsi de benimkinden çok büyük şirketlerin üst düzey yöneticileriydi.

Onlarla olağan koşullarda bir araya gelmem olacak şey değildi. Ama konferansın düzenlenmesine katkıda bulunduğum için -ki bu her zaman bir avantajdır- katılımcılardan biri olarak beni de davet ettiler.

Etkinlikleri bir CEO'nun sıkışık programına uygun şekilde planlamışlardı. Etkinlikten önce katılımcıların birbiriyle kaynaşıp tanışması için kısa bir buluşma düşünülmüştü. Sonra bir panel gerçekleştirilecek ve pazarlamanın geleceği, büyük markaların karşısındaki sorunlar dikkate alınarak masaya yatırılacaktı. En sonda da kısa bir yemek yer alıyordu.

Başka bir ifadeyle yaklaşık üç saatlik bir fırsat beni bekliyordu. Birkaç yeni arkadaşlık kurabilirdim.

Başarılı bir konferansın gündemi daima katılımcıların zamanını maksimize edecek şekilde tasarlanır. Bu tür konferanslarda benim amacım, daha önce tanışma şansına erişemediğim ilginç insanlarla sıcak bir ilişki kurabileceğim zamanı maksimize etmektir.

Sohbeti başlatmakta yiyeceklerin benzersiz bir üstünlüğü vardır. İnsanlar, yemek yerken şaşırmaya daha açık hatta isteklidir. Toplantı ortamlarındaki yemekler ise biraz sorunludur. Aceleyle yenen bu yemekler sırasında kısa sohbetlerin yapılması bir yere kadar mümkün olabilmektedir. Otururken başınıza ne geleceğini asla bilemezsiniz. Yabancılar arasında, sağınızda ya da solunuzda oturan kişilerden ötesine odaklanmanız ise çok zordur.

Panel sırasında ise insanlar kendi sunumlarına odaklanır.

Geriye bir tek kaynaşma toplantısı kalır. O toplantılarda bara yakın noktalarda takılırım. Mutlaka herkes bir içki alır. Konferansta bütün gün boyunca tanışmak istediğim kişilerin izini sürerek en çok hangi odalarda ilgi odağı olduklarının izini sürdüm. Programımı da, onların giriş ve çıkışları sırasında o odalarda olacak şekilde düzenledim. İlk bakışta garip bir davranış gibi gelebilir. Ama gerçekte yaptığınız, doğru zamanda, doğru yerde olmaktan ibarettir.

Böyle durumlarda karşılaşabileceğiniz zorluk, her sohbette de olduğu gibi, gayet kibar bir şekilde laflarken konuyu ciddi bir yere getirebilmektir. Konferans öncesinde organizasyonun en başındaki kişiyi tanıma şansım olmuştu. Onunla yaptığım sohbetlerde kimlerin geleceğine dair iyi bir fikir edinmiştim. Onlardan biriyle tanışma ihtimalimi göz önünde tutarak bu çok önemli kişilerin kısa özgeçmişlerini edinip hazırlığımı yaptım. Asistanım da, özellikle tanışmak istediğim birkaç kişiyi anlatan tek sayfalık birkaç doküman hazırladı.

Ev ödevinizi iyi yapın derken işte buna benzer hazırlıkları kastediyorum. Saydıklarım, tek başına asla yeterli gelmez. Sıradan bir karşılaşmada mümkün olandan çok daha derin ve zengin bir ortak zemin bulmaktır amacımız. Birinin tutkularına, ihtiyaçlarına ya da ilgi alanlarına dair bilgi ile kendinizi donatırsanız, temas kurmaktan daha fazlasını yapabilirsiniz. Aranızda bir bağ kurabilir ve onu etkileyebilirsiniz.

Kurt bir siyasetçi olan Winston Churchill de halkla tüm karşılaşmalarını aynı şekilde planlardı. Bugün herkes Churchill'in bir konuşma ustası, bir hazırcevaplık cambazı olduğunda hemfikirdir. Bir yemeğe oturuldu mu herkesin ilgisini sürekli olarak üzerinde tutabilen fantastik biri şahsiyetti Churchill. Az bilinen, ama Churchill'in anılarında bize anlattığı husus ise, zekice bir esprinin ya da etkileyici bir cümlenin arkasında ne kadar çok emek ve zaman olduğudur. Karşısındaki dinleyiciyi tanımanın ve onların düğmelerine nasıl basılacağını bilmenin gücünü Churchill çok iyi idrak etmişti.

Peki ben ne yaptım?

CEO'lardan birinin, John Pepper'ın benim gibi Yale mezunu olduğunu keşfettim. Öğrencilik günlerimden beri ona hayrandım. Procter & Gamble şirketinin eski CEO'su olan Pepper, kendini insan haklarına adamıştı. Kölelik döneminde zencilerin özgürlüklerine kavuşturulmasında kullanılan Underground Railroad'dan geriye kalanların, bu işe özel olarak Cincinnatti'de kuracağı bir müze bünyesinde korunması gerektiğini savunuyordu.

Yale'den mezun olduğu için özgeçmişini Yale Üniversitesi'nin internet sitesinde kolayca buldum. Daha fazla bilgi için eski mezun arkadaşlarıma başvurdum. Oradan, Pepper ile ilgili değerli bilgilere ulaştım. İkimiz de Berkeley College'ta okumuştuk. Bu durumda Robin Winks'i tanıyor olmalıydı. Winks, çok sevilen ve sayılan bir profesördü. Berkeley'de iken kendisi için bir süre çalışmıştım. Ortak noktalarımızı ortaya çıkarmam çok iyi netice verdi.

Konuşmamızın sonuna doğru John bana YaYa ile ilgili olarak yararlanabileceğim öneriler ve bazı kişilere ulaşabilmem için gerekli bilgileri verdi. Bundan sonra da görüşmemizi istedi. Yollarımızın gelecek senelerde sık sık kesişmesini umuyordum ve bu umudum gerçekleşti. Profesör Winks bu karşılaşmadan sadece bir hafta sonra vefat ettiğinde, birlikte onunla ilgili anılarımızı yâd ettik. Aradan birkaç ay geçti. Cincinnatti'li başarılı bir işadamı ile tanıştım. Underground Railroad ile ilgili bir müze hakkında biraz yüksekten laflar ediyordu. Onu, bağışta bulunması için John Pepper'a yönlendirdim. Geçen sene John'a iki-üç potansiyel bağışçı daha buldum.

Tanışmak istediğim diğer CEO ile ortak bir yönümüz yoktu. Neyse ki, Google'da yaptığım bir arama sonucunda kendisinin geçen sene New York maratonunda yarıştığını öğrendim. Bir maraton koşmanın ne demek olduğunu iyi biliyordum. Çünkü ben de denemiş ve başarısız olmuştum. Dizlerim beni şaşırtarak yarı yolda bırakmıştı. Bu arada, bir gün maraton koşmamı sağlayacak tavsiyeler almayı da çok istiyordum.

Sözünü ettiğim bayan CEO ile karşılaştığımda şöyle dedim: "Nasıl yapıyorsunuz, bilmiyorum. Formumun iyi olduğunu düşünürüm. Ama maraton antrenmanı beni resmen öldürdü. Bırakmaya mecbur kaldım."

Çok şaşırdı tabii. "Maraton koştuğumu nereden bildiniz?" dedi sevinçle.

Yaptığım araştırmadan söz etmekten çekinmem. "Tanışmak istediğim insanlar hakkında bilgi edinmek için her zaman özel bir çaba harcarım" dedim. İnsanların gururu okşanıyor elbette. Siz farklı mısınız sanki? Karşınızdaki insan, bir yabancı ile birlikte zoraki bir yarım saat geçirmektense, onu tanımak için çaba harcamış biriyle, ortak bir şeyleri paylaşmayı tercih ediyor.

Konferansa yakın bir yerdeki "Barry'nin Askeri Kampı"na gitmiştim. İnsanı deliler gibi yoran ama aynı derecede de forma sokan, Batı Hollywood'daki bir fiziksel egzersiz kursuydu burası. Dedim ki, "Şaşırtıcı ve çok farklı bir egzersiz isterseniz benim de gittiğim o kampı denemelisiniz." Cevaben ve içten bir tavırla koşu antrenmanlarımı uzatmamı tavsiye etti. Sonraki günlerde kampa birlikte gittik ve çok memnun kaldığını gözlemledim.

O zamandan sonra her görüştüğümüzde "Barry'nin Askeri Kampı"ndan konuşuruz. Maraton koşma hedefime yönelik ilerleme raporumu ona gösteririm. Los Angeles'ı ziyaret ettiğinde, başka kişilerle toplantı yapma ya da yemek yeme fırsatı bulamasa bile, ikimiz mutlaka iş dışı bir kaçamak yapıyor ve sıkı bir egzersizden geçiyoruz.

Çok kolayca unutulabilecek bir tanışmayı sürekli bir arkadaşlığa dönüştürmüş oldum böylece. Sistemimde bazı kestirme yollar var. Ama, anlattığım olay bunlar arasında yer almıyor. Ev ödevimi iyi yapmasam, o kişilere ulaşamaz, onlarla temas kuramazdım.

SEKİZİNCİ BÖLÜM

İsim Toplayın

Misyonunuzun ne olduğunu iyice belirleyip ulaşmak istediğiniz noktayı tespit ettikten sonra, sıra sizi oraya ulaştıracak kişileri belirlemeye geldi.

Başarılı bir organizasyon ve ilişki kurmayı verimli kılacak bir bilgi yönetimi hayati önem taşır. Tanıdığınız insanlarla teması korumak, tanışmak istediğiniz insanlarla ilgili bilgi toplamak, insanlarla sıcak ilişkiler kurmanızı sağlayacak en önemli araç olan ev ödevinize çalışmak, sonuçta aşırı bir bilgi yüklemesi yaratabilir. Bunun altından nasıl kalkabilirsiniz? Neyse ki günümüzde yardımınıza koşabilecek çok çeşitli donanım ve yazılımlar var. Bunları kullanarak her şeyi bir düzene sokabiliriz.

Son sistem zamazingolara para saçmak zorunda olduğunuzu düşünmeyin hemen. Kağıt ve kalem ikilisi, çevrenizi genişletirken tanıştığınız yeni insanları takip ederken kullanabileceğiniz mükemmel bir seçenektir. Ben tam bir liste tutma manyağıyım. Siz de mutlaka beni örnek almalısınız.

YaYa'daki günlerimde liste tutmanın amaçların başarılmasında ne kadar önemli roller üstlenebileceğini gözlerimle gördüm. Starwood'daki son günümde belki elli tane telefon görüşmesi yaptım. Aradığım kişilerden biri Sandy Climan idi. O gün yaptığım görüşmelerin ilginç olan tarafı, bu insanlarla tanışmadan yıllar önce yapmış olduğum listemde yer alan isimler olmalarıydı.

YaYa'ya Sandy sayesinde girdim. Ünlü zengin ve daha önceden tanışıklığımız olan, sonraları akıl hocam olarak da göreceğim Michael Milken'in desteklediği Knowledge Universe adlı yatırım firmasının YaYa'da hissesi vardı. Ama bu durum bir sorun yaratmadı.

Kasım 2000'de YaYa yönetim kurulu beni CEO olarak görevlendirip önüme iki hedef koydu: Kendi ayakları üzerinde durabilen bir iş modeli yaratacaktım ve bu mümkün olmazsa ya büyük bir yatırımcı bulacaktım ya da şirketin iyi koşullarda satılmasını sağlayacaktım. O sıralarda YaYa'nın elinde şirketlerin ilgi çekmesini sağlayacak ve müşterilerini eğitmede kullanabilecekleri online oyun teknolojisi vardı. Ama gelin görün ki YaYa'nın hiç müşterisi ve doğal olarak geliri yoktu.

Oturup İlişki Eylem Planı çerçevesinde doksan günlük, bir yıllık ve üç yıllık hedefler belirledim. Her bir hedefin başarılması, çevremdeki değişik isimlerle temas kurup ilişkilerimi geliştirmeme bağlıydı.

Doksan gün içerisinde yönetim kurulunun gözünde güvenilir bir yer edinmeli ve çalışanlarımın güvenini kazanmalıydım. Ayrıca, şirketin önüne açık ve net bir hedef koymam gerekiyordu.

Bir yıl içinde, kârlılığı sağlayabilecek kadar müşteri edinmiş olmalı ve şirketi, olası bir satış için yeterince cazip bir konuma yükseltmeliydim. En önemlisi de, YaYa'nın değerli bir şey ürettiğini cümle aleme göstermeliydim. O zamanlar daha bir sözcük olarak bile var olmayan advergaming (oyun içi reklam), reklam pazarının dikkate değer bir parçası olarak görülmüyordu. Etkileşimsiz ilanlar son derece verimsizdiler ve internet sitelerindeki banner ilanlar da küçümseniyordu. Kendimizi farklılaştırmak zorundaydık.

Üç yıl içinde bensiz de işleyebilecek bir iş modeli kurup yatırımcılarımız için likidite sağlamak ve online pazarlama arenasında şirketin konumunu bir düşünce önderi olarak pekiştirmek istiyordum.

Bu amaçları gerçekleştirmek için, CEO'lardan gazetecilere, programcılardan akademisyenlere internet ve oyun sektörlerindeki en önemli aktörlerin bir listesini hazırladım. Bu isimlerin hepsi ile bir yıl içinde tanışmak istiyordum.

Ürünümüze ilgi çekmek için "etkili kişiler" adı altında bir liste daha yaptım. Bunlar arasında, yeni bir ürün ya da hizmet ile ilgili olarak ilk haberleri yayan gazeteciler, sektör analistleri ve kullanıcılar yer alıyordu. Ardından, başka bir liste hazırlayıp potansiyel müşterileri, şirketi satın alabilecek firmaları ve bize fon sağlama ihtimali olan yatırımcıları yazdım. (Bu kategorileri yazarken, kendi amaçlarınızla uyumluluğuna dikkat etmelisiniz.)

Böyle liste yaparken, sadece bir organizasyonu değil, gerçek karar alıcıları isimleriyle belirtmelisiniz. Önemli olan husus, kolayca erişilebilir ve spesifik isimlerden oluşan bir liste hazırlamaktır.

Başlangıçta, mevcut çevrenizdeki kişiler üzerine yoğunlaşın. Bu çevrenin çabalarınız üzerinde ne kadar verimli ve faydalı olabileceklerini tahmin edemezsiniz. Önceki bölümde de belirttiğim gibi şu kişilerin bir listesini hazırlayın:

Akrabalarınız
Akrabaların arkadaşları
Eşinizin tüm akrabaları ve tanıdıkları
Mevcut iş arkadaşlarınız
Meslek ve toplum örgütlerinin üyeleri
Mevcut ve eski müşterileriniz
Eski ve şimdiki komşularınız
Okul arkadaşlarınız
Geçmişte beraber çalıştığınız insanlar
Aynı inançta olduğunuz kişiler
Eski öğretmenleriniz ve işverenleriniz

Birlikte sosyalleştiğiniz kişiler
Size hizmet sunan kişiler

Sonraki aşamada bir araya getirdiğim bu isimleri bir veritabanına girerim. Ben Microsoft Outlook'u kullanıyorum. Ama piyasada benzer işlevleri yerine getiren çok sayıda yazılım bulmanız mümkündür. Bu da tamamlanınca sıra bölgeler bazında arama çizelgeleri hazırlamaya gelir. Tanıdığım ve tanışmak istediğim kişileri listelerim. Belli bir şehirdeysem, mümkün olan en çok sayıda kişiyi aramaya çalışırım. Numaraları Palm ve Blackberry cihazlarında saklarım. Her ikisinin de bazı kendine özel ve işime çok yarayan özellikleri olduğundan ikisini de bulunduruyorum.

Ayrıca, nereye gidersem gideyim bu bilgilerin basılı hallerini de yanımda götürüyorum. Toplantılar arasında dolaşırken taksilerde çabalarıma odaklanmamı sağlıyorlar. İnsanlarla ilişki kurmamı kolaylaştıran somut bir şeyim oluyor elimde. Yaratacağınız listelerin bazıları eylem planlarınızla, diğerleri ise daha genel konularla ilgili olacak ve insanlarla temas halinde olmanızı sağlayacak. Listelerinizi düzenleme şekliniz farklı olabilir. Benim listelerim coğrafi bölümlemelere, sektörlere ve aktivitelere (mesela diğer koşucuları ya da dışarıda takılmayı sevenleri yazıyorum) göre şekilleniyor. Ya da tanıdıklar ve arkadaşlar diye bir gruplama yapıyorum.

Listeye isim eklemek, çok basit olarak doğru yere bakmanızı gerektirir. YaYa'daki ilk günlerimde reklam ve oyun üzerine tüm sektör dergilerini okurdum. Belirlediğim kategorilere uygun birine rastlarsam, listeme ekler ve irtibat bilgilerini bulurdum.

Çevrenizi genişletmek için birilerini arıyorsanız, onları her yerde bulabilirsiniz. Liste yaparken kullanabileceğiniz harika kaynaklardan biri –gülmeyin– başkalarının listeleridir. Gazeteler ve dergiler bu türden puanlamaları her zaman yaparlar.

Crain'in "40 Yaşın Altındaki En Başarılı 40 Yönetici" listesine girmeden çok önce, o listeyi takip ederdim. En iyi CEO'ların, en çok hayranlık duyulan pazarlamacıların, ülkenin en başarılı girişimcilerinin listeleri yerel ve ulusal basında yayınlandığında onları keser, saklardım. Her sektörde buna benzer şeyler olur.

Sadece kendi alanınızdaki aktörleri tanımak yetmez. O aktörlerden biri olarak kabul görmeniz lazımdır. *Crain*'in "40 Yaşın Altındaki En Başarılı 40 Yönetici" listesindeki insanlar, gerçekten de en iyi 40 işadamını teşkil etmiyorlar elbette. Ama muhtemelen en geniş çevresi olan kişilerdir. Zaman zaman bir araya gelip yemek yiyip konuşuyorlardır. Böyle insanları tanıdıkça, buna ek olarak onların tanıdıklarıyla da tanışınca (*Crain* dergisinde o listeyi hazırlamaktan sorumlu olan gazetecileri de buna dahil edelim), büyük ihtimalle listenin yeni halinde siz de yer alacaksınız.

Eklemek isteyebileceğinizi düşündüğüm bir kategori daha var. Bu kategoriye taktığım isim "Tanışmayı Hayal Ettiklerim". Çok üst düzey ve önemli ama yaptığım işle hiç alakası olmayan, başarılı ve ilginç insanlar bu grupta yer alıyor. Aralarında devlet başkanlarından medya patronlarına, sanatçılardan sinema oyuncularına birçok isim yer alıyor.

Palm cihazımdaki isimlere baksaydınız, Virgin imparatorluğunun patronu Richard Branson'un irtibat bilgilerini görebilirdiniz. Henüz tanışmadık. Ama tanışmayı çok istiyorum. Listede daha aşağılara indiğinizde Sony Corp. of America'nın CEO'su Howard Stringer'i görürdünüz. Bir zamanlar tanışmayı hayal ettiğim kişiler listesinde idi. Artık değil. Çünkü tanıştık.

Anlattığım şeyler bazılarını gülümsetebilir. Ama elde edilen sonuçların başarısı tartışılmazdır.

Unutmayın, listenize ekleyebileceğiniz isimleri bulmak konusunda düzenli, odaklı ve sabırlı bir şekilde çaba gösterirseniz, ulaşamayacağınız kimse olmaz.

Gelelim bana... YaYa'daki üç yılım sona erdi. 2002 yılında *Forbes* dergisi şirketin olağanüstü başarısından söz eden bir haber yayınlayarak sıfırdan başlayan bir firmanın bütünüyle yeni bir konsepti nasıl hayata geçirdiğini yazdı. Advergaming kavramı pazarda geçerli bir yöntem, CEO'ların ve gazetecilerin dillerinden düşürmedikleri bir sözcük oldu. Geçen gün, bu kelimeyi bizim icat ettiğimizi bilmeyen bir CEO'nun konuşmasına kulak misafiri oldum. "Advergaming" diye yepyeni bir araç yaratmışlar. Ürünlerinin satışında ve bilinirliğinde ölçülebilir bir artış sağlamış.

Planlandığı gibi YaYa başka bir şirkete satıldı. Yatırımcılarına ihtiyaçları olan likidite ve YaYa'nın faaliyetlerini sürdürmesi için gereken sermaye böylece temin edilmiş oldu. Teşekkürü borç bildiğim o bir sürü liste olmasaydı, YaYa asla ilk yılını çıkaramazdı.

DOKUZUNCU BÖLÜM

Soğuk Bir Telefon Görüşmesini Isıtmak

Soğuk çağrı, hiç tanımadığınız birini tanışmak maksadıyla ilk aramanıza denir. Soğuk çağrı öyle garip bir şeydir ki benim diyen adamın elini ayağını keser. Bir yabancıyı telefonla arama düşüncesi insanı adeta felç eder, soğuk terler döktürür.

Soğuk bir çağrıyı nasıl yönetmeli?

Konunun özünde tavrınız yer alır. Yeni insanlarla tanışmak için asla yüzde yüz hazır olamazsınız. Öyle mükemmel bir an yoktur. Kaygılarınız asla bütünüyle yatışmaz, çünkü reddedilebileceğin bir şeye soyunmak hiçbir zaman cazip bir fikir değildir. Ağırdan almak için sürüyle sebep bulabilirsiniz. Can alıcı nokta, olaya balıklama dalmaktır. Unutmayın; yapacağınız telefon görüşmesinden beklediğiniz sonucu elde edeceğinize inanmazsanız, muhtemelen sahiden de görüşmenin sonu hüsran olacaktır. O nedenle kendinizi, başaracağınıza inandırmalısınız.

Yeni insanlarla tanışma çabanızı hem bir sınav, hem de bir fırsat olarak değerlendirmelisiniz. Bunu düşünmek bile içindeki rekabet ateşini tutuşturmalı, sosyal anlamda maceracı davranışlardan bizi alıkoyan içimizdeki pısırığın sesini kesmelidir.

Unutmadan, soğuk çağrılar aptalların yapacağı bir şeydir. Ben asla tanımadığım birine telefon açmam.

Yaptığım her aramanın "sıcak" bir çağrı olması için kendimce bazı stratejiler geliştirdim.

Şimdi bir örnek verelim. WebMD'nin kurucusu Jeff Arnold arkadaşımdır. Kendisi, dijital içeriği minyatür boyutlarda bir DVD üzerine kaydedebilen bir teknolojinin patentini ve haklarını aldı. Bu teknolojiyi mesela fast-food'lardaki meşrubat makinelerinde kullanabilirsiniz. Meşrubatın doldurulduğu kabın üzerinde bu teknoloji ile yazılmış minyatür bir DVD olabilir. Düşünün; McDonald's'a gitmişsiniz ve gazoz pınarından bir içecek aldınız. İçeceğinizin kapağında ise bir DVD ve içinde binlerce oyun, şarkı ve hatta video var. Her yıl meşrubat pınarları yoluyla 20 milyar adedin üzerinde içecek satıldığını dikkate alırsanız, dijital içeriği insanlara sunmanın yeni ve verimli bir yolu ile karşı karşıya bulunduğunuzu kolayca anlarsınız.

Jeff ve ortağı Thomas Tull ile konuşurken, sinemalarda satılan içecekler aracılığıyla DVD'lerini dağıtmalarını sağlayacak bir anlaşmaya imza attıklarını öğrendim. Sinema işletmecisi bir firma ile bu konuda anlaşmaya varmışlardı. Jeff ve Thomas, sinema seyircisinin demografik özelliklerini dikkate alan Sony Electronics gibi bir şirketin bu yeni içerik dağıtım teknolojisinden fayda sağlayabileceğini düşünüyordu. Lakin, Sony'den kimlerle görüşebileceklerini bilmiyorlardı. Fikrimi almak için bana geldiler.

Sony CEO'su Howard Stringer ile daha evvelden defalarca bir araya gelmiştim. Ofisini aradım. Ama Howard'ın bana geri dönmesini beklemek yerine başka birkaç yolu daha denemeye karar verdim. İlk anda, Sony içindeki doğru karar merciine beni başka kimin ulaştırabileceğini kestirememiştim. Telefonlarıma kimse çıkmayınca, e-postalarım da yanıtsız kalınca Sony'ye hizmet veren ajansları mercek altına yatırdım. Young & Rubicam'in bünyesinde faaliyet gösteren Brand Buzz adlı pazarlama ajansının Sony'yi en büyük müşterileri arasında saydığını gördüm.

Brand Buzz CEO'su John Partilla ise benim yakın arkadaşımdı. Onu arayıp şunları söyledim: "John selam. Sana iki haberim var. Öncelikle seni arkadaşım Jeff Arnold ile tanıştırmak istiyorum. WebMD'nin kurucusudur. Çok zeki ve yaratıcı biridir. Mutlaka tanışmalısın. Şimdi yeni bir şirket kurdu. Adı Convex Group. Şirketinin verdiği hizmetlere ihtiyacın olabilir. Söyleyeceğim diğer şey ise şu: Convex, çığır açacak bir teknoloji geliştirdi. Dijital içeriğin dağıtımında yepyeni bir yöntem buldular. Sony bunu öğrenmekten mutlu olacaktır diyorum. Ne dersin?"

John ile bu şekilde temas kurarak iki fırsat sunmuş oldum. Önemli ve potansiyel müşterisi olabilecek birini tanıştırdım. Hem de Sony açısından bakıldığında işini iyi yaptığı düşüncesini uyandıracak bir haber vermiş oldum.

John, irtibatımızı sağlamaktan dolayı mutluydu. Mükemmel adamı tanıyordu. Sony'nin Medya ve İnternet Stratejileri bölümünün yeni başkanı Serge Del Grosso ile aramızda köprü olacaktı. John'dan, benim onu aramamdan önce, Del Grosso'ya konuyla ilgili bilgi veren bir e-posta gönderip beni de CC'de tutmasını rica ettim. E-postanın bir kopyasının bana gelmesi ve takip eden yazışmalarda John'un CC'de tutulması sayesinde toplantımıza bir miktar acillik de katmış olacaktım. Bu aşamalardan sonra John ve ben birlikte Del Grosso ile bir araya gelmeyi beklemeye başladık.

Birçok iş anlaşmasında görüldüğü gibi, sadece bu çaba yeterli gelmedi. Başkan meşguldü. Birkaç e-posta iletisi göndermeme karşın ne ondan, ne de idari işler asistanından bir karşılık aldım. Olağan bir durumdu. İnsanların size geri dönmemeleri sık karşılaşılan bir olaydı. Böyle durumlarda yapmanız gereken, egonuzu bir kenara kaldırmak ve aramak ya da mesaj göndermek konusunda ısrarcı davranmaktır. Sonunda temas sağladığınızda, sakın ola ki beklediğiniz kadar çabuk size geri dönmedikleri için şikayetçi olmayın. Bir sepet inciri berbat edersiniz, çabalarınıza yazık olur. Öte yandan, ısrarcılığınız için de özür dilememelisiniz.

İlk aramanızda karşınızdaki kişiye ulaşmış gibi direkt konuya dalın. Durumun herkes için rahat olmasını sağlayın.

Böyle toplantıları ayarlamak zaman alır. İnisiyatifi almak size kalmıştır. Kimi zaman, daha zorlayıcı olmanız gerekebilir. Haftalarca beni cevapsız bıraktıktan sonra, tuttum Sony'nin bilgi hattını aradım ve Del Grosso'nun direkt numarasına ulaştım. Hiç tanışıklığımız olmayan birini ilk arayışımda, sıradışı bir saatte olmasına dikkat ederim. Meşgul insanların telefonlarını sabah sekizde ya da akşam altı buçukta açma ihtimalleri daha yüksektir. Ayrıca, sabah dokuz, akşam altı sendromundan uzak oldukları için daha az stresli olurlar.

Ertesi sabah erkenden Del Grosso'yu aradım ama telesekreter çıktı. Mesaj bıraktım: "Toplantımızla ilgili olarak duyduğum heyecanı yinelemek istiyorum. John'un bir iş arkadaşından bu kadar heyecanla söz ettiğini hiç duymamıştım. Ne kadar meşgul olduğunuzun farkındayım. İdari işler asistanınızdan cevap alamadım. Ama eminim ilerleyen günlerde bana dönecektir. Görüşmek üzere." İlişki kurma çabanızda hiçbir zaman gerilmek istemezsiniz. İyimser bir hava yaratmak ve nazikçe bir baskı uygulamak dansınızın bir parçasıdır.

Ofisinden cevap beklediğim günlerde, başkanı direkt hattından ve saat altı civarında aradım. Bu sefer Del Grosso telefonu kaldırdı ve o anda derdimi anlatmaya başladım.

"Selam Serge. Ben Keith Ferrazzi. John senin hakkında harika şeyler anlatıp duruyor. Sonunda seni aramak için güzel bir mazeret buldum. Arkadaşım Jeff Arnold için arıyorum seni. Kendisi WebMD'nin kurucusudur. Şu anda, dijital içeriğin dağıtılmasına dair yeni ve çok güçlü bir teknolojinin de sahibi. Bu çeyrekte çıkaracağınız yeni ürünlerinizin bazılarında mükemmel bir işbirliğine imza atabilirsiniz gibime geliyor. Haftaya New York'ta olacağım. Bir araya gelelim. Senin için bu mümkün değilse, programımda senin için de uygun olan bir gün için bir yer ayırayım."

On beş saniye içinde dört sıcak görüşme kuralımı da uygulamayı başarmıştım. 1) Ortak tanıdığınız bir kişi ya da kurumun adını vererek güven duygusu yaratın. Ben burada John, Jeff ve WebMD'yi kullandım. 2) Sunacağınız değeri belirtin. Jeff'in yeni ürünü, Serge'in yeni ürünlerini satmasında katkı sağlayacak. 3) Karşınızdaki kişiyle onun şartlarıyla görüşmeye hazırlıklı olun. Acillik unsurunu uygunluk unsuru ile dengeli şekilde kullanın. 4) Görüşmeyi mümkün kılacak şekilde bir uzlaşma önermeye hazırlıklı olun.

Bir hafta sonra Serge'in odasındaydım. Bütçesi kısa vadeli bir uygulamaya müsaade etmiyordu. Ama bu yeni teknolojinin gücünü çok iyi anlamıştı. Yakın bir gelecekte sinemada aldığınız içeceğin kapağında Sony'nin en yeni teknolojisini taşıyan küçük bir DVD görürseniz şaşırıp kalmayın.

Böyle durumlarda takip ettiğim kurallarla ilgili biraz ayrıntı vermek istiyorum şimdi.

1. Güven kazanın.

Soğuk çağrıların işkenceden beter olmasının nedenlerini elli yıl kadar önce bir ilan çok güzel şekilde sıralıyordu. Harvey Mackay'ın *Köpekbalıklarıyla Yüzmek* [MediaCat Kitapları, 2007] adlı kitabında yer vererek bize hatırlattığı ilan, satıcı rolünü üstlenen okuyucunun karşısında konuşan bir alıcıyı seslendiriyordu:

Kim olduğunu bilmiyorum.
Şirketini hiç duymadım.
Şirketinin ne iş yaptığını bilmiyorum.
Müşterilerini tanımıyorum.
Ürünlerinizden haberim yok.
Şöhretinizi işitmedim.
Pardon, ne satıyorum demiştiniz?

Soğuk çağrı yapan kişi açısından güven eksikliği önemli bir sorundur. Her türlü etkileşim için güven, bir numaralı unsurdur.

Size güvenmeyen birine hiçbir şey satamazsınız. Ortak bir arkadaşınız ya da tanıdığınız olması bile sizi, kalabalıktaki diğer kişilerden farklılaştırır ve karşınızdaki kişinin size zaman ayırması için ikna edici olur.

Konuyu biraz daha açayım. Başkanın adına arıyorsanız, karşınızdaki kişi ne diyeceğinizi sonuna kadar dinleyecektir. Başkalarının markalarından yararlanmak, bunlar kişisel ya da şirket bazında referanslar olsa da karşınızdaki kişinin ilk baştaki direncini kırmak için size yarar sağlar.

Microsoft için çalışan ya da ulaşmaya çalıştığımız organizasyonun başkanını tanıyan kaç kişi çıkar ki. Dolayısıyla biz de, çevremizden yararlanmalı, ulaşmak istediğimiz kişiye giden yolu bu sayede bulmalıyız. Ortak bir tanıdığınızın adını verdiğinizde, karşınızdaki kişi sadece size karşı değil, o ortak tanıdığınıza karşı da bir sorumluluk hissedecektir.

Artık bu çağda, birinin ofisine giden yolu bulmak, eskisinden çok daha kolay.

Google denen o muhteşem arama motoru, bu süreçte inanılmaz değerli bir katkıda bulunuyor. Herhangi bir ismi arayın. Muhtemelen, gittiği okuldan, ilgi alanlarından, üyesi olduğu kurullara kadar birçok bilgiyi bulacaksınız. Hayatı hakkında geniş bilgi sahibi olacak, böylece ortak tanıdığı nerede bulacağınıza dair fikir edinmiş olacaksınız. Hangi sporları yapar? Hangi vakıf veya derneklerle ilgisi vardır? Benzer alanlarda aktif olan başka kişileri tanıyor musunuz?

Spoke ve LinkedIn gibi bazı şirketler, temas kurmak istediğiniz kişileri bulmanıza aracılık ederek işinizi kolaylaştırıyor. Capital IQ adlı bir şirket de pazar verilerini ve şirket yöneticilerinin bilgilerini topluyor. Böylece, merak ettiğiniz bilgileri tek kaynaktan elde edebiliyorsunuz. Friendster, Ryze ve ZeroDegrees gibi diğer bazı şirketler, dünyanın dört bir tarafındaki şirketlerle temas kurmanızda aracılık ediyor. Bu saydıklarımdan bazısı kısmet bulmakta daha etkin çalışıyor. Dolayısıyla, sizin için hangisinin daha uygun olduğuna kendiniz inceleyip karar vermelisiniz.

Bugün insanların arasındaki mesafeler hiç olmadığı kadar kısaldı. Artık neredeyse, hiç tanımadığınız bir insana bile birkaç tıklamayla ulaşabiliyorsunuz.

2. Değerinizi gösterin.

Adından söz edilecek bir referans kişi ya da kurum bulmak sadece ilk adımdır. Kapıya ulaşmanıza yardım eder. Biri sizi otuz saniyeliğine dinlemeyi kabul ettiğinde ona yüksek bir değer sunacağınızı göstermeniz gerekir. Karşınızdaki kişiyi telefonu kapatmamaya ikna etmek için çok az zamanınız vardır. Unutmayın, tam merkezde o kişi vardır. Onun için ne yapabileceğinizdir önemli olan.

Temas kurmak istediğiniz kişilerle ilgili araştırma yaparken, önce şirket ve sektörü hakkında istihbarat toplayın. Karşınızdaki kişinin problemlerini çözen kişi olmalısınız. Problemleri çözmek için de o problemlerin neler olduğunu bilmelisiniz. Serge Del Grosso ile konuşma fırsatını bulduğumda mesela, gelecek çeyrekte yeni ürünler çıkartacaklarını ve yoğun tatil sezonunda sivrilip kendini gösterecek bir şeylere ihtiyaç duyacaklarını biliyordum. Hedef kitlelerinde sinema seyircisinin olduğunun da farkındaydım.

Soğuk çağrıların soğukluğunu, çağrıyı kişiye özel kılarak giderebilirim. Bunun için özel bir araştırma yaparak karşımdaki kişiye "Başarınız benim için önemlidir" mesajı veririm.

3. Az konuşun, çok şey söyleyin. Kısa kesin, net ve rahatlatıcı olun.

Karşınızdaki kişiye zahmet, eziyet vermeden konunun aciliyetini hissettirmek istiyorsanız, "Yakında bir araya gelip konuşmalıyız" demek yerine şunu söylemeyi yeğlerim: "Haftaya oraya geliyorum. Salı günü bir yemeğe ne dersin? Bunun ikimiz için de önemli olduğunu biliyorum. Ne olursa olsun mutlaka zaman ayıracağım."

Karşınızdaki kişinin sizinle konuşmak için zaman ayırmasını sağlayacaksanız sunacağınız değerle ilgili daha çok bilgi vermelisiniz. Ama çeneniz de düşmesin. Muhatabınızın düşüncelerini öğrenmeden uzun bir tanıtım konuşmasına başlarsanız, karşınızdaki kişiyi o anda kaybedebilirsiniz. Diyalog yerine yazılı bir monologu okumaya kalkmayın. 15 saniyelik giriş konuşmam bile muhatabıma "ya?", "hı hı", "anlıyorum" gibi şeyleri söyleme fırsatını tanır. Karşınızdaki kişinin üzerine üzerine giderek konuşmayın sakın. Onun sizinle birlikte gelmesini sağlayın.

Çoğu durumda soğuk çağrının esas amacı satışı yapıp işlemleri tamamlamak değil, önerinizi daha ayrıntılı şekilde ele alabileceğiniz bir görüşme randevusu almaktır. Tecrübelerime dayanarak şunu söyleyebilirim. Anlaşmalar, arkadaşlıklar gibi, ancak birebir, yüz yüze olur. Soğuk çağrı yaptığınızda olabildiğince az zamanlarını alın ki bir dahaki konuşmanızı karşınızdaki kişinin ofisinde, hatta şarap ve çerez eşliğinde yapın.

4. Uzlaşma sunun.

Resmi olmayan bir görüşmede, uzlaşma ve görüşmeyi rahat bir şekilde bitirmek için zemin hazırlayın. Serge ile görüşmemde, sözümü "Eğer bir daha dijital içerik hakkında bir şey duymak istemiyorsanız, sizinle sadece bir tanıdık olarak da bir araya gelebiliriz" diyerek bitirdim.

Robert B. Cialdini'nin *İknanın Psikolojisi* [MediaCat Kitapları, 2007] adlı kitabı insan ilişkilerinde uzlaşmanın ne kadar büyük bir etkisi olduğunu ortaya koyuyor. Bu görüşü desteklemek için yazar, izcilerle ilgili bir örnek veriyor. İzciler, piyango bileti satmaya başladıklarında insanlardan genellikle olumsuz geri dönüşler almışlar. Ama ne zaman ki şekerleme gibi daha ucuz bir ürün satmaya başlamışlar, o zaman insanlar, ihtiyaçları olmasa bile bu ürünü satın alma yönünde tercih kullanmışlar. Kendilerine sunulan bu daha uygun teklif karşısında, toplumun diğer üyelerine karşı kendi sosyal vazifelerini yerine getirmeleri gerektiğini düşünmüşler. Denemenin sakıncası yok. Gerçekten ihtiyacınız olan şeyi elde etmenize yardımcı olacağını siz de görebilirsiniz.

ONUNCU BÖLÜM

Kapıcıyı -Maharetle- İdare Etmek

Temas kurmak istediğiniz insanların listesini yaptınız ve onlarla telefonda görüşeceğiniz zaman söyleyeceklerinizi gayet güzel planladınız diyelim. Çok güzel. Ama o kişilere telefon açmazsanız bunların hiçbir anlamı kalmaz. İnsanlara ulaşmak kolay değildir. Hele irtibat kurmak istediğiniz kişi, telesekreterler, gizli e-posta adresleri ve gardlarını hiç indirmeyen asistanlarla çevriliyse iş daha da zor bir hal alır.

O halde kapıyı nasıl açacaksınız?

"Kapı"cıyı rakip olarak değil bir müttefik olarak görerek işe başlayabilirsiniz. Asla ve kesinlikle o kişiyle takışmayın. Yönetici asistanlarının büyük kısmı patronlarının azınlık ortağı gibidir. Onlara sekreter ya da asistan olarak bakmayın. Onlar, ulaşmak istediğiniz kişinin ortağı ve cankurtaranlarıdır.

Ne zaman bir yönetici asistanıyla çatışma durumuna girsem, kaybeden hep ben olurum. Çocukken oynadıysanız taş-kağıt-makas oyununu bilirsiniz. O oyundan hiç farkı yoktur. Bu oyunda, Mary Abdo'nun bana öğrettiği gibi, yönetici asistanı daima kazanır.

Mary, Pat Loconto'nun yani Deloitte firmasının CEO'sunun asistanıydı. Pat emekli oldu ama Mary hâlâ aynı işi yürütüyor sanırım. Başlarda çok iyi geçiniyorduk. Bir keresinde Pat ve Mary ile birlikte yemek yiyorduk. Mary'nin masadan erken kalkması gerekti. Onunla birlikte dışarı çıktım. Mary bir taksiye atlayıp gitti. Ertesi gün, bize böyle güzel bir akşam organize ettiği için telefon açıp teşekkür ettim.

Anladığım kadarıyla, bu tür toplantıları organize etmesinden dolayı Mary'ye pek kimse teşekkür etmiyordu. Aramamdan çok mutlu oldu. Ertesi sabah Pat'e beni çok sevdiğinden söz etmiş.

Mary yerinde duramayan bir insandı; enerji ve eğlence doluydu. Harika hikayeleri vardı. Deloitte firmasındaki ilk zamanlarımda Pat'i aradığımda onunla mutlaka birkaç dakika sohbet ederdik. "Mary, çok matrak birisin. Seninle konuşmaya bayılıyorum" derdim. Geçmişe dönüp baktığımda Mary ile aramın bu kadar iyi olmasının Pat ile bu kadar yakın olmamla doğrudan bağlantısı olduğunu görebiliyorum. Pat ile ilişkim, iş hayatımdaki en önemli ilişkilerden biriydi.

Gel gelelim, Mary ile aramızdaki güzel arkadaşlık değişmeye başladı. Pazarlamadan sorumlu genel müdür yardımcılığına yeni getirildiğim dönemdi. Benim de özel bir idari asistanım vardı. Adına isterseniz Jennifer diyelim. Bir asistanda olmasını istediğim her şey Jennifer'da vardı. Akıllı, düzenli, becerikli. Çok da iyi geçiniyorduk. Tek sorun, Mary ile aralarının hiç mi hiç iyi olmamasıydı.

Mary, bizim bölümdeki bütün yönetici asistanlarının şefiydi. Kısa süre Jennifer ile Mary arasında sürtüşmeler baş gösterdi. Jennifer kesinlikle taviz vermiyordu. Ben ise eninde sonunda bir uzlaşma noktası bulacaklarını düşünüyordum.

Yapıcı ve destekleyici olmaya çalıştım. Jennifer'ın yakınmaları ve kaygıları bana akla yakın geliyordu. Fakat, olayın sadece bir tarafına kulak veriyordum. Jennifer'ı Mary ile ilişkisiyle ilgili olarak daha fazla çaba sarf etmesi için teşvik ediyordum. Sonunda, yine başka bir çekişmenin tam ortasına çekildiğim bir gün, Mary'ye Jennifer ile iyi geçinmek konusunda biraz daha çaba gösterip gösteremeyeceğini sordum.

Sormaz olaydım. Pat'in ajandasında kendime bir yer bulmam aniden zorlaşıvermişti. Şirket içi bürokrasiyi baypas etmek daha önce çok basit bir işken şimdi neredeyse imkansızlaşmıştı. Harcamalarım kılı kırk yararcasına incelenir olmuştu. Jennifer'ın üzerindeki baskı da son raddeye varmıştı ve bu durum onu daha da geçimsiz biri yapıyordu.

Canıma tak etmişti. Pat'in ofisine gidip Mary'ye açık açık "Artık buna bir son vermelisiniz" dedim.

Mary'nin bundan sonraki durumu, öncekini mumla aratacaktı.

Ofiste hayat kabustan beter bir hâl aldı.

Sonunda Pat beni kenara çekip şunları söyledi: "Keith, bu olanlarda çok hatalı davrandın. Bu saçmalıklar yüzünden *hayatım* zorlaştı. Mary, asistanından dert yanıp duruyor ve ben artık bunlarla uğraşmak istemiyorum. Ayrıca sen çok aptalca hareket ediyorsun. Mary seni çok sever, sayar. Kendine de *bana* da bir güzellik yap. Ne yap yap, Mary ile aranı düzelt. Unutma ki burayı çekip çeviren Mary'dir."

Kişisel olarak ben de Mary'yi öteden beri sever, kendisine değer verirdim. Ama şimdi Mary gibi bir asistanın nasıl muazzam bir güç sahibi olabileceğini de öğrenmiştim. Sekreterler ve asistanlar patronlarına yardım eden personel değildir. Gerçekten iyilerse, patronlarının iş yaşamlarında ve hatta özel yaşamlarında güvenilir arkadaşları, taraftarları ve ayrılmaz bir parçası olurlar.

Günlerden bir gün, Mary'nin Pat'e sadık olduğu kadar bana sadık olan Jennifer istifa etmek istediğini söyledi. "Bakın, ben felaket bir durumdayım ve sizin kariyeriniz de bu olanlar yüzünden riske giriyor." Son derece lütufkar bir hareketti bu. Kendisi açısından da huzuru yakalaması yolunda doğru bir adımdı. Jennifer'ın yeni bir iş bulmasında ona yardımcı olacağıma söz verdim. Çok kısa zamanda yeni işine başladı. Bugüne kadar da iyi arkadaşlar olarak gelmeyi başardık.

Yeni asistanımı işe alacağım zaman iki şey yaptım. İlki, Mary'den adayları görmesini ve onlara puan vermesini istedim.

En beğendiği asistanı işe aldım. Yeni asistanıma Mary'nin dediği her şeyi yapmasını söyledim. Mary ile barışmamız fazla zaman almadı. Pat haklıydı. Mary beni gerçekten sevip sayıyordu. Onun rolünü daha iyi kavramam lazımdı. Pat'a ulaşmam tekrar kolaylaşmıştı. Bundan sonra hepimiz mutlu mesut yaşadık.

Organizasyon içinde kapıcıların yeri gerçekten çok mühimdir. Ama dışarıdan çalışıyorsanız o zaman önemleri katlanarak artar.

Hemen hemen aynı dönemde, *Newsweek* dergisinin reklam satış temsilcisi Kent Blosil, kapımı çalan yirmi reklam satışçısından sadece biriydi. Ama birlikte çalıştığımız ajansta bu işleri yapan bir medya satın almacısı zaten vardı. Kural olarak reklam satışçılarıyla asla görüşmüyordum.

Kent, farklıydı. Yönetici asistanının etkisini iyi biliyordu.

Jennifer ile haftada bir telefonla görüşüyorlardı. Çok saygılı ve nazikti. Bir kutu çikolatayla, bir demet çiçek ile ya da başka şeylerle küçük sürprizler yapardı. Asistanımın itirazlarına rağmen yine de onunla görüşmek için bir neden görmedim.

Jennifer ısrarcıydı. Benim bilgim dışında on kere ona randevu vermişti. Her seferinde iptal ettim. Israrını sürdürdü. Onun farklı biri olduğunu, diğerlerinden daha yaratıcı yaklaşımları olduğunu düşünüyordu.

Sonunda bir gün "Medya satın almacımızla görüştür" dedim.

"Hayır" dedi. "Onunla bizzat görüşeceksiniz. Sadece beş dakikanızı alır. Çok hoş ve yaratıcı biri. Beş dakikanıza değmez mi?" Pes ettim.

Kent, kesinlikle hoş biriydi. Ama daha da önemlisi, toplantıya gelirken yaptığım işe çalışarak gelmişti ve üstüne ilginç bir vaatte bulunmuştu. Toplantımızda, ağzından ilk çıkan söz "Sizin için de uygunsa, *Newsweek*'in üç üst düzey editörü ile sizi tanıştırabilirim. İster misiniz?" oldu. Deloitte firmasının entelektüel varlığını medyada duyurmak isteyen biri için bu ciddi bir öneriydi.

"Elbette isterim" diye cevap verdim.

"Bu arada, Palm Springs'te diğer pazarlama müdürlerinin de katılacağı bir konferans düzenliyoruz. Editörlerimiz ve gazeteciler de konferansta olacak. Yeni Ekonomi'de medya stratejileri üzerine çok yararlı bir etkinlik olacağını düşünüyoruz. Sizi de konuklar listesine ekleyeyim mi?" Gerçek bir iş değeri sunuyordu, çünkü diğer pazarlama müdürleri aynı zamanda Deloitte müşterileri de olabilirdi. Hem de, meslektaşlarımla tanışarak kişisel çevremi genişletebilecektim.

"Çok isterim" dedim.

"Medya satın almacınızın birkaç ay önce verdiğimiz teklifi halen değerlendirme aşamasında olduğunu biliyorum. Ayrıntılarla zamanınızı harcamak istemem. Ama birlikte iş yapmaktan çok mutlu olacağımı söylemek istiyorum." Hepsi buydu. Kent'in beş dakikalık satış süresi böyle geçti. Yüzde 98'inde bana bir değer katma önerisinde bulundu. Kalan kısımda ise satışını yapmaya yönelik olarak konuştu.

Kent gittikten sonra medya satın almacımızı aradım. Ona *Newsweek*'e gitmesini söyledim. "İlan çıkmayı düşündüğümüz diğer dergilerle kıyasla güzel bir fiyat öner. Bu alandaki işimizi de onlara verelim" dedim. Kent başka bir dergiye gittiğinde benim ilanlarım da o dergiye gitti haliyle.

Hep dediğim gibi, kapıcının gücüne saygı duymalısınız. Hak ettikleri saygıyı onlara gösterin. Sözümü dinlerseniz, en büyük yöneticilere açılan kapıları bile aralayabilirsiniz. Hak ettikleri saygıyı nasıl mı göstereceksiniz? Yardımlarının karşılığını verin. Telefon açarak, çiçek göndererek, teşekkür notlarıyla şükranlarınızı gösterin.

Elbette bazı durumlarda güzel sözlerden, hoş hediyelerden daha fazlası gerekebilir. Bazen bir toplantı ayarlamak için cinlik yapmanız gerekebilir.

Geçen yaz, New York'a uçarken eski bir Disney yöneticisi ile tanıştım. Konuşma esnasında Los Angeles'a yeni taşındığımı, zeki ve iyi insanlarla tanışmayı çok istediğimi belirttim. Walt Disney International'ın başkanı Michael Johnson ile tanışmaktan mutlu olabileceğimi söyledi.

O noktada Johnson'ın şirketim ya da benim için yapabileceği bir şey yok gibiydi. Ama tanışılması gereken biri olduğunu düşünüyordum. Bilgisayar oyunları şirketi yönetiyordum. Bir gün Disney bilgisayar oyunlarına merak salabilirdi. Tek sorun, Johnson'ın asistanını geçebilmekti. Disney gibi dev şirketlerde bunu yapmak çok zor olabilir.

Seyahatim bitip de eve dönünce Michael Johnson'ı aradım. Soğukça bir tavırla karşılanmama hiç şaşırmadım.

Asistanı, "Kusura bakmayın ama Bay Johnson seyahatte ve ay sonuna kadar da burada olmayacak" dedi.

"Peki, ona 'Jane Pemberton'ın bir arkadaşı aradı' der misiniz? Fırsat bulunca beni aramasını söylerseniz çok sevinirim" dedim.

İlk görüşmede baskıcı olmak doğru değildir. Bir asistanı asla kızdırmamanız gerektiğini aklınızdan çıkarmayın.

İkinci arayışım da farklı sonuçlanmadı. Ben buradayım dedim ve bir yere gitmeyeceğimi deklare ettim.

"Merhaba, ben Keith Ferrazzi. Michael'den geri dönüş alamadığım için tekrar aradım." Dikkat ettiyseniz, fazla baskıcı olmadan, arayışımın önemli olduğunu ve karşı tarafın bu aramayı beklediğini hissettirdim. Johnson'ın asistanı mesajımı nazikçe not aldı ve aradığım için teşekkür etti. Michael'ın e-posta adresini istediysem de gizlilik gerekçesiyle vermedi.

Üçüncü denememde asistan hanım daha az kibardı. Bana şöyle dedi: "Bakın, Bay Johnson çok meşgul. Kimsiniz, bilmiyorum." İşte şimdi onun tonuyla konuşabilir ve kendi ipimi çekebilir ya da... "Kusura bakmayın ne olur. Ben onun bir arkadaşının tanıdığıyım. Şehre yeni taşındım. Ortak tanıdığımız olan Jane, Michael ile tanışmamızın iyi olacağını düşündü. Açıkçası ben de Michael ile Jane'in iyi arkadaş olduklarından başka bir şey bilmiyorum. Belki de siz haklısınız. Hiç böyle bir şey için ısrar etmemeliydim. Belki de Michael Jane'i doğru dürüst tanımıyordur bile. Benle de tanışmak istemeyecektir belki. Durum böyle ise gerçekten çok özür dilerim."

Böyle içten ve mazlum bir tonda konuşunca asistan panik oldu. Muhtemelen, patronunun arkadaşının tanıdığına çok kaba ve münasebetsizce davrandığını düşündü. Üstelik ben sadece, ortak tanıdığımızın tavsiyesini dinlemiştim. Geri adım atmaya hazırlanıyordu tahminen. Belki de kapıyı çok sert ve sıkı kapattığını düşündü. O anda bir öneri getirdim: "Acaba Michael'a bir e-posta göndersem mi?" Sanırım aklında şuna benzer bir şey geçti: "Bu işin içinde olmak istemiyorum." Sonunda Michael'ın e-posta adresini almayı başardım.

Çok kısa ve öz bir mesaj gönderdim: "Sevgili Michael, ben Jane'in arkadaşıyım. Seninle konuşmamı tavsiye etti... İkimizin tanışmasının iyi olacağını düşünüyor." Konuşabilecek belirli bir konumuz olsa doğrudan onu kullanırdım. Ama yoktu. Sunabileceğim en iyi değer, tanışmamızın iki taraf açısından da bir kazan-kazan durumu yaratacağını düşünen ortak bir tanıdıktı.

Yeni ve önemli birine ulaşmaya çalışırken birden fazla iletişim yöntemini kullanmak bazen çok etkili olabilir. Bir e-posta, mektup, faks ya da kartpostal ulaşmak istediğiniz kişinin eline doğrudan ulaşabilir.

Johnson'ın cevabı kısa ve sıcaktı: "Müsait bir zamanda tanışmaktan çok mutlu olurum."

Asistanını arayıp Michael'ın benle tanışmak istediğini söyledim. Tanışmanın ne zaman olabileceğini sordum. Sonunda Michael ile tanışmak mümkün oldu.

Bu kadar çok manevra gerektiren durumların sayısı maalesef hiç de az değildir. Başlı başına bir iştir ve ancak pratik yapa yapa geliştirilen bir beceridir. Ama bir kere asistanların önemini kavrayıp onları saygı, şefkat ve mizah yolu ile müttefikiniz yaptınız mı size açılmayacak kapı sayısı asgariye iner.

ON BİRİNCİ BÖLÜM

Yemeği Asla Tek Başınıza Yemeyin

Çevre edinmenin dinamikleri ile Hollywood'da yıldız olmaya çalışmanın dinamikleri birbirinin aynıdır. Başarısızlıktan daha kötü bir şey varsa o da görünmezliktir. İnsanlarla iletişiminizi kesmeyin. Kahvaltılarda, yemeklerde ya da başka vesilelerle bir araya gelin. Toplantılardan biri tatsız giderse o hafta içinde böyle altı tane daha toplantı yapma vesilesi olsun.

Çevre edinirken dikkat etmeniz gereken en önemli kurallardan biri asla, ama asla ortadan kaybolmamaktır.

Toplumun gözü önünden kaybolmayın. Konferans ve etkinlik takviminiz dolu olsun. Star olmak isteyen genç bir oyuncu gibi kendinizi göstermek için arkadaş ve tanıdık çevrenizde çok çaba sarf etmeniz, ter dökmeniz şarttır.

Ne demek istediğimi daha iyi anlatan bir örnek vereyim. Birkaç yıl önce, o zamanın "first layd"si Hillary Clinton ile bir C130 askeri nakliye uçağında bir siyasi etkinlikten diğerine birlikte uçma fırsatına sahip olmuştum. Kahvaltı ve doğu sahilinden gelen telefonlara cevap vermek için sabahın beşinde kalktı. En az dört ya da beş konuşma yaptı. Kokteyllere katıldı; yüzlerce, binlerce insanla temas kurdu. Çok sayıda vatandaşı da evinde ziyaret etti. O gün iki binden fazla kişiyle tokalaşmış olmalı. Gecenin sonunda, Bayan Clinton'ın maiyetindekiler Air Force One uçağına dönmek için kıvranırken, o ekibindekileri topladı ve o gün olan bitenler hakkında espriler yapmaya, gülüp konuşmaya başladı. Bir saatlik hoşbeşten sonra ise ertesi günün programını yapmaya başladı. Siyasi görüşünüz ne olursa olsun, bu büyük azmin ve iş ahlakının önünde ceketinizi iliklemeniz gerekir. O yolculukta tanıştığı kişileri isimleriyle hatırlamasına çok şaşırmıştım. Ben sadece kendi grubumdaki kişileri bile isimleriyle hatırlamakta zorlanıyordum çünkü.

Azim ve kararlılığın benzer örneklerini başka yerlerde de gördüm. Aile geçmişim nedeniyle olsa gerek, benim kahramanlarım hep mütevazı köklerden gelen insanlar olmuştur. CEO olan bir arkadaşım, Amerika'nın ortabatısındaki mavi yakalı bir aileden geliyor. Babası, tıpkı benim babam gibi kırk yıldan fazla kol emeği ile çalışmış. Arkadaşım, ortamdaki en zeki insan olmayabilir. Meslektaşları gibi en iyi üniversiteleri de bitirmedi. Başarı basamaklarını tırmanırken ailesinden fazla bir yardım da görmedi belki. Ama bugün, sektöründeki en itibarlı CEO'lardan biri olmayı başardı.

Başarısının formülü karmaşık değil ama çok etkili. Her gün en az elli kişiyle konuşur. Şirket binası içinde her hafta saatlerce dolaşır ve en alttakinden en üsttekine herkesle sohbet eder. Ona ya da asistanına bir e-posta mı gönderdiniz? Birkaç saat içinde mutlaka bir cevap alacağınızı bilirsiniz. Başarısını, babasından öğrendiği mavi yakalı iş ahlakına ve duyarlılıklarına borçludur. Bembeyaz ve kolalı yakalı meslektaşlarının bildiklerinden çok şey öğrendiğini söylemişti bir keresinde. Ama o meslektaşları, arkadaşımın bildiklerini öğrenme fırsatına hiç sahip olmamışlardı.

Başka kişilere ulaşmak için *çok* çalışmanız gerekir fakat bu, uzun sürelerle çalışmanız gerektiği anlamına gelmez. Arada bir fark var. Bazıları sanır ki çevre edinmek için toplantılarla, telefon konuşmalarıyla günde on sekiz saat deliler gibi zaman harcamak gerekir. Bitmez tükenmez ve can sıkan bir çabalama içindeysem işimi yapmıyorum ya da en azından iyi yapmıyorum demektir. Ya da belki de yanlış işteyimdir. Çevre edinmek, dostluklar, ahbaplıklar kurmak, yeni arkadaşlarla ve meslektaşlarla tanışmak demektir. Çevre edinmeyi zaman kaybı olarak değil, eğlence olarak görmek lazımdır. Çevrenizi oluşturup amaçlarınızı yazdınız mı, yapılacak diğer işler için yığınla zaman bulabilirsiniz.

Bir hafta içinde tanışmak istediğim herkesle nasıl bir araya gelebiliyorum? Bir keresinde bir tanıdığım, "Senin kadar çok kişiyle bir araya gelmem gerekseydi, kendimi klonlamak durumunda kalırdım" demişti alaycı bir ifadeyle.

Ona, "Bak, cevabı neredeyse kendi başına buldun. Kendimi değil, olayı klonluyorum" demiştim.

Ne demek istediğimi biraz açayım. Birkaç ay önce iki günlük bir iş gezisi için New York'a gitmiştim. Görmek istediğim bazı kişiler vardı. Biri, eski bir müşterim ve arkadaşımdı. Lego'nun eski başkanıydı. O sıralarda ise hayatının bundan sonraki bölümünde ne yapmak istediğine kafa yormaktaydı. Bir diğeri, Broadway Video'nun COO'suydu. Kendisiyle yeni bir TV eğlence programı hakkında bir müşterim için görüşmek istiyordum. Bir de çoktandır görüşemediğim yakın bir arkadaşım vardı.

İki günüm, görüşmek istediğim üç kişi ve hepsine ayırabileceğim tek bir boşluk bulunuyordu. Böyle bir durumda ne yaparsınız?

Yemeği klonladım. Üçünü birden aynı yemeğe davet ettim. Birbirlerini tanımaktan kazançlı çıkacaklardı. Ben de üçünü bir arada yakalamış oldum. Yeni TV programıyla ilgili daha yaratıcı fikirler de o yemekte ortaya çıktı. Müthiş bir mizah duygusu olan arkadaşım bizleri neşelendirirken, sıkıcı olabilecek bir iş toplantısına da renk getirdi.

Arkadaşımdan, kaldığım otelde birebir bir sohbet için yarım saat evvelinden bana katılmasını rica ettim. COO ile ayrıntılarını konuştuğum proje gizli olsaydı, onunla yemekten sonra baş başa görüşmeyi de düşünebilirdim.

Her yaptığım şeye başkalarının da dâhil olmasını istiyorum. Bu, hem onlar için, hem benim için, hem de arkadaş çevresini genişletmek isteyen herkes için iyi sonuçlar yaratıyor. Gün oluyor, potansiyel elemanlarını spora çağırıyor ve görüşmeyi koşu sırasında yapıyorum. Çalışanlarımdan bazen benimle havaalanına gelmelerini rica ederek personel toplantılarını da o sırada yapmış oluyorum. Bu tür çoklu görevlerle gün içindeki çalışma saatlerimi üç katına kadar çıkarabiliyorum. Ayrıca, "cemaat"imin farklı noktalarındaki insanlarla da temas etmiş oluyorum.

Yeni bağlantılar kurdukça, önünüze daha fazla bağlantı kurma fırsatı çıkıyor. Ethernet'in babası Robert Metcalfe'ın bir keresinde dediği gibi "Ağın değeri, kullanıcıların karesine doğru orantılı olarak artar." İnterneti ele alırsak, her yeni bilgisayar, her yeni sunucu ve her yeni kullanıcı halihazırda internette olan her birey için yeni ihtimaller anlamına gelir. Aynı ilke, çevresini genişletmek isteyenler için de geçerlidir. Çevreniz ne kadar büyürse, cazibesi artar. Cazibesi arttıkça daha hızlı büyür. İlişkiler ağını bir kasa benzetmem de bu yüzdendir. Ne kadar çok çalıştırırsanız, o kadar çok büyür.

Az önce anlattığım türden klonlama faaliyeti bir toplantının ya da görüşmenin değerli olmasını garanti eder. İyi tanımadığım biriyle buluşmuşsam, daha iyi tanıdığım bir başka kişiyi de davet ederek o toplantının bir zaman kaybına dönüşmesini engellemeye çalışırım. Akıl hocalığını yaptığım kişiler bu gibi durumlarda iyi birer seçenektir benim için. Onlar için de iyi bir ders olur. Hem benim yanımda bulunma fırsatına sahip olurlar, hem de işi canlı canlı görürler. Bu arada ben de toplantının başarıyla sonuçlanmasını temin etmiş olurum. Çoğu durumda toplantıya katkıda bulundukları da olur. Gençlerin yaratıcı düşünme gücünü asla küçümsemeyin. Sizi çok şaşırtabilirler.

Böyle bir şeyi deniyorsanız, insanlar arasındaki elektriğe özellikle dikkat etmenizi salık veririm. Kimin kimle iyi geçineceğine dair sezgileriniz güçlü müdür? Elbette herkesin aynı geçmişe ve duyarlılığa sahip olması gerekir diye bir koşul söz konusu değil. Tam tersine, farklı mesleklerden ve kişiliklerden mürekkep bir karışım, o toplantının muhteşem geçmesini sağlayabilir. İçgüdülerinize güvenin. Sık başvurduğum bir turnusol kağıdı testinde kendime eğlenip eğlenemeyeceğimi sorarım. Cevabım "evet" olursa, toplantı iyi geçecek demektir.

Yakın zamanda bir meslektaşınıza yemek ısmarladınız mı? Neden bir meslektaşınızı ve onunla birlikte şirketinizden ya da iş çevrenizden birkaç kişiyi daha bugün yemeğe davet etmiyorsunuz? Tavsiyeme kulak verirseniz, arkadaş ve tanıdık çevrenizin nasıl durmadan genişlediğine kendi gözlerinizle tanık olabilirsiniz.

Başarısızlıklarınızdan Ders Alın

ABD'nin efsanevi başkanı Abraham Lincoln, aslında hayatı boyunca sık sık başarısızlıklarla karşılaşmıştı. İş hayatında, siyasette ve özel hayatında çok sayıda başarısızlığa uğramıştı. Ne var ki Lincoln, başarısızlıklarının, amaçlarını gerçekleştirme yolunda cesaretini kırmasına asla izin vermedi.

Lincoln, iş hayatında hüsrana uğradı. Bir çiftçi olarak başarısız oldu. Eyalet meclisi seçimlerini kaybetti. Bunalıma girdi. Toprak memuru olmak için yaptığı iş başvurusu reddedildi. Meclise seçildiğinde, sözcü olmak için adaylığını koyduğu yarışta yine kaybetti. Kongre üyeliği için adaylığını koydu; seçilemedi. Senatoya girmek istedi; kazanamadı. Başkan yardımcılığına soyunduysa da onda da başarısız oldu. Sonra Senato'ya tekrar girmek istedi. Yine aynı sonucu aldı. En nihayetinde başkan seçildiğinde, yönetmesi gereken ülkenin halkı ikiye bölünmüştü. Fakat, o güne kadar edindiği deneyim, yaptığı işler ve tanıdığı insanlar, ülkesinin kaderini çizmesinde büyük bir katkıda bulundu. Bu sayededir ki Lincoln, ABD tarihinin en büyük efsanelerinden biri haline geldi.

Her başarılı insanın arkasında bir dizi başarısızlık vardır. Lincoln'ünki gibi bir azim ve kararlılık ile bu başarısızlıkların üstesinden gelinebilir. Lincoln, yükselmenin, ilerlemenin ve amaçlarını gerçekleştirmenin, başarısızlıklarından ders almaya, vazgeçmemeye ve kalınan yerden devam etmeye bağlı olduğunu çok iyi biliyordu.

ON İKİNCİ BÖLÜM

Tutkularınızı Paylaşın

Size bir itirafta bulunayım mı? Hani insanların birbirleriyle tanışmasını amaçlayan o toplantılar vardır ya... Ben bugüne kadar böyle bir etkinliğe hiç katılmadım.

Doğru dürüst bir şekilde düzenlenirse bu tür toplantılar teorik olarak yarar sağlayabilir. Ne var ki bunların çoğu umutsuz ve bilgisiz insanlar içindir. Katılanların büyük kısmı işsizdir ve özgeçmişlerini birilerinin eline tutuşturmak için oradan oraya dolanır dururlar. Eline özgeçmiş verdikleri kişiler de kendileri gibi işsiz insanlardır. Gözünüzün önüne getirsenize... Koca bir kalabalık toplanmış ve tek ortak yanları işsiz olmaları. İnsanlarla ilişki kurmak ve çevre edinmek, böyle bir ortamda mümkün olamaz.

İnsanlarla tanışmak dediğimizde, tanışacağımız kişinin kim olduğu tek önemli husus değildir. O kişiyle nasıl ve nerede tanışılacağı da aynı derecede önemlidir.

Örneğin, bir uçaktaki birinci mevki yolcu bölümünü ele alalım. Birinci mevkide uçmak herkesin kesesine uymaz ama arkadaki mevkide olmayan bir arkadaşlık bulursunuz uçağın önündeki o bölümde. Alanlarının önde gelen isimlerini, en baştaki koltuklarda bulursunuz. Diğer yolculardan birkaç saniye önce inmek için verdikleri para cidden çok fazladır. Bu da diğer birinci mevki yolcularının gözünde sizi de önemli bir insan yapıverir. Meraklarını gidermek için kim olduğunuzu ve neden kendileri gibi o akıl kârı olmayan bilet ücretini ödediğinizi öğrenmeye çalışırlar. Uçakta yemeğimi yerken ne kadar çok sayıda değerli müşterimle ve ahbabımla tanıştığımı söylesem inanmazsınız. (Bu arada, yanınızdaki yolcuyu rahatça rahatsız edebileceğiniz tek aralık, yemek zamanıdır.)

Tanışma toplantılarında ise dinamikler bunun tam tersidir. Diğerleri sizin de aynı gemide ve umutsuz durumda olduğunuzu düşünür. Güvenilirliği kazanmak zordur. İşsizseniz, iş arayanlarla mı bir arada olmanız daha akıllıcadır, yoksa işverenlerle mi?

Zamanınızı ayıracağınız daha iyi yerler, daha iyi yöntemler var.

İnsan ilişkilerinde temel yapıtaşı ortak ilgi alanlarıdır. Irk, din, cinsiyet, cinsel tercih, etnik köken, iş, mesleki ve kişisel ilgi alanları ilişki zamkı gibi çalışır. En çok neye ilginiz, merakınız varsa onlara odaklanmış faaliyetlerde ve etkinliklerde kendinizi daha fazla gösterebilirsiniz.

Arkadaşlık, iki kişinin birlikteyken geçirdikleri zamanın fazla olmasından değil *kaliteli* olmasından doğar. Bir ilişkinin doğması için birbirleriyle çok zaman geçirmeleri gerektiğini öne süren yanlış bir kanı vardır. İşin aslı böyle değildir. Ailenizin ya da işyerinizdeki arkadaşlarınızın haricinde bir ayda görüştüğünüz insanların sayısını saymak için muhtemelen iki elinizin parmakları yeterli gelecektir. Ama arkadaşlarınızın sayısı elbette ondan fazladır. Önemli olan bir aradayken yaptıklarınızdır. Ne sıklıkla görüştüğünüzün o kadar fazla önemi yoktur. Dolayısıyla, en çok hangi aktiviteleri sevdiğinize ve kendinizi en rahat ettiğiniz yerlere dikkat etmelisiniz.

En iyi olduğunuz etkinlikler ve aktiviteler, genellikle en sevdiklerinizdir. Çabalarınızın odağına bunları koymanız çok anlamlı olacaktır. Kendimden örnek vermem gerekirse, yemeğe ve spora olan tutkumun beni kimlere götürdüğünü saymakla bitiremem.

Pullardan, beyzbol kartlarına, paraşütçülükten futbola kadar sizi başka insanlarla tanıştıracak yığınla farklı yol bulabilirsiniz.

Ortak ilgi alanlarının insanları bir araya getirme gücü bugün bloglarda açıkça görülebilir. Online günlük olarak kısaca tanımlayabileceğimiz bloglar, genellikle bir kişinin ilgi alanlarını merkeze alır; ilgili haberleri, yeni gelişmeleri yorumlar eşliğinde okuyuculara aktarır. Popüler bloglar, aynı fikirlere sahip insanları kendine çeker. "Blogosfer" denen blog evreni 1999'da on-on iki blogdan ibaretken bugün tahminen beş milyon blogluk büyüklüğe ulaşmıştır.

Tarihçiler, 2004 Amerikan başkanlık seçimlerinin tarihini yazarken bloglar için özel bir bölüm ayıracaklarına şüphe yok. Son yirmi senede seçimleri, heyecanlı online gruplar kadar etkileyen başka bir unsur olmadı. İnanılmaz sayıda seçmeni harekete geçirdiler. Milyonlarca dolar bağış topladılar ve insanlara siyasi sürece dâhil olma olanağı yarattılar. Nelerden, kimlerden hoşlandığına dair yazılar yazan bir kişinin insanlar üzerinde böylesine etkili olması ya da çok kısa sürede böyle büyük bir topluluk meydana getirmesi akıl almaz bir şeydir.

Tutkularımız bulaşıcıdır. Tutkularımız bazı insanları bize çeker. Kim olduğumuzu ve neleri önemsediğimizi bilmek isterler. Diğerleriyse buna gardını indirerek karşılık verir. İş dünyasında, tutkularımızı paylaşmak bu nedenle önemlidir.

İnsanlar, ofis içi toplantılarında rahat davranamazlar. O toplantılarda kendini kasan insanları alın bir yemek ısmarlayın, ya da spora götürüp ter atmalarını sağlayın. Nasıl daha rahat davrandıklarını kendi gözlerinizle göreceksiniz. Ofisin dışına çıktığımızda doğal bir şekilde rahatlarız. Önemli olan belki de mekanın kendisidir. Yemeğin arkasından içeceğiniz bir kadeh şarabı da buna dâhil edebiliriz. Her ikinizin de ortaklaşa sevdiği bir şeyi yaparken yanınızdaki kişi hakkında ne kadar çok şey öğrenebileceğinize hayret edersiniz.

Charlotte'ta büyük bir bankanın başkan yardımcılığını yapan bir arkadaşım var. Onun çevresini geliştirmek adına en sık takıldığı yer YMCA yani Genç Hıristiyan Erkekler Cemiyeti. Sabahın beşinde, altısında kalkıyor, kendisi gibi spor meraklılarıyla dolup taşan o yerde, ofislerine gitmeden ter atan kişilerle bir araya geliyor. Orada girişimcilerle, mevcut ve potansiyel müşterilerle konuşuyor. Sonra spor aleti üzerinde oflaya puflaya hareketlerini yaparken, bir yandan da yatırımlar ve krediler hakkında sorulan soruları yanıtlıyor.

Yemek ve sporun dışında insanları bazen de kiliseye götürürüm. Doğru okudunuz. Onları kiliseye götürürüm. Los Angeles'taki St. Agatha's adlı Afro-Amerikan ve İspanyol Katoliklerinin gittiği kiliseye giderim genelde. Burası inanılmaz derecede alışılmışın dışında bir kilisedir. Gelenler on dakika boyunca kilisenin etrafında dolaşıp birbirlerine sarılırken, kilise korosu da hareketli şarkılarla ortamı canlandırır. Muhteşem bir manzaradır. İnançlarımı kimseye empoze etmeye çalışmam. Oraya götürdüğüm kişiler arasında aktörler de vardır, avukatlar, ateistler ya da muhafazakar Yahudiler de vardır. Kendilerini o kiliseyi götürmemi özel bir armağan olarak görüyorlar. Hayatımdaki böyle derin ve özel bir noktayı açarak onlara ne kadar değer verdiğimi gösteriyorum.

İş dünyasında, özel ve kamusal alandaki hayatlarımız arasında kalın bir çizgi olması tercih edilirse de ben aksini düşünüyorum. Duyguların ifade edilmesinin zaaf olarak kabul edildiği günler geride kaldı. Bugünün işadamları, saydığım özelliklerin bizleri birbirine yakınlaştırdığını düşünüyor. İlişkilerimiz güçlendikçe de işimizde ve kariyerimizde daha başarılı oluyoruz.

Eskiden Gartner Group'ta çalışan Bonnie Digrius'u ele alalım. Bonnie, adres defterindeki herkese her yıl düzenli olarak bir bülten gönderir. Gönderdiği bülten kendisi hakkındadır. İşiyle, ailesiyle ilgili yeni gelişmeleri tanıdıklarıyla paylaşır. Babasının vefat ettiği yıl gönderdiği bültende bu kaybın hayatını nasıl değiştirdiğini okurlarıyla paylaştı. Duygularını böyle uluorta başkalarıyla paylaşan birinin okuyucularda rahatsızlık yarattığını düşünüyorsanız yanıldınız. Büyük bir ilgi patlaması yaşandı. Bonnie'yi tanıyan, tanımayan birçok kişi bülteni almak için başvuruda bulundu. Bonnie'ye kendilerinin de yaşadıkları benzer olayları anlattılar. Birkaç yıl sonra Bonnie'nin ülke çapına yayılan bir tanıdık çevresi vardı. Bonnie kalbindekileri başkalarıyla paylaştı. Bu içtenliği sayesinde büyük bir kitlenin güven ve hayranlığını kazandı.

En çok sevdiğiniz, tutkunu ya da meraklısı olduğunuz şeylerin bir listesini çıkarın. Hangi aktivitelere katılırsanız yeni kişilerle ve eski tanıdıklarınızla daha fazla bir araya gelebileceğinizi belirleyin. Beyzbolu seviyorsanız potansiyel ve mevcut müşterilerinizi bir maça götürün. Ne yaptığınız çok önemli değil. Önemli olan sevdiğiniz bir şeyi yapmanız.

Tutkularınız ve onları eksen alarak oluşturduğunuz aktiviteler, çevrenizdeki insanlarla daha yakın ilişkiler kurmanızı sağlar. Kurmak istediğiniz ilişki ile aktivite arasında denge olmasına dikkat edin. İş arkadaşlarımla ve ahbaplarımla ilişkilerimi sıcak tutmak için kullandığım bir dizi aktivite var. Onlardan bazılarını şöyle sıralayabilirim:

1. On beş dakikalık sürede içilen bir fincan kahve... Çabuk, ofis dışında ve yeni biriyle tanışmak için ideal.
2. Konferanslar. Bir yerdeki bir konferansa katılıyorsam, o civardaki tanıdığım ya da daha iyi tanımak istediğim kişilerin listesini çıkarır, ilginç bir konuşmacıyı dinlemek ya da birlikte bir yemek yemek isterler mi sorarım.
3. Spora ya da bir hobinizi birlikte yapmaya davet edin. (Golf, satranç, pul koleksiyonculuğu, kitap kulübü, vs.)
4. Kısa bir kahvaltı, öğle yemeği, iş çıkışı bir içki ya da birlikte bir akşam yemeği... Buzları eritmek için yemek gibisi yoktur.
5. Özel bir etkinliğe davet edin. Tiyatro olabilir, konser olabilir, bir yazarın imza günü olabilir. Bunlardan hoşlanacağı-

nı düşündüğünüz birkaç arkadaşınızı daha çağırın ki olayın özelliği derinleşsin.

6. Evde eğlence... Evde yenen akşam yemekleri benim için kutsaldır. Bu yemeklerin olabildiğince samimi olmasına çalışırım. Bunun için de iyi tanımadığım bir ya da iki kişiyi davet ederim. Daha fazlasını çağırmam. Yemeğin sonunda evimden ayrılan o kişilerin yeni arkadaşlar kazandıklarını düşünmelerini isterim. Fazla sayıda konuğu davet ederseniz bu duyguyu yaratmak zorlaşır.

Arkadaşlarımıza, ailemize ya da okumaya veya dinlenmeye ayıracağımız uygun zamanları planlamamız gerekir. Her fırsatta hayatınızı başkalarını dahil ederek zenginleştirirken, temel ilişkilerinizi ihmal etmemelisiniz.

Gününüz tutku ile ateşlendiğinde, tutkularınızı paylaşacak ilginç insanlarla dolduğunda başka insanlara ulaşmanın daha kolay, daha az yorucu olduğuna şahit olacaksınız.

ON ÜÇÜNCÜ BÖLÜM

Arayı Soğutan, Çuvallar

Daha önceden tanışıp biriyle karşılaştığınızda adını hatırlayamadığınız durumları ne sıklıkla yaşarsınız?

Yüksek tempolu, bizi bilgi bombardımanına tutan dijital bir çağda yaşıyoruz. İlgilenmemiz gereken yığınla yeni ve eski isim var. Her gün masamızdan gelip geçen isimleri kafamızda tutmak için beynimizi aşırı derecede çalıştırmak zorunda kalıyoruz. Aklımızı kaybetmemek için zaten tıka basa dolmuş olan beynimizde küçük bir parça talep eden bu verileri ya unutmak ya da görmezden gelmek mecburiyetindeyiz.

Böyle bir dünyada, yeni tanıştığı biriyle arayı soğutmamaya çalışan kişilerin oranının çok düşük kalmasını anlamak mümkün değil. Bir ilişki kurmak, ahbaplığınızı ilerletmek amacıyla tanıştığınız birine, o kişinin akli tavan arasında kaybolmamanız için fazladan birkaç adım atmalısınız.

Geçenlerde, Florida'da bir ödül töreninde konuşma yapıyordum. Üniversitede üye olduğum Sigma Chi'nin eski ve şimdiki üyelerine ödül dağıtılan bir törendi. O gece kartvizitimi ve e-posta adresimi herhalde en az yüz kişiye vermişimdir. Tören sona erdikten sonra sabaha doğru otelime döndüm ve e-postalarımı kontrol ettim. Sigma Chi'nin genç üyelerinden birinden çok güzel bir mesaj gelmişti. Konuşmam için teşekkür ediyordu. Benzer bir geçmişe sahip birinden böyle bir konuşma dinlemekten dolayı çok etkilendiğini ve bir gün bir yerde oturup bir kahve içmeyi umduğunu yazmıştı. Takip eden iki hafta içinde yüzden fazla e-posta mesajı ve telefon aldım. Konuşmamı dinlemişlerdi ve benzer duygularını ifade ediyorlardı. Aralarında en iyi ahbaplığı ilk mesajı gönderen kişiyle kurdum.

Aldığım en güzel hediyeler, değerleri parayla ölçülemeyecek olanlar. Kendilerine yol gösterdiğim, fikir verdiğim için teşekkürlerini bildirenlerin gönderdikleri mesajlar, içtenlikle yazılmış mektuplar, e-postalar, kartpostallar...

Kalabalıktan sıyrılmak mı istiyorsunuz? O halde insanlarla ilişkilerinizi sıcak tutmak ve daha akıllıca davranmak durumundasınız. Çoğu kişi, bu konuda başarısızdır. Siz başarılı olanlar arasında yer alırsanız yüzde 95'lik bir kesimi arkanızda bırakmış olursunuz. Çevre edinmek anlamında en temel araçlarınızdan birinin insanlarla ilişkilerinizi sıcak tutmak, tanıştığınız insanları daha sonra da takip etmek olduğunu sakın unutmayın.

Aslında, TAKİPÇİLİK HER ALANDA BAŞARININ ANAHTARIDIR.

Yeni tanıştığınız kişinin adınızı ve yarattığınız olumlu izlenimi hatırlamasını sağlamak, biriyle tanıştıktan hemen sonra başlatmanız gereken bir süreçtir.

Biriyle tanıştıktan sonra on iki-yirmi dört saat kadar bekleyin. Uçakta tanıştığınız birine aynı günün ilerleyen saatlerinde e-posta gönderin. Kokteylde tanıştığınız birine ertesi gün e-posta yollayın. Tesadüfi tanışmalar sonrasında göndereceğiniz bir e-posta "Sizinle tanıştığıma çok memnun oldum. İletişimi koparmayalım" demenin kolay ve çabuk bir yoludur. Bu tür bir e-postada, o kişiyle yaptığımız sohbet sırasında lafı edilen bir hususu, mesela ortak bir hobimizi ya da işe yönelik bir ilgi alanını belirtmeye bilhassa dikkat ederim. Böylece, kim olduğumu karşımdaki kişiye hatırlattığıma emin olurum. Toplantıdan ayrıldığımda, yeni tanıştığım kişilerin adlarını ve e-posta adreslerini cep bilgisayarıma veya Blackberry cihazıma kaydeder, ayrıca bir aylık süre zarfında o kişiye bir e-posta göndermemi hatırlatacak şekilde bir anımsatıcı programlarım. Böylece teması koparmamış olurum.

İnsanlarla aranızı sıcak tutmayacaksanız, hayatınızda yer ayırmayacaksınız onlarla tanışma zahmetine neden katlanasınız ki?

HBS'den sınıf arkadaşım ve eski COO James Clarke'ın taktiğini tutarım. Herkese vaat ettiklerini tekrarlatır ve müteakip toplantının ne zaman yapılacağını sorar.

Karşı taraf bir şeyler yapmayı kabul ettiğinde –bu birlikte kahve içmek de olabilir ya da büyük bir anlaşmaya imza atmak dabunu yazıya dökmeye çalışın. Muhtıra gibi kuru ve bağlayıcı bir şey olmasın. Şöyle bir şey yeterlidir: "Sizinle bir araya gelmekten çok mutlu oldum. Dün konuştuğumuz fikirleri bir sonraki görüşmemizde geliştirebileceğimizi düşünüyorum. FerrazziGreenlight firmasının şirketinizin ihtiyaçlarına en iyi şekilde cevap verebileceğine inanıyorum. Ayrıntılar üzerinde biraz çalışma yaptım. Şehrinize bir dahaki gelişimde programınızda bana da yer verip beşon dakikalık bir görüşme fırsatı verirseniz çok sevinirim."

On kişiden dokuzu bu mesajınıza, tekrar görüşme isteğinizi kabul ettiğini bildiren bir karşılık verir. Bu noktada yaptığınız yazışmadan güç alarak o kişiyi arayabilirsiniz. Görüşmek konusunda zaten anlaştınız. Şimdi iş, ne zaman görüşeceğinize kaldı ve ısrarcılığınızla bunu da netleştirmeniz gerekiyor.

Tam bu noktada çok önemli bir konunun altını çizmek istiyorum. Karşınızdaki kişiye onların sizin için neler yapabileceklerini-hatırlatmayın. Sizin onlar için neler yapabileceğinize odaklanın. Onlara, sizinle teması kesmemeleri için bir neden vermiş olacaksınız.

Arayı soğutmamak ve ilişkileri canlı tutmak için ilgili makaleleri kesip çevrenizdeki kişilere gönderebilirsiniz. Tabii sadece konuyla ilgili olanlara... Başkaları bana böyle yazılar gönderdiğinde çok mutlu oluyorum. Beni düşündüklerini anlıyorum.

E-posta, ilişkilerin sıcak tutulması anlamında mükemmel bir yöntem olmakla birlikte başka yöntemler de kullanabilirsiniz. El yazınızla yazacağınız bir teşekkür notu bu aralar herkesin ilgisini kolayca çekecektir. En son ne zaman elle yazılmış bir mektup aldığınızı düşünün. Size özel olarak yazılmış, yollanmış ve ellerinizle açtığınız bir mektup?..

Elle yazılmış teşekkür notu, ilişkinin sürekliliğini güçlendirmeye yarar. Ayrıca bir iyi niyet havası oluşmasını sağlar. İlk görüşmenizde bahsini açamadığınız konulardan bahsedebilirsiniz. Tekrar görüşme arzunuzu ve yardımda bulunma önerinizi bir kere daha ifade edebilirsiniz.

Önemli birkaç hususu aşağıda kısaca bulabilirsiniz:

- Mutlak surette teşekkürünüzü belirtin.
- Görüşmenizden ilginç bir noktayı mesela bir espriyi ya da fıkrayı tekrar anmaya dikkat edin.
- Karşılıklı olarak verdiğiniz sözleri hatırlatın.
- Kısa ve öz olun.
- Teşekkür notunun gideceği adrese, alıcının ismini yazın.
- Hem e-postayı, hem normal postayı kullanın. Bu kombinasyonla kişiye özel bir hava yaratırsınız.
- Zamanlama çok önemlidir. Görüşmenizin bitmesinin hemen ardından gecikmeden yollayın.
- Çoğu kişi, teşekkür notu göndermek ya da farklı bir yolla ulaşmak için tatillerin bitmesini bekler. Ne gereği var ki? Beklerseniz, gecikirsiniz ve unutulursunuz.
- Karşınızdaki kişiyle sizi tanıştıran biri varsa onu da unutmayın. Görüşmenizin nasıl geçtiğini anlatın ve yardımlarından dolayı teşekkürünüzü ifade edin.

Tanıştığınız kişilerle irtibatı koparmamayı, ilişkiyi sıcak tutmayı alışkanlık haline getirin. Otomatik bir davranışınız olsun. Bu şekilde hareket ederseniz isimleri hatırlamaya çalışmaktan kurtulursunuz. Başkalarının da sizi hatırlamalarını kolaylaştırmış olursunuz.

ON DÖRDÜNCÜ BÖLÜM

Konferans Komandosu Olmak

Askeri stratejistler bilir; çoğu savaş, daha ilk mermi atılmadan kazanılır ya da kaybedilir. Taarruzun ne zaman, nereden ve ne şekilde geleceğini bilen taraf büyük bir avantaj elde eder. Birçok başarılı konferansta da aynı durum söz konusudur. Konferansları kendi çıkarlarınız için en iyi şekilde kullanmanız gerekir.

Konferansa gidip oturduğunuz yerde kalmayın. Konferans komandosu olun!

Konferansların tek bir iyi tarafı vardır. Hayır, hayır, aralardaki kahve ve kurabiyelerden bahsetmiyorum. Bayıldığınız tonla para da değil kastettiğim şey. Konferanslar, insanların bir araya gelmesine vesile oluyorlar, benzer düşünceli insanlar bir araya gelerek misyon ve hedeflerine yardım edecek kişilerle tanışma fırsatı buluyorlar. Bir konferansa katılmadan önce kendi kendime, yatırımdan elde edilecek dönüş analizi yaparım. Konferans için ödeyeceğim ücret ve orada harcayacağım zaman karşılığında, konferansta kuracağım ilişkilerden ne kadar bir kazanım elde edebilirim? En azından denk, mümkünse daha fazla olması tercihimdir. Verimsiz bir konferans olacağı sonucuna varırsam, katılmam. Bu kadar basit. Konferanslara dair çok korkunç bir düşünce gibi gelebilir sizlere ama işe yaradığı da kesindir.

YaYa'yı sattıktan hemen sonra yeni sahipleri, seyahat ve konferans giderlerini kısmayı amaçlayan bir dizi tasarruf politikasını uygulamaya koydular. Bu politikaları ben çok yersiz bulmuştum. Yeni sahipler, konferansları masraf olarak görüyorlardı. Konferanslar yöneticileri keyiflendiren etkinliklerdi. Gelir getiren bir yanları yoktu. Yeni sahiplerimiz için her yıl birkaç etkinliğe adam yollamak, yeni faaliyete geçmiş bir firma için lükstü.

Şiddetle karşı çıktım ve düşüncelerini değiştireceğime söz verdim. Konferanslarda tanıştığımız kişilerden doğrudan doğruya kaynaklanan gelir üreten projelerin sayısını belirledim. Başarılı anlaşmaları, ciddi düzeyde bir gelirin kaynağının konferanslara nasıl uzandığını bir çizelge üzerinde gördüklerinde şirketin sahipleri büyük şaşkınlığa uğradılar.

Konferanslara karşı bu negatif bakışlarında yalnız değildiler. Başka şirketlerde de bu tür yaklaşımlara rastlamak mümkündür. Bu negatif bakış açısının altında konferansların ilham bulunan yerler olduğu düşüncesi yatar. Yanlıştır. Gerçek, eyleme dönüştürülebilir ilham daha çok deneyimden, kitaplardan ve başka insanlardan gelir. Yuvarlak masa tartışmaları, yüksek mevki sahibi insanların konuşmaları eğlenceli hatta bir yere kadar ilham verici olabilir. Fakat gerçek bilgiyi elde etmek adına çok az zaman bulunur.

Profesyonel çevrenizi genişletmek ve denk gelirse anlaşmalar yapmak için ise daha iyi bir yer bulamazsınız. Satışlarla ilgili size bir örnek vermek istiyorum. Eskiden bir satıcının zamanının yüzde 80'i toplantı ayarlamakla, sunum yapmakla ve anlaşmayı imza aşamasına götürmeye çalışmakla geçerdi. Geri kalan zamanda ise müşterisi ile ilişkisini geliştirmeye çalışırdı. Bugün artık çoğunlukla ilişki satışına odaklı –iş yaptıkları insanlarla ilişkilerini geliştirmeye zamanlarının yüzde 80'ini ayırıyorlar. En şık Powerpoint sunumu bile karşınızdaki kişinin aklını ve kalbini kazanmak konusunda gerçek insan ilişkileri kurma ve güven inşa etme yöntemleriyle yarışamaz.

Konferansları en iyi şekilde değerlendirenler sizin sektörle bir araya geldiğiniz toplantılara göre daha kârlı çıkarlar. Diğerleri sessizce oturup not tutar, bedava şişe sularını içerken, bu kişiler birebir toplantılar, yemekler ayarlarlar ve her konferansı, hayatlarını değiştirme potansiyeli olan insanlarla tanışma vesilesine dönüştürürler.

Portresini çizdiğim bu kişiler, konferansa katılan meslektaşlarının kurallarıyla oyunu oynamıyorlar diye düşünüyorsanız, bilin ki haklısınız. "Rozetinizi Takın", "Herkesi Sıcak Bir Şekilde Karşılayın", "Göz Teması Kurun" gibi geleneksel tavsiyeleri, kendilerini sürünün dışına çıkarmaktan çok uzak olan bayat nakaratları çok gerilerde bırakmışlar.

Bir konferanstan en verimli biçimde yararlanmanın kuralları vardır. Arkadaşım Paul Reddy bir yazılım şirketinde yöneticilik yapıyor. İddiasına göre konferanslara katılanlar ikiye ayrılır. Ya bowling topudurlar ya da raptiye. Eğer bir bowling topuysanız konferans, etkinlik, organizasyon vs. içinde yuvarlanır durursunuz. Ve zafer sizin olur. Biraz cesaret, biraz yaratıcılıkla olumlu bir izlenim yaratır, arkadaşlıklar kurar, gündeminizdeki hedefleri gerçekleştirirsiniz. Raptiye olmayı seçtiyseniz, uslu uslu koltuğunuzda oturursunuz. Bir şey olsun diye bekler durursunuz.

Bir sonraki konferansta daha girişken olun. Misyonunuzu daha ileriye taşımakta iyi koordine edilmiş bir harekat gibi düşünün. Katıldığım her etkinlikte takip ettiğim bazı kuralları sizinle paylaşmak istiyorum:

Organizatöre Yardım Edin (En İyisi Kendiniz Organize Edin)

Konferanslar lojistik anlamda birer kabustur. Başarılı bir organizasyon için bin bir tane şeyle uğraşmak gerekir. İşte bu durum işe dâhil olup organizasyona yardım etmeniz ve sürecin içinde yer almanız için bulunmaz bir fırsattır.

Bir kere işin içine girdiniz mi kimlerin katılacağını, hangi etkinliklerin düzenleneceğini kolayca öğrenebilirsiniz demektir. Ve kendinizi konferansların baş konuklarına düzenlenen kokteyl partilerinde ve özel yemeklerde de bu sayede bulabilirsiniz.

İyi de kendinizi bu sürece nasıl dâhil edeceksiniz? Hiç zor değil aslında. İlk iş olarak etkinliğin materyallerini, internet sitesini inceleyin ve konferansı düzenleyen esas kişi kim, onu öğrenin. O kişiye telefon açın. Genellikle bu tür etkinlikleri düzenleyen kişiler deliler gibi çalışan, stresli tiplerdir. Etkinlikten birkaç ay önce onları arar ve şöyle derim: "Düzenlediğiniz konferansı dört gözle bekliyorum. Bu yılkinin en iyisi olması için size yardım etmek isterim. Zaman ayırabilirim, yaratıcılığımı konuşturabilirim ya da tanıdığım insanların gelmesini sağlayabilirim. Böylece bu yılki konferansın müthiş geçmesini sağlayabiliriz. Size nasıl yardımcı olabilirim?"

Etkinliğin koordinatörünün mutluluktan dilinin tutulacağına sizi temin edebilirim. Böyle diyorum çünkü bir keresinde, Deloitte firmasının CMO'su iken ben de o stresli organizatörlerden biri olarak görev yapmıştım.

Deloitte Danışmanlık, güvenilir bir yeniden yapılanma uygulamasını gerçekleştirmek için Michael Hammer ile çalışıyordu. Michael ile ilişkimizi pazara duyurmak, markamızı güçlendirmek ve birkaç müşteri kazanmak için bir konferans düzenlemenin iyi bir fikir olduğu sonucuna vardık. Deloitte ve Michael Hammer tarafından düzenlenecek ortak bir konferans önerisinde bulunduk. Biz sektördeki uzmanlığımızı ve vaka analizlerimizi ortaya koyacak, Michael ise yeniden yapılandırma konusundaki deneyimini paylaşacak ve başarılı bir konferansın nasıl yapılacağını gösterecekti.

Başarılı bir konferansın nasıl düzenleneceğini görme ve Mike ile ahbap olma şansına sahip olacaktım. Kimlerin katılacağını önceden haber almanın, konuşma yapacak kişilerin neye göre seçildiğini öğrenmenin ve çevre edinmek konusunda en iyi forumların hangileri olduğunu erkenden bilmenin ne kadar önemli olduğunu da bu vesileyle anladım.

Başlangıçtan itibaren düşüncemiz alışılagelmiş konferans çılgınlığına bir metodoloji getirmekti. Bir takip sistemi kurarak günlük ilerleyişimizi kaydettik. Firmamızın her bir ortağının hedefi, katılacaklarını bildiğimiz konuklardan kendileri için belirlenmiş iki kişiyle tanışmaktı. Her birine temel hedef olarak gerçekten bir müşteri olarak çalışmayı istediğimiz bir kişi verildi. Diğer kişi ise Deloitte olarak tanımaktan fayda sağlayacağımızı düşündüğümüz biri, belki bir basın mensubuydu. Temel hedef ise her zamanki gibi yeni insanlarla tanışmaktı.

Kimlerin katılacağını önceden biliyorduk. Ortaklara, kendileri için belirlenen kişilerin bir sayfalık özgeçmişleri verildi ve kim olduklar, ne iş yaptıkları, başarıları, hobileri, çalıştıkları şirketin karşı karşıya olduğu ve Deloitte'in yardımda bulunabileceği sorunlar gibi konularda bilgilendirme yapıldı. Ortak ile ilgili kişi karşılaştığında bu kadar bilgi ile iyi bir ilişki kurulabilirdi.

Ortaklara hedeflerinin akıllarında yer etmelerini sağlayacak bir dizi fikir de verdik. Onlara, tanışma sırasında ne söylemeleri gerektiğini öğrettik. Her günün sonunda ortaklar tanıştıkları kişilerle ilgili bize rapor veriyor, nerede tanıştıklarını, ilk karşılaşmalarının nasıl gittiğini bildiriyorlardı. Hedef kişisiyle tanışmakta zorluk çeken biri oldu mu, ertesi gün için ayrı bir strateji yapıyorduk. Verilen akşam yemeğinde ortakla hedef kişinin aynı masada oturmalarını sağlıyorduk ya da ilk tanışma hamlesini kendim yapıyordum. Bazı durumlarda Mike'tan da tanışma adımını atmasını rica ettiğimiz oldu.

O konferansta kazara bir konferans komandoları bölüğü kurmuştum. Tanışacakları kişiye ait bilgilerle donanmış, neyi nerede yapacağını bilerek konuya intikal eden bir timdi bu. Sonuçlar ise muhteşemdi. Deloitte, konferans sonrasında beklemediği kadar yeni iş aldı. Bu işi FerrazziGreenlight'ta mükemmelleştirdik. Şirketlere sadece konferanslardan nasıl maksimum kazanım elde edeceklerini söylemiyoruz, bize gelen büyük konferans organizatörü şirketlere konferanslarını ne şekilde tasarlamaları gerektiğini anlatıyoruz. Böylece, hem kendileri, hem de konferans katılımcıları için çok başarılı sonuçlar elde etmelerini sağlıyoruz.

Konferansın herkes için çok başarılı geçmesini sağlamak adına çok fazla ter dökmek şarttır. Hammer'la düzenlediğimiz konferansta bütün katılımcılar ne kadar çok iş bağlantısı yaptıklarını görünce dilleri tutuldu. Çevre geliştirme için doğru ortamda olmaları onlara bu imkanı sağladı.

Michael Hammer da her zamanki gibi muhteşemdi elbette. Ondan hepimiz çok şeyler öğrendik. Ama esas başarı, gerçek iş levine odaklanmış bir konferans düzenlenmiş olmasından kaynaklanıyordu. İşin sırrı, karşılıklı olarak verimli ilişkiler kurulmasını sağlayan bir atmosferde aynı düşünce yapısına sahip insanları bir araya getirmekti.

Dinleyin... Daha da İyisi, *Konuşun*

Konuşmaktan çekinenler vardır. Siz de mi onlardansınız? Korkmanız yersiz. Konuşmak hiç de öyle zor bir şey değil çünkü. Öte yandan konuşmak, düşünemeyeceğiniz kadar önemli bir husus.

Bazı insanları hiçbir şey bir dinleyici kitlesi önünde 15 dakika konuşmaktan daha fazla korkutamaz. Bu kitle, aile ya da arkadaşlardan oluşsa da korku dinmez.

Paniğe gerek yok. Konuşma yapmaya dair ilk bilmeniz gereken, sadece konuşarak kendinizi, işinizi ve düşüncelerinizi başkalarına aktarabileceğiniz ve onların zihinlerinde bir yer edinebileceğinizdir. Konuşmak, bu amaçla kullanılabilecek en kolay ve en *etkili* yollardan biridir. Sizi dinleyecek bir grup insanı toplamanız için bir Tony Robbins olmanız da gerekmez.

Her gün kaç kişi kendini bir dinleyici grubu önünde bulur? Sayılar şaşırtıcıdır. Akla gelebilecek her türlü konuda her gün binlerce forum ve etkinlik düzenlenmektedir. Bütün bu forumlarda, konuklara ilham verecek, ışık tutacak birilerinin konuşması gerekir. Ne yazık ki çoğu konuşmacı bunu beceremez.

İnsanlara ilham veren, ışık tutan kişilerin alanlarındaki en iyi kişiler olduğunu düşünüyorsanız, yanılıyorsunuz. Peki, nasıl deneyim sahibi olunur?

Örneğin, Toastmasters International konuşma becerilerinin geliştirilmesi için bir forum düzenlemektedir. Her hafta otuz-kırk kişilik gruplar halinde 8.000'den fazla kulüp bir araya gelir. Binlerce kişi binlerce konuşma yapar. Ulusal ölçekte baktığımızda çok daha muazzam rakamlarla karşılaşırız. Amerikan Dernek Yöneticileri Cemiyeti'nin (ASEA) verilerine göre toplantı sektörü 83 milyar dolarlık bir pazar büyüklüğüne ulaşmış bulunuyor. Yılda 56 milyar dolarlık bir harcama sadece toplantı ve seminerler için harcanıyor. Sıkı durun! Konferanslar, Amerikan yurtiçi milli hasılasının en büyük 23. sektörünü oluşturuyor. Burada önemli olan husus, her zaman, her yerde, ücretli ya da ücretsiz, konuşkama yapma fırsatı bulunabileceğidir. Konuşmak eğlencelidir, kazançlıdır. Kendinizi tanıtmanın ve başkalarını tanımanın en iyi yöntemidir. Yapılan bir yığın araştırmaya göre bir kişi ne kadar çok konuşma yaparsa, geliri de o kadar artmaktadır.

Bir konferansta konuşmacı olarak bulunuyorsanız, özel bir konumunuz olur. İnsanlarla daha kolay tanışabilirsiniz. Katılımcılar kendileriyle konuşmanızı ve onları selamlamanızı bekler. Karşılığında ise diğer katılımcılara göstermedikleri saygıyı size gösterirler. Sahneye çıkmanız, size anında güven duyulmasını sağlarken geçici bir şöhret statüsüne de taşır.

Konferans konuşmacısı nasıl olunur? Öncelikle söyleyecek bir sözünüz olmalı. İçeriğe ihtiyacınız olacak (Bu konuyu başka bir bölümde ele alacağım). Bulunduğunuz mevki ile ilgili olarak bir konuşma hazırlamalısınız. Aslında farklı dinleyici kitlelerine hitap eden farklı konuşmalar geliştirebilirsiniz ki bunu da ileride daha ayrıntılı ele alacağım.

Diyelim ilk adımı attınız ve organizasyonu düzenleyen kişiyle tanıştınız. Bundan sonra ufak ufak konuşmacı kariyerinize doğru yürümeye başlayabilirsiniz. Başlangıçta küçük adımlarla ilerlemek daha iyi olur. Bir örnek vereyim. Çalıştığı büyük firmadan istifa edip kendi danışmanlık firmasını kuran bir arkadaşım vardı. Marka konusunda kendisini bir uzman olarak tanıtma gayreti içindeydi, amma velakin toplum önünde konuşmaktan çok çekiniyordu. Fakat, potansiyel müşterilerle temas kurmak ve mesajını etkin şekilde aktarmanın en iyi yolunun da bu olduğunun farkındaydı.

Konuya ufak ufak girdi. Yerel, sektörlere odaklı küçük etkinliklerin bütün organizatörleriyle tanıştı. Onlara yardım ediyor, karşılığında ise etkinliğin bitiminde boş bir zamanda kendisine bir bölüm ayrılmasını rica ediyordu. Bu bölümde, kendi organize ettiği küçük bir grup insanla konuşma fırsatı buluyordu.

Başlarda, konferans programında adı bile geçmiyordu. Konferans boyunca katılımcılarla bir araya geliyor ve profesyoneller arasında küçük ve samimi gruplar oluşturarak temsil ettikleri markaları hakkında sohbet ettiğini söylüyordu. Ortamın resmiyetten uzak olması sayesinde arkadaşım söylemek istediklerini sıkılmadan ifade edebiliyordu. Büyük bir dinleyici kitlesi önünde konuşmanın ağır yükünü hissetmiyordu. Diğer taraftan, gruptaki dinleyicilerden çok değerli geribildirimler de alabiliyordu. Çok geçmeden, konuşmalarını yaptığı odalar büyümeye başladı. Konuşmaları ustalaştı, dinleyicisi ise samimiden daha tehdit unsuruna dönüştü. Ama bunun hiç etkisi olmadı çünkü arkadaşım da bütün korkularını o zamana kadar alt etmeyi başarmıştı.

Diyelim ki bir konferanstasınız ama konuşmacı değilsiniz. Kendinizi göstereceğiniz başka yerler de var. Orada başkalarından yeni şeyler öğrenmek değil bütün gayeniz. Orada bulunmanızın gerçek nedeni başkalarıyla tanışmak, başkalarının sizi hatırlamasını sağlamak.

Soru-cevap oturumlarında elini havaya kaldıran ilk kişilerden biri olun. Sağlam ve akıl ürünü olan bir soruyla bütün dinleyici kitlesinin sizi fark etmesi işten bile değildir. Kendinizi tanıtın, hangi şirketten olduğunuzu, ne iş yaptığınızı söyleyip dinleyiciler üzerinde etki bırakacak sorunuzu yöneltin. Sorunun ideal olanı uzmanlığınızla alakalı olanıdır. Böylece içi dolu bir soru sormuş ve dinleyenlerde "Vay be güzel soru sordu adam" düşüncesi uyandırmış olursunuz.

Gerilla Taktiği:
Konferans İçinde Konferans Düzenleyin

Gerçek komandolar kendilerini konferans programıyla bağlamazlar. Konferans sırasında kendi yemeğinizi ayarlayamayacağınızı, sizi ilgilendiren önemli bir konuda gayrı resmi bir toplantı düzenleyemeyeceğinizi de kim söylüyor?

Böyle etkinliklerde düzenlenen yemekler genellikle karman çorman şeylerdir. İnsanların ilgileri darmadağın olmuştur. Herkes tanımadığı en az on kişiye karşı kibar davranmaya, nezaketle konuşmaya çalışır ve gürültüyü bastırmak için de sesini sürekli olarak yükseltmek zorunda kalır. Bir yandan da yapılan konuşmaları dinleme ve bir sürü sıradan yemeği yemek mecburiyeti söz konusudur.

Böyle durumlarda içimden gelen sesi dinleyebilir, odama döner ve oda servisine siparişimi verebilirim. Sonra da gecenin geri kalanını dizüstü bilgisayarımın başında geçirebilirim. Böylece çok güzel bir fırsatı da başarıyla harcamış olurum.

Bunun alternatifi, o işe yaramaz bir-iki saatlik süreyi *kendi* yemeğinizi vererek kullanmaktır.

Çoğu konferans sırasında en az bir kere bu yola başvururum. Etkinlikten önce yakınlardaki güzel bir restoranı yerinde inceler, programlı yemekle eş zamanlı olarak düzenleyeceğim gecenin davetiyelerini hazırlayıp ilgili kişilere yollarım. Bu işi gündüz saatlerinde yapabilir ya da daha öncesinden resmi davetiyeleri gönderebilirsiniz. Çok işe yarayan bir yol da otele faks çekmektir. Önemli kişilerin kalması için genellikle belli bir otel mutlaka ayarlanır. Faks mesajıyla, otelde kalmaları ayarlanmış kişileri, yemeğe ya da bir içki içmeye davet edebilirsiniz. Mesajınızın elinden geçeceği bir sekreter olmaması büyük bir nimettir. Büyük olasılıkla otele gelen o insanların akşam için özel bir programları yoktur. Olsa bile, konferans sırasında onlarla tanıştığınızda kalabalığın arasından kolayca sıyrılacağınızdan şüpheniz olmasın. Onları düşünmüş olmanızdan dolayı da size kesinlikle minnettarlık duyacaklardır. Ana konuşmacı gerçekten çok ilginç ve önemli biriyse düzenleyeceğim etkinliği yemek öncesi ya da sonrası içki formatına çeviririm.

Kendi forumunuzu düzenlemek, tanışmak istediğiniz insanlarla aynı zamanda aynı yerde olmanın en garantili yoludur. İdeal olan, çok sayıda konuşmacıyı yemeğinize davet etmektir. Böylece küçük etkinliğiniz herkesin ilgisini çeker. Bir etkinlikte konuşmacı olarak kürsüye çıkan biri, tanınmamış bir isim olsa bile, konuşmasını yapıp bitirdiği andan itibaren bir mini star olur. Bunu sakın unutmayın.

Yeni yılın ilk haftasında politikacıların, işadamlarının ve diğer mesleklerden insanların katılımıyla düzenlenen Rönesans Hafta Sonu etkinliklerinde bunu hep yaparım. Birkaç kişiye davetiye gönderip resmi yemekten sıyrılıp başka bir yerdeki güzel bir restorana gitmek isteyip istemediklerini sorarım. Rönesans Hafta Sonu'nda kendi başınıza dışarı çıkabileceğiniz bir gece de vardır. Bu, en iyi üç gün süren konferanslarda işe yarar. Üniversitelerde olduğu gibi, herkes kampus dışına çıkmaya can atar. Konferans kendi şehrinizdeyse, insanları kendi evinizde ağırlamaktan çekinmeyin. Los Angeles'ta düzenlenen Milken Küresel Konferansı sırasında evimi katılımcılara hep açarım. Hem içerik, hem de katılımcılar anlamında bu konferans Amerika'nın en iyilerinden biridir. Her sene etkinlikten bir gün önce evimde bir akşam yemeği veririm. İnsanlar genellikle şehre erken saatlerde varırlar ve eğlenceli, samimi bir partide olmayı, otelde tek başına yemek yemeye tercih ederler.

Konferans içinde konferans düzenlemenin tek yolu akşam yemeği değildir. Uzun konferanslar genellikle sosyal faaliyetleri de içerir. Golf, gezi, tarihi yerlere ziyaret gibi faaliyetler de programda yer alır. Genellikle de birer felakettirler. Dört yüz kişiyle birlikte bir müzeyi gezdiniz mi hiç? Bir çoban tarafından güdülen bir sürü dolusu koyun gibi hissedersiniz kendinizi.

Organizatörlerin akıllarına gelmeyecek yerlere yapılacak tur gezilerini ya da ziyaretleri siz planlayabilirsiniz. Starwood'dan eski bir meslektaşım kışın düzenlenen konferanslarda bu yöntemi uygulardı. Bir kayak tutkunu olarak bölgedeki en iyi kayak pistlerini araştırır, kimsenin daha önce keşfetmediği kayak güzergahlarını bulup çıkarırdı. Yeni bir pistte kayma düşüncesiyle heyecanlanan birkaç başka kayak meraklısı bulmakta ise hiç zorluk çekmezdi.

Konferans içinde düzenleyeceğiniz konferansın ne kadar aktif bir ev sahibi olursanız, diğer insanların birbirleriyle temas kurmalarına o kadar fazla yardımcı olursunuz. Bu durum da sizi onların gözünde çok etkili bir isim haline getirir. Akşam yemeğinde ya da başka bir etkinlikte insanlarla tanıştığınızda sadece kendinizi tanıştırmayın. Tanıştığınız insanları başkalarına da mutlaka tanıştırın. Yeni tanıştığınız kişiler sohbete hemen dahil olmazlarsa konuklardan biri hakkında diğerine bilgi vermeyi deneyin. "Sergio, Coke'un en parlak günlerinde global marka faaliyetlerinin başındaydı. Sen de şirketinin markasını yenilemek istemiyor muydun David? Sergio'dan daha iyisini asla bulamazsın, benden söylemesi."

Tanınmış Kişilerin Etrafında Dolaşın

Konferansın en ünlü kişisiyle tanışırsanız, diğer ünlü ve üst düzey katılımcılarla kendi aralarında toplandıklarında onlarla takılma şansına sahip olursunuz. Konferans organizatörleri, konuşmacılar, isimleri marka olmuş CEO'lar ve diğer profesyonellerin hepsi önemli kişiler kategorisindedir.

En öne çıkan isimleri saptamak için konferans programını önceden kontrol edin. O isimlerin olduğu oturumlara katılın. Konuşacakları oturumlara erkenden gidin. Giriş ve kayıt masası gibi stratejik noktalarda durun. Kendinizi tanıtmaya hazır olun ya da ayaküstü bir sohbet fırsatı yaratmak için hemen arkalarında yer alın.

Konuşmacılarla, kürsüye çıkmadan *önce* konuşmayı unutmayın. Kahvaltı masasında çayınızı birlikte yudumlamanız sayesinde, konuşmacı kürsüden indiğinde onun şöhretinin etkisinden siz de faydalanabilirsiniz. Konuşmacıları, şöhret basamaklarını çıkmadan evvel bulmalısınız. Böylece daha kolay temas kurabilirsiniz. Aradığınız kişiyi tanımıyorsanız, konferansı organize eden kişiden (o ana kadar ahbaplık kurduğunuzu varsayıyorum) onu size göstermesini rica edebilirsiniz.

Bilgi Merkezi Olun

Yeni yeni insanlarla tanıştıktan sonra kendinize bir bilgi merkezi rolü biçin. Nasıl mı? Konferans broşürünü ezberlemenin ötesine geçin. Çevrenizdeki insanların bilmek isteyebilecekleri bilgileri ayıklayın ve hazırlıklı gelin. Sektör dedikoduları, civardaki en iyi restoranlar, özel partiler, vs. gibi konulardan başlayabilirsiniz. Bilgileri başkalarına aktarmaya başlayın ya da insanların bu bilgileri nasıl elde edebileceklerini bilmelerini sağlayın. Bu rol, çevre edinme faaliyeti ile sona ermez elbette. Bir bilgi kaynağı olarak siz artık değerli bir insansınız. Her zaman sizinle tanışmak isteyenler olacak.

Derin Çarpmada Ustalaşın

Çarpma, komando cephaneliğinizdeki ana silahtır. En öz haliyle "çarpma", tanışmak istediğiniz kişiyle konuşma fırsatını elde ettiğiniz o iki dakikalık süredir. Amacınız, daha sonraki bir zamanda yeniden görüşmek üzere bir davet ifadesiyle o karşılaşmayı bitirmek olmalıdır.

Çarpmadan çarpmaya ufak farklar söz konusudur. Mükemmel çarpma, hem hızlı, hem de anlamlı olandır. Bu ideal çarpmaya ben "derin çarpma" adını verdim.

Derin çarpma, hızlı bir şekilde temas kurmak, bir sonraki görüşmeyi garantilemek ve sonrasını getirmek yolunda atılmış bir adımdır. Konuşmacı değilseniz, o konferansa katılmak için deve yükü ile para verdiniz ve sahip olduğunuz süre içinde olabildiğince çok kişiyle tanışmak istiyorsunuz. En iyi arkadaşınızı aramıyorsunuz elbette. Devamını getirebileceğiniz bir ilk temas kurmaya çalışıyorsunuz.

İki kişi arasında bir temas kurulması için belli bir samimiyet düzeyinin oluşması gerekir. İki dakikalık süre içinde karşınızdaki kişinin gözlerinin ve kalbinin derinliklerine bakabilmelisiniz. Can kulağıyla ne söylediğini dinlemeli, iş dışında sorular sorabilmeli ve zaaflarınıza dair bazı ufak tefek bilgiler verebilmelisiniz. Yanlış okumuyorsunuz. Zaaflarınızı gösterin diyorum. Çünkü bu, bulaşıcıdır. Bütün bu öğeler gerçek bir temas kurulması için elzemdir.

"İmkansız" diye bağırdığınızı duyar gibiyim. Ama işe yaradığını çok gördüm ve kendim de çok uyguladım. Derin çarpma, sadece teorik bir saçmalık değildir.

Bazı insanlar vardır ki onlar için dakikalar değil saniyeler yeterlidir. Eski başkan Bill Clinton mesela... Clinton derin çarpma ustasıdır. Kalabalıklar arasında insanlara ulaşma ustalığını yakından izledim. Karşılaştığı herkese elini uzatır, tokalaşır. Çok defa her iki elini de kullanır ya da anında bir samimiyet yaratmak için karşısındaki kişinin koluna dokunur. Doğrudan göz teması kurar. İşte o sihirli anda da bir iki kişisel soru sorar. Çok kişiden hep aynı şeyi işittim. Clinton'un odaklandığı tek kişi olmanın ne kadar inanılmaz bir şey olduğunu anlatıyor herkes. Bunların arasında Cumhuriyetçiler de var ha!

O temasın farkı Başkan'ın politikaya dair düşüncelerini başkalarına bildirme arzusundan kaynaklanmıyor. Onun basit ama güçlü bir amacı var. Kendisinden hoşlanmanızı istiyor. Kendi sözleriyle siz ne hissederseniz, onu hissediyor. Sizi sevdiğini ve sizinle ilgilendiğini gösterdiği o kısacık anlarda karşısındakilerden alacağı tepki gösterdiğinin aynısı olacaktır. Başkan da BBİNV FM (Burada Benim için Ne Var FM) adlı, hepimizin dinlediği radyo istasyonunu dinler. Onun, anlattığım o kısa temaslarında hiçbir zaman oy istediğini ya da kendinden bahsettiğini işitmedim. Hep, karşısındaki kişinin ne düşündüğüne, ne gibi sorunları olduğuna dair sorular sorar.

Pek çok kişi konferansların kendi niteliklerini pazarlayabilecekleri bir vesile olduğunu düşünür. Deliler gibi salondan salona koşar, kendilerini pazarlamaya çalışırlar. Konferans komandosu böyle yapmaz. İlk iş olarak insanların kendisinden hoşlanmasını sağlaması gerektiğini bilir. Satış sonraki iştir. Konferanstan sonraki tartışmalarda yapılır. Güven kurmak ve ilişkinin temellerini atmak için en doğru zaman işte bu zamandır.

Hedeflerinizi Tanıyın

Karşılaşmaya hazırsınız artık. Şimdi mesele, karşılaşacak birini bulmakta.

Her konferansta, ceketimin cebindeki bir kağıtta, tanışmak istediğim üç-dört kişinin listesini tutarım. Onlarla tanıştıkça yanlarına bir çizik atarım. Adlarının yanına nelerden bahsettiğimizi ve ileride onlarla nasıl tekrar temas kuracağımı not alırım. Biriyle tanışıp laflamaya başladığınızda, konferans boyunca kendinizi sohbet ederken bulabilirsiniz. Ama tanışmak istediğiniz kişileri kokteyllerde ya da aralarda bulacağınızı düşünerek her şeyinizi buna göre ayarlamamalısınız. Ben genellikle konferans organizatörüne gidip nerede bulunacaklarını sorar, oturdukları yerlerde onları izlerim. Birçoğu konferans boyunca hep aynı koltukta oturmayı tercih eder.

Örneğin, InterActiveCorp. firmasının CEO'su Barry Diller, yıllardır tanışmayı hayal ettiğim biriydi. Ticarette ve medyada vizyon sahibi bir figürdür. İleriyi görme becerisi çok gelişmiştir. Yeniliği paraya dönüştürmekte üstüne yoktur. Adeta paranın kokusunu alır.

Yanımdan geçerken dikkatini çektim: "Bay Diller, adım Keith Ferrazzi. Starwood'da Barry Sternlicht için CMO olarak çalışıyorum. Daha önce, ikimizin konuşması gerektiğini söylemişti. Ben de gelip sizinle tanışmak istedim. Meşgul olduğunuzun farkındayım. Fakat acaba konferans sonrasında ofisinizden sizi arasam ve bir toplantı ayarlasak sizin için de uygun olur mu?" "Tabii ki, New York'taki ofisimi arayabilirsiniz" dedi. "Harika," dedim, "işinizle ilgili bazı fikirlerimi sizinle paylaşmak isterim. Ayrıca uzun zamandır kariyerinize ve alanınızda üstlendiğiniz öncü rolüne hayranlıkla baktığımı bilmenizi isterim." Hepsi bu. En güçlü kartımı, yani patronumu masaya koydum. Diller'ın kendisine hürmet beslediği, vizyon sahibi bir insandı. Diller gibi büyük kişiler söz konusu olunca istediğiniz kadar derinden bir çarpışmayı gerçekleştiremeyebilirsiniz. Yine de, kısa bir süre içinde Diller'a tanıdığı ve güvendiği birinin ismini vererek, kariyerine hayranlık duyduğumu belirtmek suretiyle bir zaafımı göstererek ve fikirlerimle ona önerebileceğim bir değer olduğunu belirterek kendisinin güvenini kazanmayı başardım. Bu görüşme, bir iş teklifinin kabul edilmesi, kendisinin şirketindeki önemli kişilerle tanıştırılma gibi meyveler verdi. Şimdi FerrazziGreenlight'ın önemli müşterileri arasında yer alıyorlar.

Kısaca kendinizi tanıtırken yapmanız gerekenler duruma göre değişebilir. Genellikle iki ya da üç cümlelik bir açılış yapabilirsiniz. Bu cümleleri seçerken de olaya, duruma, karşınızdaki kişi için yapabileceklerinize ya da onlardan sizin için ne yapmalarını istediğinize göre hareket edebilirsiniz.

Aralar, Ara Vermek için Değildir

Konferanslarda verilen aralar, gerçek işlerin yapıldığı vesilelerdir.

Doğru yerde durduğunuzdan emin olun. Evinizdeyken dikkat etmişsinizdir, misafirleriniz mutfakta ya da başka bir merkezi noktada toplanırlar. Sıcak ve merkezi bir nokta partilerin de kalbidir. Aynı şey iş toplantılarında da geçerlidir. İnsanların en çok toplandıkları yerleri, en çok geçtikleri yerleri belirleyip orada konuşlanın. Yiyeceklerin konulduğu masalar, bar ya da resepsiyon alanı iyi birer seçenek olabilir.

Bu esnada tetikte olun. *U.S. News & World Report*'ta belirtildiğine göre Henry Kissinger'ın bir odaya hâkim olma tekniği şudur: "Odaya gir. Sol tarafa doğru bir iki adım at. Odayı incele. Kim var, bak. Diğer insanların seni görmesine çalış."

Kissinger, ilk izlenimi unutulmaz yapmayı çok iyi bilir. Böyle kişiler, bir oda dolusu insanı bir oyun alanı gibi görürler. Güzel görünmeyi ihmal etmeyin. Dikkatleri üzerinize toplayabileceğiniz yerlerde güzel giyinmenin önemini asla küçümsemeyin. Ve başlayın çarpmaya.

Takip

Şimdiye kadar benim deli olduğumu düşünmediyseniz, bakalım şimdi ne yapacaksınız? Size başladığınız işi sonuna kadar takip etmeniz gerektiğini daha önce de söylemiştim. Ama o kadar önemli bir konudur ki işte şimdi bir kere daha tekrarlıyorum. Takip edin! Sonra yine takip edin, yine takip edin.

İşleri ertelemek ya da yarım bırakmaktan hiç hoşlanmam. Kaçınızda aylar öncesinde katıldığınız bir etkinlikte alıp cebinize doldurduğunuz kartlar var? Bunlar, çöpe atılmış fırsatlardır. Konuşmalar yapılırken, arkada oturur ve önceki arada tanıştığım insanlara e-postalar yazarım. Konferanslarda tanıştığınız herkese kendinizi bir e-posta ile anımsatmanız ve tekrar görüşme arzunuzu bir kere daha belirtmenizde yarar vardır. Tanışmamış olsak bile konuşmacılara da kısa notlar gönderdiğim olur.

Tanışma sonrasında yazdığım e-postalara bir örnek vermek istiyorum:

Merhaba Carla,

Ne eğlenceydi, değil mi? Forbes CIO Konferansı'nda tekila bulmayı hiç ummazdım. Bunu düzenli olarak yapma-

lıyız derim. Ayrıca, pazarlama stratejin ve FerrazziGreenlight müşteri sadakati stratejisi hakkındaki düşüncelerini de daha ayrıntılı konuşalım diyorum. Bu hafta müsait olur musun? Ya da tarihi sen seç.

Bir de, konferanstaki konuşmanı çok başarılı bulan en az üç-dört kişiyle karşılaştım. Tebrikler!

Sevgiler,

Keith

Önemli Olan Konuşmacılar Değil, İnsanlardır

Bu kurala önem vermemiş olabilirsiniz. Konferansların içeriklerini genellikle yetersiz bulurum. Çok okurum. Konular hakkında düşünürüm; insanlarla görüşürüm. Konferans başladığında, anlatılacak şeylerin özünü hatmetmiş olurum.

İstisnalar yok mu, elbette var. Mesela Michael Hammer, bilişim teknolojisi ile performans artışı ve tasarruf konusunda konuşurken ansızın konuyu bir yaşam dersine ve stand-up komediye çevirdiğinde pek şaşırmıştım.

Konferans konuşmalarının çoğu, bir IBM ya da Microsoft kıdemli yöneticisinin kendi süreç iyileştirme projesiyle ilgilidir. Konuşmacı ilginç bile olsa, düşünce aynıdır. Her şey sonunda insanla ilgilidir.

Sakın Şöyle Biri Olmayın

ÇEKİNGEN: Kuvvetsiz tokalaşma, salonun uzak köşesine konuşlanma, göz önünde olmama çabası... Bütün bunlar, o kişinin konuşmacıları dinlemeye geldiğine işaret eder.

PAÇAYA YAPIŞAN: Paçaya yapışan tipler, tanıştıkları ilk kişinin hayat boyunca en iyi arkadaşları olacaklarını sanan, sağlıksız bir şekilde bağlılık duyan kişilerdir. Korkudan tüm konferans boyunca en iyi arkadaşlarını(!) takip ederler. Çok sayıda farklı insan tanıma fırsatına sahip olmak için çok para harcadınız. O halde herkesle çapışın. Bu gibi insanlarla ilişki kurmak için önünüzde bir ömür var. Ne kadar çok kişiyle çarpışırsanız o kadar kârdır.

ÜNLÜ TAKİPÇİSİ: Bu gibiler, etkinlikteki en önemli kişiyle tanışabilmek için bütün enerjilerini harcarlar. Tanışmak istedikleri kişi gerçekten de etkinlikteki en önemli isimse adım adım peşinde olacaklardır. Bir keresinde genç bir arkadaşım Ürdün Kralı'nın konuşmasını dinlemeye gitmişti. Döndüğünde çok heyecanlıydı. Kral ile tokalaşmak için beş yüz kişilik bir grup içinde bir saatten fazla beklemişti. Sordum: "Bu tokalaşmadan tam olarak nasıl bir fayda sağladın?"

Aptal aptal cevap verdi: "Herkese Kral ile tanıştığımı söyleyebilirim." O salonda muhtemelen Kral'ın hükümetine mensup çok sayıda yetkili ve diğer soylu kişiler vardı ve onlarla tanışmak için kimse sıraya girmemişti. "Seninle tokalaştığından başka bir şey hatırlamayacak biriyle bir an için karşı karşıya gelmek yerine, kendisiyle konuşabileceğin, seni hatırlayacak biriyle tanışman daha iyi olmaz mıydı?" diye sordum. Bu şekilde belki de bir ahbaplık kurabilirdi. Onun yerine elinde bir fotoğraf ve tokalaşma ile geri döndü.

YAPMACIK TİP: En kısa sürede en çok zararı nasıl alırım diyorsanız, yapmacıklık en iyi yöntemdir. Yapmacıklığı bir kenara bırakıp Bill Clinton gibi davranmak en iyisidir. Biriyle sadece otuz saniye geçirecekseniz, o otuz saniyenin sıcak ve samimi geçmesi için her şeyi yapmalısınız. En kısa sürede en çok yararı nasıl sağlarım diyorsanız, bu yöntem en iyisidir.

KARTVİZİT TOPLAYICI/DAĞITICI: Bu tipler, sanki arkasında kanserin çaresi varmışçasına kartvizitlerini ona buna dağıtırlar. Açıkçası, kartvizitlere aşırı önem yüklenmiştir. Tanışma işlemini başarıyla yaparsanız ve sonrası için görüşme sözü koparırsanız, bir parça kağıdın bir önemi kalmayacaktır.

Bu gruba girenler temas kurdukları kişilerin sayısıyla hava atmayı severler. İşin aslı, ellerinde üzerinde kişi adları ve telefon numaraları olan bir telefon rehberinden başka bir şey yoktur.

ON BEŞİNCİ BÖLÜM

İlişki Kurucu ile İlişki Kurmak

Dünyadaki herkesin birbirinden ancak altı kademe uzakta olduğuna dair bir teori var. Teoriye göre, gezegendeki herkes bir başka kişiye en fazla beş kişilik bir zincirle bağlanabilir. Yani tanıdığının tanıdığı mantığıyla gidilirse en fazla beşinci halkada ortak bir tanıdık bulunabilir. Peki ama bu nasıl oluyor? Çünkü o halkadaki bazı kişiler, pek çoğumuzdan daha fazla sayıda insanı tanıyor.

Bunlara süper ilişki kurucular diyebiliriz. Hepimiz bu kategoriye giren en az bir kişiyi tanıyoruzdur. Bu kişiler herkesi tanıyordur ve herkes de bu kişileri tanıyordur sanki. Süper ilişki kurucular arasında çok fazla kelle avcısı, lobici, bağış toplayıcı, politikacı, gazeteci ve halkla ilişkilerci bulunur, çünkü bu meslekler, süper ilişki kurucuların doğuştan gelen yeteneklerine fazlasıyla gereksinim duyar. Ben de diyorum ki bu tür insanlar, gelişmekte olan her ilişki ağının köşe taşları olmalıdır.

Basketbol için Michael Jordan, golf için Tiger Woods ne demekse, sizin tanıdık çevreniz için de bu kişiler aynı anlama gelir. Peki gerçekte bu kişiler nasıl insanlardır? Çevrenizin seçkin üyeleri arasında dahil etmek için onlara nasıl ulaşabilirsiniz?

Malcolm Gladwell'in çok satan kitabı *Tipping Point*'te 1974'te sosyolog Mark Granovetter tarafından Massachusetts'te yaşayanlar arasında yapılan bir araştırmadan bahsedilir. Araştırmanın konusu, incelenen kişilerin işlerini nasıl bulduklarıdır. "İş Bulmak" adı verilen araştırma, alanında referans kabul edilen bir çalışma olur ve elde edilen bulgular geçen yıllar boyunca tekrar tekrar doğrulanır.

Granovetter, incelediği kişilerin yüzde 56'sının çalışmakta olduğu işini kişisel bir bağlantı sayesinde bulduğunu belirler. Bunların sadece yüzde 19'u klasik iş bulma yöntemlerini kullanmıştır. Kabaca yüzde 10 kadarı doğrudan bir işverene başvurup o işi almıştır.

Kişisel tanıdıkların, kapıları açan anahtarlar olduğu fikri devrim yaratacak bir fikir değildir. Şaşırtıcı olan, kendilerine iş bulmakta yardımcı olan kişilerle sık sık görüşenlerin oranının sadece yüzde 17 olmasıdır. Yüzde 55'lik bir grup, o tanıdığı arada sırada görmektedir. Yüzde 28'lik grup ise hemen hemen hiç görüşmemektedir.

Başka bir ifadeyle, ailemiz ve yakın arkadaşlarımız gibi güçlü ilişkilerimizin olduğu kişiler, en güçlü tanıdıklarımız değildir. Aksine, çevremizdeki en önemli insanların çoğu sadece tanıdık düzeyindeki isimlerdir.

Bu araştırmanın bir sonucu olarak Granovetter şu ifadeyi ölümsüzleştirmiştir: "Zayıf bağların gücü". Yeni bir iş bulduğumuzda, ya da yeni fikirlere, yeni bilgilerle ulaşmada zayıf bağların genellikle güçlü olduğunu sandığımız bağlardan daha önemli olduğunu ortaya koymuştur. İyi ama neden? Düşünün. En yakın arkadaşlarınız ve tanıdıklarınız aynı partilerde eğlenir, genellikle birbirinin aynı işleri yapar ve sizin yaşadığınıza benzer bir dünyada yaşarlar. O nedenle sizin bilmediğiniz bir bilgiyi bilme ihtimalleri hayli düşüktür.

Zayıf bağlarınız ise genellikle sizinkinden oldukça farklı bir dünyada yaşarlar. Başka insanlarla takılırlar, dolayısıyla sizinkinden çok başka bilgi kaynaklarına sahiptirler.

Annem hatalıydı. Yabancılarla konuşmaktan zarar görmek bir yana çok büyük faydalar sağlarsınız. Malcolm Gladwell'in bir keresinde söylediği gibi, "Tanıdık demek, sosyal bir güç demektir. Ne kadar çok tanıdığınız varsa, o kadar da çok gücünüz vardır."

Bu kitap boyunca en önemli konunun güçlü ve güvene dayalı ilişkiler geliştirmek olduğunu, yapay tanıdıklar yaratmanın anlamsızlığını vurgulamaya çalışıyorum. Granovetter'ın araştırmasını bir kenara bırakıyor ve arkadaşlıkların gerçekten güçlü bir çevre için temel taşı rolü üstlendiğini söylüyorum. Pek çoğumuz için tanıdıklardan oluşan ve sadece arkadaş çevrenize dayanan bir liste yapmak çok verimsiz bir iştir. Yüz küsur kişiye bir taahhüt ile bağlanma düşüncesi –doğum günü kartları göndermek, yemeğe çıkarmak ve buna benzer şeyler yapmak– son derece yorucudur.

Ama bu durum herkes için geçerli değildir. İşte o insanlara süper ilişki kurucuları denir. Binlerce kişiyle benim gibi ilişkilerini sürdüren kişilerdir. İşin özü, sadece binlerce kişiyi tanımak değil, çok farklı alanlardan binlerce kişiyi, gerektiğinde onları arayabileceğimiz kadar yakından tanımaktır. Süper ilişki kuruculardan biriyle tanıştınız mı tanıdığımız binlerce insana sadece iki adım uzaktasınız demektir.

Dr. Stanley Milgram adında bir toplum psikologu bu düşünceyi 1967 tarihli bir araştırmada kanıtlamıştır. Bir deney yaparak büyük, şahsiyet taşımayan dünyamızın aslında son derece küçük ve dostça bir yer olduğunu göstermiştir.

"Ayrılığın altı derecesi" kavramını yaratan da Milgram'ın bu deneyi oldu. Deneyde, Nebraska'daki birkaç yüz kişiye bir paket yolladı ve bu paketi Boston'da yaşayan, bir borsacıya iletmelerini istedi. Deneye katılıp da borsacıyı doğrudan tanımayanlar, kendilerine kıyasla o borsacıyı tanıma ihtimalinin daha yüksek olduğunu düşündüğü birine paketi gönderdi. Mektupların üçte biri ortalama altı postalamadan sonra hedefine ulaşmayı başardı.

Şaşırtıcı olan ise insan zincirlerinin incelenmesi sonrasında ortaya çıktı. Milgram, mektupların çoğunun aynı üç Nebraskalı'nın elinden geçtiğini gördü. Bu deney, tanıdıklarınızın sosyal gücüne erişebilmek için birkaç süper ilişki kurucu tanımanın ne kadar doğru olduğunu ortaya koydu.

İlişki kurucular her meslekte bulunabilir. Ama ben en çok görüldükleri yedi mesleğe odaklanmak istiyorum. Bu ilişki kurucuların her biri bana bir köprü gibi yardım etmiş, başka başka insanlara, fikirlere ve bilgilere ulaşmamı sağlamıştır. Onlar sayesinde ya hayatıma biraz daha neşe katılmış, ya kariyerimde yükselmiş ya da çalıştığım şirketleri daha büyük başarılara taşımışımdır.

1. Restorancılar

57. Sokak, tam olarak aşağı Manhattan değildir. Ama Jimmy Rodriguez adlı restoran işletmecisi için şehrin merkezidir. Rodriguez, Bronx'ta ünlüler için gayet şık bir mekan açan kişidir. Jimmy's Downtown, yani ikinci restoranı aynı ünlü kişileri cezbetmiş, şöhretleri, politikacıları, sporcuları iyi yemekleriyle ve eğlencesi ile kendine çekmeyi başarmıştır.

New York'ta yaşarken benim de mekanım orasıydı. Mekan, fazla gösterişli değildi ama yine de özel bir yerdi. Yumuşak ışıklar, ışıltılı bir oniks bar, tempolu R&B müziği sayesinde mekan bir kır kulübü havasına bürünmüştü. Jimmy masaların etrafında dolaşır, bedava aperatiflerle sizi kendinizden geçirir ve tanışmak isteyebileceğinizi düşündüğü kişilerle sizi tanıştırırdı.

Üyelik ücreti ödemek zorunda olmadığınız özel bir kulüp gibiydi.

Jimmy tam anlamıyla bir ilişki kurucu idi. Aslında restoran sahiplerinin birçoğu için bu gerekli bir özelliktir. Chicago'da iken Gordon's Restaurant ve Los Angeles'ta iken Wolfgang Puck'ta takılırdım. Bu restoranların başarılarının ardında buraları evlerinden uzaktaki evleri gibi gören çekirdek bir grup insan yatar.

Bir restoran işletmecisini tanımak çok kolaydır. Akıllı olanlar, yaşadığınız deneyimi daha hoş kılmak için size kendilerini ekstra zahmete sokarlar. Size kalan, oraya biraz daha sık gitmektir.

Yeni bir şehirdeyken genellikle etrafımdaki insanlardan en popüler ya da en oturmuş restoranların bir listesini isterim. Gitmeden önce arar, sahibi ile (şef garson ile konuşmak da çok zaman yeterlidir) konuşur, düzenli olarak dışarıda eğlendiğimi, bazen büyük partilere katıldığımı ve eğlenmek için yeni bir yer aradığımı söylerim.

Benim kadar sık dışarıda eğlenen biri değilseniz, hoşlanacağınız bir iki restoran bulun ve dışarıya çıktığınız zamanlarda buralara gidin. Düzenli müşteri olun. Çalışanlarla tanışın. İş için eğleniyorsanız başkalarını oraya götürün. Bir etkinliği üstlenmişseniz, onları kullanın.

Mekan sahibini tanıdığınızda orası adeta kendi restoranınız gibi olacaktır. Evinizin rahatlığını ve sıcaklığını size hissettirecek özel bir kulübe dönüşecektir.

Önceden yapacağınız planlama ve biraz sadakat ile bir restoran sahibi size sadece mutfağının güzelliklerini sunmakla kalmayacak, aynı zamanda diğer müşterileri ile tanışma olanağını da yaratacaktır.

2. Kelle avcıları

İşe eleman bulan kişiler. İş değiştirme danışmanları. Arama müdürleri. Hepsi kapıcı gibidirler. Ama tek bir yöneticiye cevap vermek yerine, çok başarılı olanlar eleman alımı yaptıkları alanda yüzlerce yöneticiye cevap verebilirler.

Kelle avcıları aslında profesyonel çöpçatanlardır. Geçimlerini, eleman arayan şirketlere iş arayan adayları tanıştırarak sağlarlar. Aday işe kabul edilirse, adayın alacağı ücretle orantılı bir miktar komisyon alırlar.

Sonuç olarak, kelle avcısı hem satıcıdır, hem de herkesi tanıyan, çevresi geniş biridir. Adayları bulmak için genellikle iş ilanları verirler. Genellikle bir arkadaşları ya da meslektaşlarının tavsiyesiyle potansiyel adaylarla temasa geçerler. Uzmanlaştıkları sektörlerde çok değerli isim ve bilgi kaynaklarıdırlar.

Kelle avcılarını ya bir araştırma yapmak için tutarsınız ya da bir başkasının yerine bir araştırma yapması için onlara yardımcı olursunuz. Bir iş için piyasaya çıktığınızda çok sayıda firma sizin için telefonu çevirmeye istekli olacaktır.

Kelle avcılarının bir dosyasını tutarım. Kimdirler, ne ararlar? Onlardan gelen her telefona cevap veririm. Bu, işyerleri için eleman arayan kişilere yardımcı olmamı kolaylaştırır. Yardımlarına gereksinim duyduğumda bazı müşterilerine ulaşmamı sağlayacaklarını bilirim. Zaten onlar da çevre edinmenin önemli olduğu bir alanda çalışıyorlar.

Bir kelle avcısıyla temas kurabilir misiniz? Doğrusunu isterseniz, kelle avcıları, temas kurulan değil temas kuran taraf olmak isterler. Ama onlara verebileceğiniz kontakları kendilerine teklif etmeden önce kendinizi satışa çıkarmayacak kadar dikkatliyseniz sizi daha kolay kabul edebilirler. Kariyerimin ilk yıllarıydı. Kelle avcılarını tutacak bir pozisyonda değildim. İnsanların arama danışmanları kullandığını bilmiyordum. O nedenle onlara sorardım: "Hangi aramalar üzerinde çalışıyorsunuz? İnsanları bulmakta size nasıl yardımcı olabilirim?"

Bu konudaki bir başka tavsiye olarak, size kendiniz bir kelle avcısıymış gibi davranmanızı önerebilirim. Her zaman tetikte olun. İş ve eleman arayanlarla, danışmanlarla ve şirketlerle daima temasta olun. İnsanlar, kendilerine yapılan yardımı, iyiliği unutmazlar ve yeni bir iş fırsatı, açık bir pozisyon olduğunda sizi hatırlarlar. Diğer taraftan, tedarikçiniz olan, size bir şeyler satan bir firmaya yeni bir müşteri kazandırırsanız bir sonraki projeniz için fiyatları konuşmaya daha açık olurlar. Başkalarına iyi elemanlar bulmak, size geri dönüş sağlayacak bir davranıştır.

3. Lobiciler

İyi donanımlı, ikna kabiliyeti yüksek, özgüven sahibi lobiciler, genellikle çevre edinme konusunda etkileyici başarılara imza atan kişilerdir.

Meslekleri sayesinde büyük organizasyonların, yerel ve ulusal kamu kurumlarının çalışma şekillerini yakından tanırlar. İstisnasız hepsi coşku dolu insanlardır ve amaçları, politikacılara, kendilerinin temsil ettikleri çıkar çevrelerinin istediği şekilde oy kullandırtmaktır.

Nasıl mı çalışırlar? Lobiciler çoğu zaman kokteyl partileri ve akşam yemekleri düzenlerler. Böylece politikacılarla ve muhalifleriyle samimi bir ortamda bir araya gelirler. Yerel düzeyde sarf ettikleri çaba içinde telefonda yapılan uzun konuşmalar, yazılan mektuplar yer alır. Bu çabanın gayesi ise belli bir konuda toplumu harekete geçirmektir. Memnun edilmesi kolay bir gruptur. Onlar için bir etkinlik düzenleyebilir misiniz? Hizmetleri için gönüllü olur musunuz? Gönüllü olacak başka kişilerin adlarını verir misiniz? Potansiyel müşterilerle onları tanıştırabilir misiniz?

Lobiciler, tanışmakta yarar gördükleri, aralarında güçlü ve başarılı insanların da yer aldığı çok sayıda kişiyle çarpışırlar.

4. Bağış toplayıcılar

"Parayı takip et", bağış toplayıcıların hayattaki düsturudur. Paranın nerede olduğunu, onu elde etmek için ne gerektiğini, en önemlisi, parayı kimin verebileceğini iyi bilirler. Bağış toplayıcılar, politik bir organizasyon, üniversite ya da kâr amacı gütmeyen bir grup için çalışıyor olsunlar hiç fark etmez, kesinlikle herkesi tanırlar. İşleri, her Allah'ın günü insanlara gidip bin bir zorlukla kazandıkları paralarından kendilerine vermek gibi pek kıskanılmayacak bir iş olsa da hemen hemen her zaman pek sevilirler. En güzel sebepleri gerçekleştirmek için çalışırlar. Çok özverili bir işleri vardır. İşi bağış toplamak olan biriyle iyi arkadaş olanların önünde birçok kişiye ve fırsata uzanan bir yol bulunduğu ise herkesin malumudur.

5. Halkla ilişkilerciler

Halkla ilişkiciler bütün günlerini medya mensuplarıyla telefonda konuşarak, onları ikna etmeye çalışarak, onlara baskı yaparak ya da yalvararak müşterilerinin haberlerini yayınlatmaya çalışırlar. Medya ve halkla ilişkiler arasındaki ilişki, gergindir, rahatsızlık vericidir. Ama gün bitip akşam oldu mu, çoktandır birbirlerini görmeyen kuzenler gibi, biraz da mecburiyetten yine bir araya gelirler.

Halkla ilişkiler sektöründe çalışan iyi bir arkadaş medya dünyasına ve kimi zaman şöhrete giden açılan kapı olabilir. Hizmet aldığım The Rose Group adlı halkla ilişkiler firmasının yöneticilerinden Elana Weiss beni Arianna Huffington ile (Arianna'nın ofisindeki bir tanıdığı aracılığıyla) tanıştırdı. Arianna Huffington, ünlü bir yazar ve siyasi köşe yazıları yazan ünlü bir kalemdir. Kendisiyle yakın arkadaş olduk. Los Angeles'taki akşam partilerimin en göz alıcı ışıklarından biridir ayrıca.

6. Politikacılar

Bütün politikacılar iflah olmaz ilişki kuruculardır. Öyle de olmaya mecburdurlar. Tokalaşırlar, bebekleri öperler, nutuklar verirler, yemeklere giderler. Amaçları ise hep aynıdır: İnsanların güvenini kazanarak verecekleri oylarla seçilmek. Politikacıların çapları servetleriyle değil politik güçleriyle belirlenir. Onlara yardım anlamında yapabileceğiniz her şey, bu ister seçmenlerin oylarını kazanmalarına yardım etmek olsun, ister göreve seçildiklerinde işleri yürütmelerine yardım etmek olsun, fark etmez, onların çevresine girmeniz için çok yararlı bir hareket olacaktır.

Bir politikacı sizin için ne yapabilir? Yerel politikacılar, bölgenizdeki bürokrasinin kalın duvarlarını aşmanızda size kolaylıklar yaratabilirler. Başarılı bütün politikacıların ünlü olduklarını da unutmamak lazım. Kalabalık çevreleri bunun ispatıdır.

Onlara nasıl ulaşırsınız? İlinizdeki ticaret odasına katılabilirsiniz. Yerel yöneticiler, işadamları ve girişimciler genellikle ticaret odalarında bulunabilir. Her toplulukta, politika merdivenlerini tırmanmaya çalışan genç politikacı adayları bulunur. İlk başlarda, daha tanınmadıkları dönemlerde bu gençlerin amaçlarını destekleyerek, seçimlerde adaylıklarını koyduklarında maddi destek sağlayarak güvenlerini ve sadakatlerini kazanabilirsiniz.

7. Gazeteciler

Gazeteciler güçlü insanlardır (doğru ilişki kurulursa, bir şirketi ya da bir kişiyi çok yüksek bir mevkiye getirebilirler). İhtiyaç duyulan insanlardır (her zaman hikaye peşindedirler). Pek çoğu tanınmaz (aralarından pek azı kendilerini ulaşılmaz kılacak kadar ünlü olabilmiştir).

Deloitte firmasında çalıştığım yıllarda, çeşitli dergilerdeki gazetecileri ziyaret eder, onlara yemek ısmarlar ve yığınla haber verirdim. Bugün, ülkedeki hemen hemen bütün önemli iş dergilerinin en önemli isimlerini tanıyorum. Bu sayede, adı duyulmamış, geliri olmayan YaYa'yı yönetmeye başlamamın üzerinden bir yıl bile geçmeden şirketin adı ve daha önemlisi satmaya çalıştığı fikir *Forbes, Wall Street Journal*, CNN, CNBC, *Brand Week, Newsweek, New York Times*, vs. gibi yayınlarda çıkma şansına sahip oldu.

Başarılı süper ilişki kurucuların yedi mesleğini sıralamış olduk. Bunlarla temas kurmanın yararını göreceksiniz. Ayrıca avukatlar, borsacılar gibi başka meslekler de var. Bu kişilerin çevrelerinde yer edinmeye, kendi çevrenizde onlara yer vermeye bakın. Mutfakta su içerken samimi diyaloglar kurmaya çalışın. Buzları eritin. Size hiç benzemeyen kişileri arayıp bulun. Size normalde uzak olan profesyonel dünyaların mensuplarının fikirlerini almaya çalışın.

İki kelimeyle ifade etmek gerekirse, bağlantı kurun. İlişki kurucularla bağlantı kurun.

BİR ÜNLÜNÜN PROFİLİ

Paul Revere (1734-1818)

Paul Revere'in çevre edinmek konusundaki başarısının bize öğrettiği ders, bazılarımızın başkalarından daha iyi ilişki kurabildiğidir.

Küçük bir kasabaya taşınsaydınız ve kasabadaki herkesle tanışmayı isteseydiniz ne yapardınız? Kapı kapı dolaşıp kasaba sakinlerine kendinizi mi tanıtırdınız? Ya da eski kasabalılardan biriyle ahbaplığınızı ilerletip diğerleriyle sizi tanıştırmasını mı istersiniz?

Cevap basittir. Bugün olsaydı, o eski ve yerleşik kasabalı, belki okul müdürü, belki kasabanın şerifi ya da kilise papazı en doğru tercih olurdu. Ama Paul Revere'in zamanında, 1770'lerin Boston'ında en eski ve yerleşik kişiler Revere'dan farklı değildi. Şehrin North End bölgesindeki bir gümüşçü, Boston toplumu ve kültürüyle bireysel bazda her düzeyde ilişki içinde olan işadamları ve tüccarlar...

Revere, toplum içinde son derece aktif biriydi. Kendisi birçok kulüp kurmuş, ayrıca pek çok kulübe de üye olmuştu. Gençliğinde altı arkadaşıyla birlikte kilise zangoçları cemiyetini kurmuştu. Yetişkin yaşlarında Samuel Adams'ın babasının yerel hükümet için aday seçmek amacıyla kurduğu North Caucus Club'a katılmıştı. 1774'te ise İngiliz askerleri cephanelere el koymaya başladıklarında Revere bir başka kulüp kurarak İngiliz askerlerinin hareketlerini izlemeye alacaktı. Devrimci arkadaşları James Otis ve Dr. Joseph Warren aracılığıyla St. Andrew mason locasına da girmişti.

Bütün bunlar, Revere'in devrimden önceki yılı Boston Haberleşme Komitesi ve Massachusetts Güvenlik Komitesi için neden kuryelik yaptığını, Philadelphia'daki Kıta Kongresi'ne neden gittiğini izah ediyor. Boston Çay Partisi'nin haberini New York ve Philadelphia'ya bildiren de yine Revere idi. Revere, sadece insanları tanıyan biri değildi. Dedikoduları, söylentileri, haberleri de biliyordu ve Boston halkının her seviyesine mensup kişilerden haber alabiliyordu.

Nisan 1775'te Revere İngiliz askerlerine verilen ve asilerin liderlerini yakalayıp silahlarına el koymayı emreden buyruğu haber aldı. Revere ve arkadaşı olan asiler bir uyarı sistemi geliştirdiler. Boston'ın Eski Kuzey Kilisesi'nin kulesine yanan iki lamba yerleştirdiler. Lambalar, İngiliz birliklerinin Boston'a denizden yaklaşmakta olduklarını haber veriyordu. Tek lamba yandığında ise bu, karadan ilerlemeyi işaret ediyordu. Her iki halde de Boston'daki ve çevre mahallelerdeki asiler ne zaman ve nereye kaçmaları gerektiğini, silahlarını kuşanma zamanı geldiğini anlıyordu.

Revere'in çevre edinme, insanlarla ilişki kurma yeteneği hakkında az kişinin bilgisi vardır. Onun bu özelliği, kendisine duyulan güveni kuvvetlendirmiş ve böylece kilise kulesindeki feneri yakmasına giden yolu açmıştı.

Kilise, Anglikan kilisesiydi. Papaz, İngiltere'nin yılmaz savunucusuydu. Fakat, Revere, North Caucus Club sayesinde kilise yönetim kurulu üyesi John Pulling'i tanıyordu. Dükkanı sayesinde de zangoç Robert Newman ile ahbaptı. Binanın anahtarı Newman'da idi. Tarihi değiştiren o gecede, Revere'ın bu bağlantıları ona çok büyük yarar sağladı. Lambaları yaktıktan sonra Revere, Lexington'a ulaşıp asilerin liderliğini yapan Sam Adams ve John Hancock'ı uyarmak zorundaydı. Charles nehrinden iki tanıdığı sayesinde geçti. Karşıda, Charlestown'da onu papaz yardımcısı John Larkin'in ödünç verdiği bir at bekliyordu.

Kırmızı Urbalılar tarafından takip edilen Revere yolunu değiştirip Medford'a döndü. Medford'daki askeri birliğin komutanını tanıdığı için atını onun evine sürdü ve kendisini uyardı. Lexington'a devam etmeden önce Revere, milislerin yardımıyla kasabayı uyarmayı başarmıştı.

Olayın Lexington bölümü bilinir de Revere'in yola çıktığı o gece, William Dawes adında birinin aksi istikamete at sürerek milisleri Boston'ın batısında toplamaya gittiği nedense pek bilinmez. Revere'in yolculuğu bir ordu kurulmasını sağladı. Çünkü Revere tam bir ilişki kurma insanıydı. Herkesi tanıyordu. Köyden köye dolaşıp doğru kapıları çalabiliyor ve içerideki insanlara adlarıyla seslenebiliyordu.

Tarihçilere göre Revere, olayların tam ortasında olmak gibi bir yeteneğe sahipti. Ama bana sorarsanız içinde yaşadığınız toplumda aktif olmak, çıkarlarını paylaşmak, bir-iki ilişki kurucuyla arkadaşlık kurmak yeterlidir.

ON ALTINCI BÖLÜM

Çevrenizi Genişletin

Arkadaş çevrenizi genişletmenin ve ondan tam verimle yararlanmanın en etkin yolu kendi çevrenizle bir başkasının çevresi arasında temas sağlamanızdır. Ben, çevre dediğimiz kavramı, üzerine yeni yeni insanları eklediğimiz bir ağ olarak görmem. Bence çevre, internet gibidir. Birbirine bağlı linklerden meydana gelir. Bu linkler, bütün topluluğun güçlenmesi ve genişlemesi için etkileşimli olarak çalışır.

Çevrenizde yer alan herkesi ortağınız olarak görmeniz gerekir. Kurucu ortakların şirket içindeki farklı bölümlerin sorumluluklarını paylaştığı bir işletme gibi aynı çevreye dahil olan kişiler de birbirlerine destek olurlar, çevrelerini genişletir, ağın kendileriyle ilgili kısmının sorumluluğunu üstlenir ve gerektiğinde oraya erişimi sağlarlar. Bir başka ifadeyle çevre değiş tokuşu yaparlar. Çevrelerin sınırları akışkandır ve her zaman için açıktır.

Ne demek istediğimi daha iyi anlatmama yarayacak bir örnek vermek istiyorum. Bir Cumartesi günü öğleden sonra, Los Angeles'taki Hotel Bel-Air'de kalan arkadaşım Tad ve karısı Caroline'ı ziyarete gittim. Tad beni Lisa ile tanıştırdı. Lisa, otelin müdürüydü. Göz alıcıydı. Uzun boylu ve sarışındı. Büyüleyici, neşeli ve aynı zamanda rahat bir tavrı vardı.

Tad bize, "Los Angeles'ta ikinizin arasında tanımadığınız biri olsaydı çok şaşardım" dedi. Onun gözünde ikimiz de üstatlık derecesinde ilişki kuruculardık. Lisa, otelcilik ve turizm sektöründeki birçok diğer meslektaşı gibi bir süper ilişki kurucu idi.

Tanıştıktan sonraki on dakika içinde çok iyi arkadaş olacağımızı hissetmiştik. Lisa ile ben aynı dili konuşmaktaydık.

İş amaçlı olarak düzenlediğim akşam yemeklerinden Lisa'nın haberi vardı. Bana konuklarımı Los Angeles'ta kaldıkları günlerde Bel-Air'de ağırlamamı tavsiye etti. Ben de ona bazı etkinliklerimi böyle hoş bir yerde düzenlemenin onları unutulmaz kılacağını söyledim. Lisa ve ben sosyal bir ortaklık kurabilir miydik?

Bu düşünceyle basit bir öneride bulundum.

"Lisa, akşam yemeği partilerinin birkaç ayını paylaşalım mı? Sen Bel-Air'de bir parti düzenle, bana da davetliler listesinin yarısını ver. Sonra ben partilerden birini burada düzenleyeyim ve sana listemin yarısını vereyim. Her etkinlik için faturaları bölüşelim. Böylece bir sürü para tasarruf etmiş oluruz. Hem de yeni ve heyecan verici insanlarla tanışırız. Etkinliklerimizi birlikte düzenleyerek çok daha başarılı sonuçlar alabiliriz."

Lisa'nın cevabı olumluydu. Akşam yemeği partilerimiz çok başarılı oldu. İş ve eğlence dünyasından insanların bir araya gelmeleri partileri ilginç ve keyifli kılıyordu. Arkadaşlarımızı tamamen yeni bir grup insanla tanıştırmakla kalmıyorduk, aynı zamanda partinin temposundan da büyük keyif alıyorduk.

İlişki kurmak konusunda çok üstün insanlar olan politikacılar bu yolla çevrelerini yıllardır değiş tokuş ederler. "Ev sahibi komiteler" olarak adlandırılan ve farklı sosyal kesimlerden gelip belli bir politikacıya sadakatle bağlı olan grupları vardır. Bu grupların görevi, aday olan politikacıyı arkadaş çevrelerine tanıtmaktır. Bu komiteler, doktorlardan, avukatlardan, sigortacılardan, üniversite öğrencilerinden meydana gelir. Komiteler, partiler ve etkinlikler düzenleyerek politikacının bütün arkadaşlarına ulaşabilmesini sağlarlar. Bence, kendi çevrelerini genişletmek isteyenler için bulunmaz bir fırsattır.

Tanımak istediğiniz başka dünyalar mı var? Cevabınız evet ise, o dünyanın merkezinde olan ve sizin kendi tek kişilik düzenleme komiteniz gibi görev yapacak birini bulup bulamayacağınızı bir araştırın. Diyelim ki şirketinizin birkaç aydır tanıtımını yaptığı bir ürünü satmayı planlıyorsunuz. Müşterilerinizin çoğu da avukatlar olsun. Kendi avukatınıza gidin. Ona ürünü anlatın ve kendisinden birkaç avukat arkadaşını da alıp ev sahipliğini yapacağınız bir akşam yemeğine gelip gelemeyeceğini sorun. Bu yeni ürünü ilk gören birkaç kişiden biri olarak kalmayacaklarını, yeni arkadaşlarla tanışma fırsatı bulacaklarını ve bu kişilerin potansiyel müşteri adayı olabileceklerini söyleyin. Onlar sizi kendi arkadaş gruplarına dahil edecek etkinlikler düzenleyeceklerdir. Siz de onları için aynısını yapacaksınız. FerrazziGreenlight Training and Development'ta aynen bunu uyguluyorum. "İlişkiler ve Gelir Artırma" adlı eğitimimizi yasal bir mesleğe dönüştürüyoruz. Bu eğitim, danışmanlık firmalarında, finansal hizmetler şirketlerinde yazılım satışçılarına ve diğer mesleklerden insanlara başarıyla veriliyor. Fakat ilişki satmak konusunda avukatlardan daha fazla kim fayda elde edebilir ki?

Bu niteliklere sahip bir ortaklık mükemmel işler. Burada anahtar öğe, karşılıklı çıkarlar olmalıdır. Taraf olan herkes için kazan-kazan durumu olmalıdır.

Bir başkasının arkadaş çevresini paylaşıyorsanız sizi bu yeni dünyaya götüren kişiye yeterince paye vermeyi ihmal etmeyin. Ondan sonra kuracağınız yeni arkadaşlıklarda da o kişiye şükran duygularınızı gösterin.

Sizi dansa götüren kişiyi asla unutmayın. Bir keresinde, yeni tanıştığım bir arkadaşı bir partiye davet etmiş ama bizi tanıştıran kişiyi tamamen unutmuştum. Feci bir hataydı ve o kişide benimle ilgili negatif düşünceler oluşmasına neden olmuştu. Çevre değiş tokuşlarında karşı tarafın tanıdıklarına azami saygıyla davranmak gerekir ve bu tür ilişkilerde güven, en önemli unsurlardan biridir.

Çevreniz genişledikçe, ortaklıklara gitmek daha da önem kazanır. Verimlilik meselesi haline gelir. Bir tanıdık, çevresindeki diğer bütün ilişkilerin sürdürülmesinde anahtar rolü üzerine alır. Yeni bir dünyaya açılan kapının bekçisidir. O kişi sayesinde düzinelerce, hatta yüzlerce yeni kişiyle tanışmanız mümkün olur.

İki kural çok önemlidir:

1. Siz ve tanıdıklarınızı paylaştığınız kişiler alırken de verirken de eşit ortaklar olmalısınız.
2. Ortaklarınıza güvenmelisiniz. Onlara kefil oluyorsunuz ve onların sizin çevrenizle olan ilişkileri sizin için büyük önem taşır.

Bir de uyarı yapmak istiyorum: Hiç kimseye, bütün tanıdıklarınıza sınırsız erişim hakkı vermeyin. Tanıdık listeniz "herkese bedava" değildir. Çevrenizdekilerden kimlerin kendisiyle temas kurulmasını istediği ve bu temasın ne şekilde olmasını tercih ettiğini bilmeniz gerekir. Tanıdıkların değiş tokuş edilmesi belli etkinlikler, fonksiyonlar ya da vesilelerle olmalıdır. Ortağınızın çevrenizden ne şekilde yararlanmak istediğini ya da sizin onun çevresinden nasıl fayda sağlayabileceğini iyi etüt etmelisiniz. Böylece, karşınızdaki kişiye daha fazla yardımcı olabilirsiniz. Bu da ortaklığın ve dünyanın gerçek anlamıyla işlemesinin temel unsurudur.

ON YEDİNCİ BÖLÜM

Ayaküstü Konuşma Sanatı

Çevremizdeki insanları, iş arkadaşlarımızı, yabancıları, tanıdıkları, patronları etkilemek için gereken şeye hepimiz sahibiz. Ama ona sahip olmakla onun nasıl kullanılacağını bilmek arasındaki fark, sizin hayat boyu gölgeler arasında mı yürüyeceğinizi yoksa her ne olursa olsun tam merkezinde mi bulunacağınızı belirleyecek kadar büyüktür.

Doğuştan büyüleyici biri olarak dünyaya gelmemiş olabilirsiniz. Olsun, ne çıkar? Çok az kişinin böyle bir ayrıcalığı vardır.

Hepimiz, insanlık kadar eski o büyük korkuyu duyarız: Yabancılarla dolu bir odaya girmek ve söyleyecek hiçbir şeyi olmamak. Potansiyel yeni arkadaşları ve ortakları görmektense bara giden yolda ne çok korkutucu engelin sıralandığını görürüz. İş toplantılarında da olur bu, konferanslarda da, veli toplantılarında da... Toplumsal bir boyutu olan her türlü toplantıda karşılaşılabilir. Ayaküstü konuşma bundan dolayı çok mühimdir. Ayaküstü konuşmalarda becerikli olmayanlar için, bize başka insanlarla tanışma fırsatı verebilecek böyle durumlar bir yandan da bizleri savunmasız ve rahatsız durumlara sokar.

Ne yazık ki bu konuda teknolojiden bir yardım alamıyoruz.

Çekingen insanlar, e-posta ve anında mesajlaşma araçlarını, başka insanlarla doğrudan iletişime geçmekten sakınmak için kullanıyorlar. Doğrusunu isterseniz, bu yeni iletişim yolları yeni ilişkiler yaratmada pek başarılı değiller. Dijital yolların faydası, özlü ve hızlı bir iletişim sunmasından ibaret. İletişimi verimli kılıyor. Ama arkadaşlıklar kurma noktasında yeterli gelmiyor.

Yine de bazılarımız sosyal durumları görece daha rahat bir şekilde tartışabiliyor. İyi de bunu nasıl beceriyorlar?

Birçok kişi, başarılı ayaküstü konuşmalar yapma yeteneğinin doğuştan geldiğini düşünüyor. Her ne kadar rahatlatıcı olsa da kesinlikle yanlış bir düşünce bu. Sohbet, öğrenilen bir beceridir. Azmederseniz ve doğru bilgilere ulaşabilirseniz, siz de başka bir beceriyi öğrenir gibi sohbeti öğrenebilirsiniz.

Sorun şu ki dışarıda sizi bekleyen çok fazla yanlış bilgi var. Çok sayıda CEO tanıyorum, kısa ve özlü, doğrudan sonuca yönelik tarzlarıyla böbürleniyorlar. Göğüslerini gere gere oyunu oynarken nasıl kayıtsız davrandıklarını anlatıyorlar. Nezaketsizlikleri nedense onları pek keyiflendiriyor.

Oysaki birbirini tanımayan iki insan arasında yapılan türden ayaküstü sohbet, insan hayatındaki en önemli sohbettir. Hedeflerimizi birbirimize anlatmakta dil en etkin ve direkt araçtır. Oyun ve senaryo yazarları yapıtları için karakter gelişimi yaparken altyapısını hazırladıkları ilk şey motivasyondur. Karakter ne ister? Hayattaki amacı nedir? Arzuları nelerdir? Cevaplar, karakterin diyaloglarda neleri söyleyip neleri söylemeyeceğini belirler. Bu uygulama sadece sahne dünyasına özgü değildir. İnsanların doğasıyla doğrudan alakalı bir şeydir. Sözcükler ağzımızdan sadece söylenmiş olsun, en derin arzularımız dillensin diye çıkmaz. Esas olarak başkalarının da bu arzuları beslemesini sağlamak için konuşuruz.

On yıl kadar önce Stanford Üniversitesi İşletme Fakültesi hocalarından uygulamalı psikoloji uzmanı Profesör Thomas Harrell, okulun en başarılı mezunlarının özelliklerini mercek altına aldı. Mezuniyetlerinin üzerinden on sene geçen bir grup MBA sahibi öğrenciyi inceleyen Harrell, gördü ki mezuniyet derecesiyle hayatta elde edilen başarı arasında hiçbir orantı yok. Sınıfın en başarılı öğrencilerinin ortak noktası konuşma becerilerinin yüksek olmasıydı. Şirket kuran ve kurumsal basamakları baş döndürücü hızla tırmanan isimler, herkesle her durumda özgüven ile konuşabilen kişilerdi. Yatırımcılar, müşteriler ve patronlar, iş arkadaşlarından, sekreterlerden ya da arkadaşlardan farklı değildi onlar için. Bir izleyici kitlesi önünde, yemekte, takside, her yerde nasıl konuşacaklarını iyi biliyorlardı.

Harrell'in araştırması gösterdi ki, dili ne kadar başarılı kullanırsanız hayatta o kadar başarılı olursunuz.

Biriyle konuştuğunuzda hedefiniz ne olmalıdır? Güzel soru. Hedef çok basittir. Bir sohbet başlatmak, devam etmesini sağlamak, aranızda bir yakınlık oluşturmak ve karşınızdaki kişinin sizi sevmesini sağlamak.

Bu konuda ne yapılmasına dair çok şey yazılıp çizildi. Fakat, bana sorarsanız, uzmanların yanlış olduğunu düşündüğü ama aslında en çok yarar sağlayan bir şey var. Ayaküstü konuşma uzmanlarının yaptıkları ilk hareket, nelerin söylenip nelerin söylenmeyeceğine dair kurallar koymaktır. Biriyle tanıştığınızda hoş olmayan, çok şahsi ve tartışmalı konulardan kaçınmanız gerektiğini iddia ederler.

Çok yanlış! Bu kişileri dinlemeyin. Dinlerseniz çok sıkıcı bir sohbetin tarafı olursunuz. Birisi, ne kadar benim görüşlerime aykırı şeyler söylüyor olursa olsun, onu dinlemeyi, sıkıcı bir sohbete tercih ederim.

Etkileyici olmak istiyorsanız, "farklılaşmak" sihirli sözcüktür. Beklentilerin dışına çıkın. Sıradışı olun. Nasıl mı? Profesyonel dünyada bunun garantili bir yolu var: Kendiniz olun. İncinebilirlik, yanlış okumadınız, incinebilirlik bence iş dünyasında değeri hiç bilinememiş varlıklardan biridir.

Pek çok kişi gizlilik ile önemli kişi olma kavramlarını birbirine karıştırır. İşletme okullarında bize her şeyi kendimize saklamamız öğretilir. Ama dünya çok değişti. Bugün güç, bilgiyi saklamaktan değil paylaşmaktan doğuyor. Kişisel ve mesleki hayatlarımızı ayıran çizgiler hiç olmadığı kadar bulanıklaştılar. Açık kaynaklı bir toplumuz ve davranışlarımız da açık olmak zorunda. Pek az sır, onları saklamak için gerekecek enerjiyi gerçekten hak ediyor.

İnsanlara karşı açık ve net olmak, beraberinde size saygı duyulmasını da sağlar. En çok konuştuğumuz konular, en çok ilgilendiğimiz konulardır. Ama saygısızca ya da kavgacı bir tavırla konuşmak size zarardan başka bir şey sağlamaz. Açık, dürüst ve yeterince incinebilir olun ki karşınızdaki insanlar da size karşı aynı şekilde davransınlar.

Her iki taraf da ihtiyaçları konusunda açık sözlü ve dürüst olsalardı acaba kaç görüşme daha iyi sonuçlanırdı? Anlaşmanın olmadığı durumlarda bile, kartlarınızı masaya koyduğunuz için insanlar size daha fazla saygı duyacaktır.

İster görüşme masasında olsun, ister yemek masasında, kendimize koyduğumuz yasaklar nedeniyle daha iyi tanımak istediğimiz insanlarla aramıza psikolojik bir bariyer öreriz. Karakterimizi gizlediğimiz resmi, çekingen ve huzursuz bir sohbetin ardından o sohbeti hiç yaşanmamış gibi, hatta daha da öteye giderek o kişiyi hiç var olmamış gibi görerek kendimizi rahatlatmaya çalışır, "Ortak bir yönümüz yoktu zaten" diye düşünme yoluna gideriz.

Gerçekte ise herkesin bir başkasıyla ortak bir yönü mutlaka vardır. Fakat kendinizi açmaz, ilgi alanlarınızı, kaygılarınızı, duygu ve düşüncelerinizi kapalı bir kutuda saklı tutarsanız bu ortak yönleri bulamazsınız. Karşınızdakinin de aynı şekilde davranmasına yol açarsınız.

Oysa açıklık politikası izlerseniz verimli sonuçlar elde edersiniz.

Anlamlı bir sohbet başlatmak konusunda açık davranmanın can sıkıcı beylik laflardan daha etkili olduğunu bilirseniz buzları kırmak deyiminin hakkını da daha iyi verirsiniz. Birçokları buzları kırmak deyiminin çok parlak, zekice ya da felsefi bir söz olduğunu düşünür. Ama aramızda bir Jay Leno ya da bir David

Letterman bulmak zordur. En iyi buz kırıcının içtenlikle söylenmiş birkaç cümle olduğunu idrak ettiğinizde sohbet başlatma eylemi çok daha az korkutucu olacaktır.

Ayaküstü sohbet sanatında incinebilirlik ilkesinin gücünü her gördüğümde şaşırmaktan kendimi alamıyorum. Geçenlerde bir konferansa katıldım. Pazarlama ve iletişim yöneticilerine yönelik yılda bir kere düzenlenen bir toplantıydı. Adet olduğu üzere katılımcılar, etkinlikten önceki akşam yemekte bir araya geldiler.

O gece, masanın etrafında oturanlar Wal-Mart, Cigna, Lockheed, Eli Lilly, eBay ve Nissan gibi şirketlerin pazarlama müdürleriydi. Hepsinin elinin altında çok ciddi miktarlarda pazarlama bütçeleri vardı. Şirketim için önemleri çok büyüktü. Bu, benim elime geçebilecek en büyük fırsattı.

Sorun, Pittsburgh'a uçarken bütün neşemi uçakta bırakmış olmamdı. O gece hep hüzün şarkıları söylüyordum içten içe. Sadece birkaç saat önce bir e-posta almış, hayatımın en büyük korkusunun gerçekleştiğini görmüştüm. Yine tek başınaydım. Travmatik ve duygusal olarak insanı bitiren bir ayrılık yaşamıştım ve hiç konuşacak durumda değildim.

Yanımda oturan Sherry adındaki hanım, orada kendim olmadığımın farkında değildi. Yemek masasındaki sohbet koyulaştıkça, gördüm ki insanlara asla yapmamalarını söylediğim şeyleri bizzat ben yapmaktaydım. Nazik ve önemsiz sorular arkasına saklanıyordum.

Sherry ile birbirimize bakıp konuşuyorduk ama aslında hiçbir şey söylemiyorduk. Yemeğin sonuna kadar kalamayacağımızı anlamıştık.

Bir noktada ne kadar saçma sapan hareket ettiğimin farkına vardım. İnsanlara hep, her sohbetin gerçek kişiliğinizi ortaya çıkarma riski olduğunu söyler dururdum. En kötüsü ne olabilir ki? Size aynı şekilde karşılık vermezler, hepsi bu. Ne çıkar ki bundan? İlk aşamada tanımaya değer insanlar olmayabilirler. Ama riske girip kazanırsanız, potansiyel olarak sıkıcı olma ihtimali çok yüksek olan bir sohbeti çok verimli bir arkadaşlığın ilk adımına çevirebilirsiniz.

O noktada neler hissettiğimden ona bahsettim: "Sherry, lütfen kusura bakma. Birbirimizi hiç tanımıyoruz. Ama ben genelde bu gece olduğumdan çok daha neşeli ve esprili biriyimdir. Zor bir gün geçiriyorum. Yönetim kurulu üyelerinin üzerime çok geldikleri bir toplantıdan çıktım. Daha da fenası, birlikte olduğum kişiyle ilişkimin bugün sona ermesiydi. Bunlar üst üste geldi ve bu gece hiç iyi durumda değilim." Sanki tavşan şapkadan fırlayıvermişti. Riskli bir girizgahtı. Zayıflıklarımı gözler önüne sermiştim. Ama bir karar vermek durumundaydım. Sohbetimizin dinamikleri bir anda değişivermişti.

Böyle kişisel bir itiraftan dolayı rahatsızlık hissetmesi çok doğal olurdu. Ama o, rahatsızlık duymak bir yana, bu durumdan dolayı rahatlamış gibiydi. "Hay Allah, tamam, hiç sorun değil. Seni anlıyorum. Herkesin başına gelir böyle şeyler. İstersen ben de sana boşanmamdan söz edeyim" dedi.

Sonrasında her şey hiç ummadığımız şekilde gelişti. Sherry'nin rahatladığı açıkça belli oluyordu. Yüzündeki gerginlik gitti. İçini döktü. O gece ilk defa sohbetin içine girebildiğimi hissettim. Bana boşanmasından ve çektiği çilelerden bahsetti. Boşanmayı takip eden aylarda neler yaşadığını anlattı. Sonra birden konuşmamız ayrılıkların duygusal sonuçları ve bunların üstesinden gelmenin zorluklarına doğru kaydı. İkimiz için de bir uyanış anıydı sanki. Daha da iyisi Sherry bana harika bir tavsiye verdi.

Sonrasında olan şey beni çok şaşırtacaktı. Sohbetimizi duyan bir grup ciddi insan, kendi konuşmalarını bir yana bırakıp bizi dinlemeye başladı. Bütün masa, evliliklerle, ilişkilerle alakalı olarak yaşadıklarını, deneyimlerini ortaya dökmeye başladı. Çekingen ve ihtiyatlı olan o insanlar birden kişisel dünyalarını açmaya başladılar. Geri kalanlar da destekleyici hikayelerle konuya girdiler. Gece sona erdiğinde hepimiz kahkahalarla gülüyor, konuşuyorduk. İnanılmaz bir yemek olmuştu. Bugün, geleneksel olarak her yıl düzenlenen bu etkinlikte arkadaşlarımla buluşacağım o günü dört gözle bekliyorum. Benim için çok önemli insanlar. Bazıları müşterim, ama daha fazlası, güvenebileceğim can dostlarım, arkadaşlarım oldular.

Hayatta yabancılarla konferanslarda, diğer mesleki toplantılarda bir arada bulunabilir, çok zaman sığ, anlamı olmayan konuşmalar yapabiliriz. Ya da içimizi bir miktar açabilir, insan olduğumuzu onlara gösterebilir ve daha derin bir ilişki için fırsat yaratabiliriz. İkisi de bize kalmış seçeneklerdir.

Bugünlerde, bazılarının "Bu da konuşulur mu!" diyecekleri konuları açmaktan hiç sakınmıyorum artık. Aşk, siyaset, maneviyat... Bunlar hayatı yaşamaya değer kılan konular değil mi aynı zamanda?

Her iş dalı için başarılı olması kesin açılış lafları elbette vardır. "İşe nasıl başladınız?", "Mesleğinizle ilgili olarak en çok sevdiğiniz şey nedir?", "İşinizin zor yanlarından bahseder misiniz biraz?", vs. Ama ister sohbette olsun, ister işte, ister hayatta, güvenlik genellikle "güvenli" (yani sıkıcı) sonuçlar yaratır.

Gerçek kazananlar yani kıskandıran kariyerleri olan, sıcak ilişkileri kuran, yakıcı karizma sahibi kişiler kendilerini olduğu gibi ortaya koyan kişilerdir. Olmadıkları bir kişiliği sergilemeye çalışmakla zamanlarını ve enerjilerini tüketmezler. İnsan, öncelikle kendi gibi oldu mu çevresine bir tılsım yayar. Kendiniz olmanız sizin gücünüzdür. Hepimiz, *doğuştan* bize bahşedilmiş ve kabiliyetli birer konuşmacı olmamızı sağlayan özelliklerle *doğarız.*

Ayaküstü konuşmalarda başarının ilk şartı, konuşmalarımızın niteliğinin de ayaküstü olmamasıdır. Sanat budur. İşte bu bilime dair birkaç ipucu:

Sözsüz İpuçlarının Gücünü Öğrenin

Bir toplantıdasınız. Yanınızda oturan kişiye dönüyorsunuz. O da size dönüyor ve bir saniyenin binde birinde kafanızda binlerce hesaplama işlemi yapıyorsunuz. O anda kaçmak mı, dövüşmek mi yoksa dost olmak mı en iyisi, bulmaya çalışıyorsunuz. Antropologlara göre sizin yaptığınız, mağara adamı gibi düşünmek oluyor.

Genetik şifremizin derinliklerinde yabancılardan korkmak gibi bir şartlanma bulunuyor. Bizi yiyecekler mi, besleyecekler mi? İnsanlar hakkında ilk izlenimlerimizi oluşturma süremizin o kadar kısa olmasının da nedeni bu. Birinin bilinçaltında sizi sevmesi için topu topu on saniye süreniz var. O kadar süre içerisinde birkaç kelime konuşmak bile çok zor. Bütün ilişkimiz sadece sözsüz iletişime dayanıyor.

Sizi tanımayan birinin sizinle konuşacak kadar kendini rahat etmesini nasıl sağlarsınız?

Elde edilmesi zor kişi, gizemli kişilik, mesafeli adam tavırlarının hiç yeri değil. Marlon Brando olsanız neyse de, değilsiniz. O nedenle, takınacağınız bu tür tavırlarla ancak, tarih öncesi bilinçaltını harekete geçirir ve karşınızdaki kişiyi kendinizden uzaklaştırırsınız. Onun yerine, yaratmak istediğimiz izlenimi oluşturmaya yönelik bir tutum içinde olmamız gerekir. Sevecenlik ve sıcaklıkla sunulduğunda herkes sosyal girişkenliği kolayca kabul eder. Birinin sizi nasıl algılayacağı, ilk kelimeler ağzınızdan çıkmadan evvel yapacağınız bazı davranışlarla belirlenir.

- Önce içten bir gülümseyin. Bu, "Ben ulaşılmaz değilim"dir.

- Dengeli bir göz temasını koruyun. Gözünüzü hiç kırpmadan, yiyecek gibi bakmayın. Bakarsanız "Ne cins adammış bu" diyebilirler. İnsanları ürkütebilirsiniz. Konuştuğunuz sürenin yüzde 70'inden daha azında göz temasını korumak ise ilgisiz ve kaba olduğunuzu düşündürebilir. İkisi arasındaki dengeyi tutturmanız en iyisidir.

- Kollarınızı bağlamayın, rahat olun. Kolları kavuşturmak, sizin savunmacı ya da kapalı olduğunuzu düşündürebilir. Ayrıca bir gerginlik işaretidir. Gevşeyin. İnsanlar, sergilediğiniz vücut dilini algılayıp ona göre hareket ederler.

- Başınızı sallayın ve öne eğilin. Ama karşınızdaki kişinin alanına da girmeyin. Sadece kendinizi konuşmaya verdiğinizi ve ilgilendiğinizi göstermek istiyorsunuz çünkü.

- İnsanlara dokunmayı öğrenin. Dokunmak çok güçlü bir harekettir. Çoğu insan dostane niyetlerini tokalaşarak gösterir. Bazıları tokalaşmada iki elini birden kullanır. Benim, karşımdaki kişiyle aramızdaki buzları kırmak ve samimiyet kurmakta en çok sevdiğim yol ise onun dirseğine dokunmaktır. Tam istenen oranda bir samimiyet sağlar. Bu nedenle politikacıların da favorisidir. Korunan göğsümüze çok yakın değildir. Fakat, tek bir elden de biraz daha kişisel ve samimidir.

Samimi Olun

Yeni tanıştığınız biriyle ister beş saniye geçsin, ister beş saat vakit geçirin aceleci olmayın. Yaşadığım şehir olan Los Angeles'ta, bulundukları ortamda insanları gözleriyle tarayıp inceleyen, oradaki en önemli şahsiyeti bulmaya çalışan birtakım tipler vardır. Doğrusunu söylemek gerekirse bu, çok iğrenç bir alışkanlıktır. O kişileri yanınıza asla yaklaştırmamalısınız.

Başkalarının gözünde kendinize "özel" bir yer edinmek istiyorsanız, *onların* kendilerini "özel" hissetmelerini sağlamalısınız. Aradaki bağlantı kesinlikle doğru orantılıdır. Birine kendini önemsiz biriymiş gibi hissettirirseniz, siz de onun gözündeki öneminizi kesinkes kaybedersiniz.

Konuşmayı İlginç Kılın

Yeni biriyle tanıştığınızda mutlaka söyleyecek bir şeyleriniz cebinizde olsun. Güncel olayları takip edin. Niş konularda bilgilenin. Merak duyduğunuz belli bir alan, mesela yemek yapmak, golf ya da pul koleksiyonculuğu, hiç tahmin etmediğiniz ufukları önünüze açabilir.

İşletme fakültesinden sonra, aşçılık konusundaki merakıma ciddi ciddi eğildim. Londra'daki Le Cordon Bleu Aşçılık Okulu'nda birkaç ay süren bir kursa katıldım. O zamanlar, vaktimi bol keseden harcadığımı düşünüyordum. Ama aşçılık konusundaki bilgi ve merakımın samimi sohbetlerde ne kadar çok işime yaradığını sonradan anlayacaktım. Yemek konusuna ilgi duymayanlar bile Londra'daki bir Fransız mutfağında yemek yapmayı öğrenirken yaşadığım komik ve hatta bazen insanı utandıran hikayeleri dinlemekten büyük keyif alıyorlar. Ne konuştuğunuzdan çok nasıl konuştuğunuzun önemli olduğunu söylemeliyim. Bir konuya merak duyan birinin anlattıklarını dinlemek ilginç ve aydınlatıcı geliyor insanlara. Bu da başkalarının merakları üzerine de konuşabilirsiniz demektir. YaYa'da görev yaptığım günlerde COO olarak çalışan James Clarke, mesela, Everest'e tırmanmış, ama tırmanış haftasına kadar da şirketteki bütün vazifelerini eksiksiz yerine getirmişti. Dağa yaptığı tırmanışa dair anlattığı muhteşem hikayeleri bir sohbet sırasında pekala kullanabilirim.

Unutmayın, sohbeti tekelinize almayın ve uzun boylu konulara girmeyin. Tutkularınızı, meraklarınızı paylaşın, ama akıl verir durumuna gelmeyin.

Johari Pencerenizi Ayarlayın

Johari Penceresi modeli iki Amerikalı psikolog tarafından 1955 yılında icat edildi. Model, insanların iç dünyalarını ne kadar açtıklarına dair fikir veriyor. Bazı insanlar içine dönüktür ve kendilerine dair çok az bilgi verir. Pencereleri az bir parça açıktır. Bazıları dışa dönüktür ve kendilerine dair çok bilgi verirler. Pencereleri hep açıktır. Bu eğilimler farklı ortamlarda değişkenlik de gösterebilir. Bize yeni ve yabancı ortamlarda, etrafımız tanımadığımız insanlarla kuşatılmışken pencerelerimiz kapalıya yakındır. Kendimize dair pek az şeyi paylaşırız ve başkalarından da aynı hareketi bekleriz. Öte yandan, ortam uygunsa, bize benzeyen, güvendiğimiz insanların arasındaysak kendimize dair daha çok şeyi paylaşırız. Pencerelerimiz ardına kadar açıktır.

Modele göre, başarılı iletişim, etkileşimde bulunduğumuz insanlarla kendimizi ve pencerelerimizi ne kadar yakınlaştırdığımıza bağlıdır.

En eski akıl hocalarımdan ve beni Deloitte firmasında işe alan Greg Seal beni bu fikir ile tanıştıran kişi olmuştu. Kendisine ne kadar teşekkür etsem azdır. Lafını tartmadan konuşan, aceleci bir genç olarak pencerem ardına kadar açıktı. Teknik bir firmanın çekingen CEO'suna danışmanlık hizmetleri satmaya çalışıyor da olsam, aynı firmanın kaba satış personeliyle çalışıyor da olsam aynı acelecilik ve lafını sakınmazlıkla hareket ederdim. Satış ekibiyle toplantımız bittiğinde onlar pek bir asabi olurdu. Aynı şekilde CEO da benim bir an önce çekip gitmem için sabırsızlanırdı ve ben neden böyle davrandıklarını anlamazdım. Greg'ten Johari Penceresi kavramını, pencereni karşındaki kişiye göre açıp kapaman gerektiğini öğrendiğimde ise her şey yerli yerine oturdu. Greg, kiminle konuştuğuna bakmaksızın kendisi gibi hareket eder, ama mesajını, karşısındaki kişiye en uygun tonda ve sitilde verirdi.

Herkesin Johari Penceresi, duruma göre biraz daha açık ya da kapalı olabilir. Satış temsilciliği gibi bazı meslekler çok fazla kişiler arası beceri gerektirir. Muhasebe gibi bazı meslekler ise daha içine kapalı mesleklerdir. Farklı meslekler, pencereleri benzer eğilimleri paylaşan kişileri kendine çeker. Bir bilgisayarcının penceresi, arkadaşlarıyla bir arada değilse fazla açık olmayabilir. Güçlü bir pazarlamacının penceresi ise ortamı dikkate almaksızın ardına kadar açık olabilir.

Ayaküstü sohbeti idare ederken, farklı tarzların farkına varmalı ve konuştuğumuz kişiye ayak uydurmalıyız. FerrazziGreenlight Eğitim ve Geliştirme ekibiyle birlikteyken lafımı sakınmadan söyleyebilir, espriler yapabilirim. Sadakat yönetim stratejisi danışmanlarımla bir toplantıdaysam, bu analitik insanlara karşı heyecanı daha makul adımlarla verebilirim ve daha net ve kesin olmaya odaklanırım. Birine yanlış bir tarzda hitap edersek, pencere yüzümüze, arkasından hiçbir şey alamadan kapanabilir ve bağlantınız tamamen kopabilir.

Her gün yüzlerce farklı insanla iletişime girerim. Her birinin kendine özgü bir iletişim tarzı vardır. Johari Penceresi kavramı bana, iletişim kurmam gereken herkese karşı konuşma tarzımı uyarlamam gerektiğini öğretti.

İşime çok yarayan tekniklerden biri konuştuğum kişi için kendimi bir ayna olarak hayal etmeye çalışmaktır. Konuşmalarının ritmi nedir? Yüksek sesle mi konuşurlar? Vücut dilleri nasıldır? Kendinizi, karşınızdaki kişiye ayak uyduracak şekilde yönettiğinizde o da kendini daha rahat hissedecektir. Samimiyetsiz olmanız gerekmez elbette. Tam tersine samimi olursanız, karşınızdaki kişinin duygularına ve düşüncelerine önem verdiğinizi göstermiş olursunuz. Sizin yapmanız gereken, tarzınızı biraz ayarlayarak karşınızdaki kişinin pencerelerini açık tutmaya çalışmaktır.

Güzel Bir Kapanış Yapın

Bir sohbeti nasıl sonlandırırsınız? Toplantılarda ve sosyal buluşmalarda, sohbetimiz içinde geçen bir konuyu hatırlatan anlamlı bir söz söyler ve derim ki, "Bu gece burada muhteşem insanlar var. Gidip birkaçıyla tanışmayı denemezsem kendimi kötü hissederim. Müsaadenizi isteyebilir miyim?" Olmaz derlerse bara gitmemi sağlayacak şekilde hareket ederim. Elimde içkilerle döndüğümde ise derim ki, "Tanışmanız gereken birilerine rastladım. Haydi oraya gidelim."

Tekrar Görüşene Kadar...

Uzun ömürlü bir temas sağlamak istiyorsanız, ayaküstü konuşmanızı, ilişkiyi sürdürmenize yönelik bir davet ile bitirmelisiniz. İltifat edin, tekrar görüşmek konusunda sözlü bir anlaşmaya varın. Görüşme amacınızın iş olması da şart değildir. "Şaraptan gerçekten anlıyorsun. Seninle tekrar bir vesile ile buluşup bu konu hakkında konuşmayı çok isterim. En ilginç şişelerimizden birini de yanımızda getirelim, ne dersin?"

Dinle ki Öğrenesin

William James'in bir keresinde dediği gibi "İnsan doğasının en temelinde başkaları tarafından benimsenme, onaylanma arzusu yatar."

Önce anlamak, sonra anlaşılmak gerekir düşüncesiyle hareket ediyor olabilirsiniz. Söyleyeceğimiz sözlerden o kadar çekiniriz ki bize söylenenleri çoğu zaman duymayabiliriz.

Dinleyicinize ilginizi ve dinlediğinizi belirtmenin birkaç yolu vardır. İnisiyatifi elinize alabilir ve selam veren ilk taraf olabilirsiniz. Bu, güveninizi gösterir ve karşınızdaki kişiye duyduğunuz ilgiyi yansıtır. Sohbet başladığında sakın kesmeyin. Empati ve anlayışınızı başınızı sallayarak ve bütün vücudunuzu kullanarak göstermeye çalışın. Karşınızdaki kişinin düşüncelerinin öğrenilmeye değer olduğunu gösterecek samimi sorular sorun. Başarıları üzerine odaklanın. Esprilerine gülün. Ve mutlaka ama mutlaka adını aklınızın bir köşesine kazıyın. Tanıştırılma sırasında, karşımdaki kişinin adını yüzüne iliştiririm. Birkaç saniye sonra, adını tekrarlayarak doğru anladığımdan emin olurum. Sonra sohbet ilerledikçe ara sıra adıyla hitap ederim.

Hiçbir Şey İşe Yaramazsa Her Zaman İşe Yarayacak Sekiz Kelime

"Sen bir harikasın. Daha çok şey anlat lütfen."

BİR ÜNLÜNÜN PROFİLİ

Dale Carnegie (1888-1955)

"Ayaküstü sohbeti öğrenmeden olmaz."

Stanford İşletme Fakültesi'nin merhum hocalarından Thomas Harrell, mezunların özelliklerini incelemeyi severdi. İncelemeleri sonucunda bulduğu en önemli şey, artık sizin de bildiğiniz gibi başarılı mezunların sosyal, girişken ve konuşkan kişiler olduklarıydı. "Geçinme becerisi", kimin öne geçeceğini her şeyden daha fazla olarak belirleyen unsurdu.

Ayaküstü konuşmayı kurumsal bir beceri olarak satan ilk insan olan Dale Carnegie efsanesinin bugüne kadar yıkılmadan gelmesinin nedeni de budur. Çok satan kitabı *How to Win Friends and Influence People*'ı 1936'da yayınlamasının üzerinden 70 yılı aşkın süre geçmiş olmasına rağmen fikirleri halen ayaktadır.

Carnegie için de ayaküstü sohbet, öz gelişim için bir araç olmuştu.

1888'de Missouri'li yoksul bir çiftçinin oğlu olarak dünyaya gelen Carnegie, fakir olmanın verdiği utanç duygusuyla büyüdü. Bu duygu hiçbir zaman ölmedi ve gençlik çağlarında intiharı bile düşündü. Yirmi dört yaşına geldiğinde, New York'ta geçimini sağlamaya çalışırken YMCA'de toplum önünde konuşma konusunda akşam dersleri vermesi teklif edildi. İlk dersine katılanların sayısı ondan azdı. Haftalarca lisedeki münazaralarda ve Missouri Eyalet Öğretmenlik Koleji'nde öğrendiklerini öğrencileri ile paylaştı. Onlara çekingenliklerini nasıl yeneceklerini, özgüvenlerini nasıl artıracaklarını, tedirginliklerini nasıl üzerlerinden atacaklarını bugün de geçerli olan yöntemleri kullanarak öğretti. İnsanların adlarını hatırlamayı, iyi bir dinleyici olmayı, eleştirmemeyi, kınamamayı ve şikayet etmemeyi anlattı.

İlk birkaç dersten sonra Carnegie'nin anlatabileceği hikayeler tükendi. Öğrencilerinden kalkıp kendi deneyimlerini anlatmalarını istedi ve anlatma şekillerine dair görüşlerini bildirme sözü verdi. O zaman gördü ki öğrenciler korkularını yenip ayağa kalkarak konuşmaya başladıklarında, buna paralel olarak özgüvenleri de artıyordu.

Carnegie'nin derslerinde işadamları, satıcılar ve diğer meslek erbapları kendilerini geliştirmenin uygun fiyatlı ve sağduyu temeline dayalı bir yolunu bulmuşlardı. 1916'da Carnegie'nin sınıfı öyle başarılı hale gelmişti ki ilk defa olarak resmi "Dale Carnegie Kursu" eğitimcilerini yetiştirme gereğini duydu. 1920'ye gelindiğinde Carnegie *Public Speaking* adlı kitabını yayınlamıştı. Kitap, Boston, Philadelphia ve Baltimore'da Carnegie kurslarını başlatmakta yararlandığı resmi bir metin niteliği taşıyordu.

Carnegie, öğrencilerinden konuşmalarını ve hikayelerini diğerleriyle paylaşmalarını istemeseydi bunların hiçbirini başaramayabilirdi. Carnegie'nin dinlemeyi, çevre edinme ve ilişki geliştirme konusunda hayati bir beceri olarak görmesine şaşmamak lazım. İş dünyasında bilgisayarın ve e-postanın kişisel dokunuşun yerini aldığı bir çağda Carnegie'nin mantığı bugün de geçerliliğini aynen koruyor. İnsan her zaman insandır. Şunlar gibi dersler hangimizin işine yaramaz ki?

- "Başkalarıyla gerçekten ilgilenin."
- "İyi bir dinleyici olun. Karşınızdaki kişinin kendisinden söz etmesi için cesaret verin."
- "Konuşmanın büyük kısmını karşınızdaki kişiye bırakın."
- "Gülümseyin."
- "Karşınızdaki kişinin ilgi alanlarına uygun şekilde konuşun."
- "Takdir duygularınızı içten ve dürüstçe gösterin."

Ayaküstü konuşmanın temellerini kendi hayatında başarıyla uygulamakla birlikte Carnegie ilk başlarda sırlarını kitap formatında başkalarıyla paylaşmakta hayli gönülsüz hareket etmişti. Kursun ücreti 75 dolardı ve Carnegie, kursun içeriğini dışarıya vermek istemiyordu. Simon & Schuster'dan bir editör, Leon Shimkin, Carnegie'nin derslerini alıp mezun olan, coşkulu bir öğrenciydi. Carnegie'yi kitap yazmaya ikna eden de o oldu. Edwin McDowell, 1986'da *New York Times* gazetesinde şöyle yazacaktı: "Shimkin, Carnegie'nin kendisinin de pek sevdiği ve savunduğu azmetme ve övme yoluyla Carnegie'nin aklını çelmeyi başarmıştır."

Shimkin için ve onun gibi milyonlarca insan için Carnegie, başkalarıyla anlaşabilme ve geçinebilmenin yollarını öğrenebileceğimizi, kim olursak olalım, ne kadar fakir olursak olalım, büyük başarılara imza atabileceğimizi göstermiştir.

ÜÇÜNCÜ KISIM

Tanıdıkları İş Arkadaşlarına Dönüştürmek

ON SEKİZİNCİ BÖLÜM

Sağlık, Para ve Çocuk

Tam olarak ne istiyorsunuz? "Misyonunuz Nedir?" bölümünde anlattığım gibi bu soruya verilecek yanıt, hayatta ne yaptığınızı ve onu başarmanıza yardımcı olan insanları tanımlar. Başkalarıyla tanışma ve ilişki kurma çabalarınızın eylem planını ifade eder. Aynı şekilde, bir başkasının misyonunu anladığınızda onlar için en önemli olan şeylere açılan anahtarı da elinize almışsınız demektir. Bunu bilmek size, uzun ömürlü, sağlam ilişkiler kurmakta yardımcı olur.

Akıl hocalığını yaptığım biri de olsa, birlikte iş yapabileceğimiz biri de olsa, biriyle ilk sohbetimde o kişiyi harekete geçiren unsurların neler olduğunu anlamaya çalışırım. Genellikle üç sonuç çıkar: Para kazanmak, sevgili bulmak ve dünyayı değiştirmek. Gülüyor musunuz? En derin arzularının su yüzüne çıkması karşısında çoğu insan aynı şeyi yapar.

Bu gerçekle barışın. Çevre edinmek için yola çıktığınızda, bir anlamda terapistlik rolüne de soyunursunuz. Bu yolda ilerledikçe, insan ruhu üzerinde uzmanlaşırsınız. İnsanların isteklerini ve bu istekler ne olursa olsun onları en iyi şekilde nasıl yerine getirebileceğinizi öğrenmelisiniz.

En başarılı ilişki kurucular, finansal guru, seks terapisti ve idealist hümanistlerin bileşkesinden çıkar.

İnsanlarla ilişki kurmak bir hayat felsefesi, bir dünya görüşüdür. Kılavuz ilkesi, "Bütün insanlar, tanıştığınız her bir kişi yardım etmek ve yardımını almak için bir fırsattır" der. Karşılıklı bağımlılığa neden bu kadar önem veriyorum? Çünkü her şeyden önce, hepimiz birer sosyal canlıyız. Gücümüzü, hep beraber yaptığımız ve bildiğimiz şeylerden alırız. Gerçek şu ki, hiç kimse çok büyük miktarda yardım almadan bu dünyada bir adım öne geçemez.

Tehdit ve manipülasyon gibi şeyleri saymazsak, birine bir işi yaptırmanın sadece ve sadece tek bir yolu vardır. Nedir, biliyor musunuz?

Hiç de saçma bir soru sormuyorum. İşletme ya da girişim dediğiniz şey, bir grup insanı alıp, bir fikri kavram düzeyinden gerçeklik düzeyine hep beraberce taşımaya ikna etme becerisidir. Bir başka ifadeyle bir teoriyi pratiğe taşıma, çalışanlarınızın ve iş arkadaşlarınızın güvenini kazanma, başkalarını, sizin planlarınızı gerçekleştirmeye yüreklendirme becerisidir.

Cevabın ne olduğundan emin değilseniz, kalbinizin sesini dinleyin. Çoğumuz böyle yapmayız. Her yıl yüzlerce kitap çıkıyor ve sadakati, motivasyonu nasıl yaratabileceğimizi sorguluyor. Birçoğu da yanlış sonuca varıyor.

Yanlış sonuca varmalarının nedeni ise hatalı varsayımlardan yola çıkmaları. İnsanlar şöyle nidalar atmayı artık moda haline getirdiler: Her şey çok yeni. Her şey farklı. İş yapma şekilleri değişti!.. Cevapları teknolojide ya da yeni liderlik tiplerinde, uçuk örgütlenme kuramlarında bulacağımız düşünülüyor. İyi ama insanlarla ilgili herhangi yeni veya farklı bir şey söz konusu mu? Yok öyle bir şey.

İnsan ilişkilerinde takip edilecek ilkeler, Dale Carnegie'nin altmış yıl önce bize gösterdiklerinin aynısıdır. Bu ilkeler evrenseldir ve zamanla eskimezler.

İnsanlara bir şey yaptırmanın yolu, onların önemini kabul etmek ve kendilerini önemli hissettirmekten geçer. Herkesin en derinlerde beslediği arzuları önemlidir ve anlaşılıp kabul edilmesi gerekir.

İnsanların kim olduklarını, hayattaki amaçlarını anlamaya çalışmak, onları takdir etmenin ve gururlarını okşamanın en iyi yoludur.

İnsanlar için nelerin önemli olduğunu keşfetmenin bir başka boyutu daha vardır. Birinin amacını gerçekleştirmesine yardımcı olursanız o kişiyle aranızda bir bağ kurulmasını sağlamakla kalmazsınız, o bağın güçlü ve sürekli olmasını da sağlarsınız. Modern çağda sadakat denen erdem unutulup gitmiş olabilir. Ama bütün güçlü ilişkilerin özünde yatan değer hâlâ sadakattir ve birçok şirket tarafından günlük uygulamalarında bulunması için çalışılan bir değerdir.

Benim için sadakat, birine ya da bir şeye mesela bir markaya ya da tüketici grubuna her ne olursa olsun bağlı kalmaktır. Yüz metre koşusundan öte bir maratondur sadakat. Herhangi bir marka yöneticisinin çok iyi bildiği gibi müşteri sadakatini kolay kazanamazsınız. Bunu taş üstüne taş koyarak yavaş yavaş elde edersiniz. Nasıl mı?

Size Michael Milken ile ilgili bir anımı anlatayım. Michael Milken bir finans ve anlaşma bağlama uzmanıdır. Ama aynı zamanda bir insan sever ve insan davranışları üzerine son derece yetkin biridir. Mike, Starwood'dan sonra çalışmaya başladığım bir start-up firmasına Entertainment Media Ventures (EMV) firması aracılığıyla yatırım yapmıştı. CEO olarak göreve başladığımda ona ve arkadaşım EMV'nin yöneticisi Sandy Climan'a, şirketi yönetirken Mike'tan öğreneceklerimin benim için en büyük motivasyon olacağını açıkça söylemiştim. DuPont'un tüketiciye yönelik soya sütü firması kurma çalışmaları sırasında danışmanlık yaparken Mike ile tanışma şansını bulmuştum. Mike, benim her zaman tanışmak istediğim, kariyerimin ilk dönemlerinden itibaren tokalaşmak istediğim biriydi. Onunla ilgili bazı yazıları okuyunca öğrendim ki soya ile ve onun tedavi edici özellikleriyle yakından ilgileniyordu. Prostat kanserine karşı verdiği bir mücadele vardı ve bu mücadele en sonunda sağlık ve önleyici tıp konusuna ciddi şekilde eğilmesine yol açmıştı. Mike, yiyip içtiklerimizin sağlık açısından önemini görmüş ve bu, onun için kişisel ve toplumsal bir tutku olmuştu.

CEO olarak göreve başlamamdan itibaren şirketin kuruluşu ve Mike ile ilişkimi geliştirmek için çaba sarf ettim. Mike da çabama kayıtsız kalmadı ve beni kanatlarının altına alarak dünyasını bana açtı.

Prostat kanseri için çare bulmaya yönelik bilimsel araştırmaları destekleyen CapCure'a bağış toplama etkinlikleri için New York'a gittiğinde, Milken Aile Vakfı aracılığıyla üstün başarı gösteren öğretmenleri ödüllendirmek için ülkenin dört bir yanına gittiğinde, yanında olmaya çalışırdım. Tek amacım vardı, o da nasıl çalıştığını görmekti. Böylece işin özüne dair ipuçları yakalayabileceğimi ümit ediyordum. Gittiği yerlerdeki müşterileri ve iş fırsatlarını tanımak ve anlamak için de bu seyahatlerin yararı oluyordu. Dolayısıyla YaYa için de çaba sarf etmiş oluyordum.

Genellikle sessizce oturup çalışıyorduk. Her gittiği yere götürdüğü 10 çanta dolusu kitap içinden seçtiklerini okuyordu. Ben de bilgisayarımın başında oluyor, e-posta gönderiyor ve YaYa için gelir artırma ve iş geliştirme konularında şevkle, istekle çalışıyordum. Okuduklarından, düşündüklerinden öğrenilecek çok şey vardı.

Böyle seyahatlerin birinde Mike ile insanların tutkularından konuşmaya başladık. Bana, insanlara ve sadakate dair çok güçlü bir bakış açısı sundu. Çok parlak zekasının yanısıra Mike, tam bir ilişki sanatçısıydı.

Hiç alakasız kişilerle saatlerce konuştuğuna şahit olmuşumdur. Sekreterlerden, gençlere ve yaşlılara, güçlü ve güçsüz insanlarca saatlerce sohbet ederdi. Bu konuyu ona açtığımda bana yazar ve düşünür Ralph Waldo Emerson'un bir sözünü hatırlattı: "Tanıştığım her insan bir şekilde benden üstündür. Ondan öğrenilecek bir şeyler vardır." Herkesin Mike'a öğreteceği bir şeyler vardı.

İnsanlara bu şekilde yoğunlaşması, neden birçoğunun ona bu kadar çok sadakat gösterdiğini de izah ediyor. Aynı sadakati ona karşı ben de duyuyordum. Ona insanların bu sadakatinin kaynağını sormuştum. Başkaların bilmediği neyi biliyordu? Bir soru hoşuna giderse ya da canını sıkarsa biraz duraklardı. Benim sorduğum bu soru üzerine de bir müddet sustu, sonra gülümsedi.

"Keith, bu dünyada insanlarla aranda derin duygusal bağlar oluşturabilecek üç şey vardır: Sağlık, servet ve çocuk."

Başkaları için yapabileceğimiz pek çok şey var. Tavsiyelerde bulunabilir, arabalarını yıkamalarına yardım edebilir, taşınırken yanlarında olabiliriz. Ama sağlık, servet ve çocuk, diğer iyilik türlerinin yapamayacağı şekillerde bizi etkiler.

Sağlık ile ilgili bir konuda birine yardım ederseniz, birinin kişisel servetine olumlu bir etkide bulunursanız ya da çocuklarına karşı samimi bir ilgi gösterirseniz hayat boyu sürecek bir sadakati de yaratmış olursunuz.

Mike'ın bu görüşü aslında araştırmalarla da destekleniyor. Psikolog Abraham Maslow'un teorisi insanların ihtiyaç hiyerarşisini tanımlıyor. Maslow, hepimizin aynı şeylere ihtiyaç duyduğuna inanıyor ve temel ihtiyaçlarımızın daha yüksek ihtiyaçlardan önce karşılanması gerektiğini savunuyor.

Maslow'a göre en yüksek insani ihtiyaç, kendini gerçekleştirme yani olabileceğinin en iyisi olma arzusu. Dale Carnegie de aynı görüşü savunuyordu. Ama Maslow, en alttaki ihtiyaçlarımızı karşılamadan piramidin en üstündeki ihtiyaçlarımıza odaklanamayacağımızı düşünüyor. En temel ihtiyaçlarımız ise hayatta kalmak için gerekenler, güvenlik ve cinsellik olarak sıralanıyor. İşte sağlık, para ve çocukların da yer aldığı bu alt grup içinde sadakat yaratılıyor. Bu üç temel konuya hitap ederek iki şeyi başarabilirsiniz: 1) İnsanların bu temel ihtiyaçlarını karşılamalarını sağlarsınız ve 2) Daha yüksek arzularını gerçekleştirebilmeleri için, ihtiyaçlar piramidinin üst sıralarındaki maddelere odaklanmalarını kolaylaştırırsınız.

Kendi deneyimlerimi de göz önünde tutarak yüzde yüz haklı olduğunu söyleyebilirim.

Geçenlerde bir arkadaşıma prostat kanseri teşhisi koydular. CapCure Vakfı ile ilişkim sayesinde oradaki en iyi doktoru tanıyordum. Ona telefon açtım ve arkadaşıma biraz zaman ayırıp ayıramayacağını sordum. Bir başka arkadaşım olan, Columbia Üniversitesi'ndeki Kardiyovasküler Enstitüsü'nü yöneten, New York Presbyterian Hospital'daki Tamamlayıcı Tıp Programı'nın kurucusu ve yöneticisi olan muhteşem insan Mehmet Öz de kendisine bu şekilde gönderdiğim kişileri hep kabul ediyor.

Bunalımlı bir anda insanı rahatlatan bir uzmanın dünyanın bütün servetine değişilmeyeceğini kendi kişisel deneyimlerimle biliyorum. Babamın kalp rahatsızlığı sırasında, Pittsburgh'daki en iyi kalp doktorlarından biri için çalışan Arlene Treskovich adlı aile dostumuz, çok az sayıda mavi yakalı Pittsburgh'lu ailenin ulaşabileceği tıbbi tavsiyelere ulaşmamızı sağlamıştı. Kendisine ne öğretildiyse onu yapıyordu. Annesi Marge, Latrobe Hospital'da çalışmıştı. Aile üyelerimizin ya da ailemizin arkadaşlarının biri hastaneye yatırıldığında ona kraliyet ailesindenmiş gibi davranmaya azami gayret gösterirdi. O gün bu gündür, Arlene'in benden rica ettiği her şeyi yerine getiririm.

Gün olur, ilgi gösterip manevi destek vermek yeterli gelir. Bir örnek vermek istiyorum. Robin Richards, müzik portalı MP3.com'un kurucu başkanıdır ve dünyadaki en yüksek kârlılığa sahip internet şirketlerinden birini yaratan isimdir. MP3'ü çok zor günlerde başarıyla yönettikten sonra Vivendi Universal firmasına sattı. Vivendi Universal daha sonra kendisini üst düzey yönetici olarak bünyesine dahil etti. Robin ile işte bu sıralarda, şirketimizi satın almak için yapılan görüşmeleri yürüten kişi olması nedeniyle tanıştık.

Anlaşma imzalandı. Ama o süreçte Robin'in çok ciddi bir kanser türüne yakalandığını öğrendim. Yemekte bu son derece acı verici ve özel bilgiyi benimle paylaştığında bir görüşmeyi belirleyen dinamiklerin pencereden uçup gittiğini gördüm. Benzer deneyimlerimizi birbirimize anlattık. Robin'i, o tür kanser hastalıklarına karşı bir çare bulmaya gönlünü koyan Mike ile tanıştırdım. Robin'le ben bugün de yakın arkadaşız. Birbirimiz için yapmayacağımız şey olmadığından şüphe duymuyorum.

Birine gerçekten etkili bir diyet vererek zayıflama çabasında yardımcı oldunuz mu? Size faydası dokunmuş bir vitamini ya da besin desteğini başkalarıyla paylaştınız mı? Ufak tefek şeyler gibi görünebilir ama sağlık ve beslenme de dahil olmak üzere bu üç konu, çok şey ifade edebilir.

İş paraya geldiğinde, iş bulmalarına yardımcı olduğum kişiler gelir aklıma. Yenilikçi finansal araçlar kullanarak birine milyonlarca dolar kazandırmakla aynı şey olmasa da –Mike bunu çok kişi için yapmıştı– girdikleri işler, o kişilerin ekonomik durumlarında çok büyük değişiklikler yarattı. Bir tanıdığım iş arıyorsa, bağlantılarıma, tanıdıklarıma sorarım. Kendileri bir iş buldularsa karar verici konumundaki kişiyi ararım. Bazen birinin sadece özgeçmişini revize eder ya da referans kişi olarak görev üstlenirim. Elimden ne gelirse yaparım. İşletmeler için de aynısını yaparım. Sık gittiğim restoranlar için de oraya olabildiğince çok müşteri göndermeye çalışırım. Danışmanlık yapan, ürün tedarikçisi ya da satıcısı olan tanıdıklarıma da aynen restoranlara yaptığım gibi mümkün olduğunca çok sayıda müşteri gönderirim. Onların iyi olduklarını bilir, onlara güvenirim ve başkalarının da onların uzmanlıklarından yararlanmalarına çalışırım.

Çocuklar, anne babaları için her şeydir. Çocuklara akıl hocalığı yaparken ben de aynı şekilde hareket ederim. Eğlenceli, yardım edicidir. Öğretmek, öğrenmenin en iyi yöntemidir ayrıca. Birinin çocuğuna ister kendi şirketimde, ister bir tanıdığımın şirketinde stajyerlik bulduğumda karşılık olarak bana dönen vefa ve sadakatin büyüklüğünü kelimelerle ifade edemem.

Motion Picture Association'ın eski başkanı ve CEO'su Jack Valenti ile yaşadıklarımı anlatayım. Teksas'ta doğan, Harvard'da okuyan Valenti'nin birden fazla hayatı var denilebilir. Savaş zamanında bombardıman uçağı pilotu, reklam ajansı kurucusu, politika danışmanı, Beyaz Saray özel asistanı ve sinema sektörü önderi. Herkesi tanıması bir kenara herkes de onu tanır ve ona saygı duyar. Saygının fazlaca bir anlam ifade etmediği sinema sektörü için bu saygının anlamı daha da büyüktür.

Valenti, bir süredir bana ilham veren tanıdıklarımdan biriydi. Özellikle tanışmak için peşinde koştuğum kişilerden biri değildi ama çok ilginç olduğunu bildiğim biriydi. Her şeye sıfırdan başlamış, çalışkan bir İtalyan'dı. Ortak çok noktamız olacağını tahmin ediyordum.

İlk karşılaşmamız tamamen tesadüf eseriydi. Başkan Clinton'ın görevdeki son yılı sırasında Los Angeles'ta Demokratik Parti Ulusal Kongresi'ndeki kabine üyeleri için verilen bir yemeğe katılmıştım. Katılanlar arasında Jack'i gördüm. Sıra yemeğe geldiğinde ikimizin yan yana oturmasına özellikle dikkat ettim.

O öğleden sonraki sohbetimiz gayet güzel ve eğlenceli idi. Herhangi bir misyon ya da amaç peşinde değildim; rahattım. Bir gün daha sağlam bir arkadaşlığın temellerini atmayı umuyordum.

Çok geçmeden bir arkadaşım aradı. Akıl hocalığı konusunda ne kadar hevesli olduğumu bilen biriydi. Bana "Jack Valenti'nin oğlu senin sektörde iş arıyor, haberin var mı? Onunla tanışıp biraz akıl vermek istemez misin?" dedi.

Jack'in oğlu çok akıllı ve etkileyici bir çocuktu. Ona bazı konularda tavsiyelerde bulundum ve sektörden bazı isimlerle tanıştırdım. Bütün yaptığım buydu.

Birkaç ay sonra Yale'deki CEO konferansında Jack ile tekrar karşılaştım.

Dedim ki, "Jack, beni herhalde hatırlamazsın. Hatırlamanı gerektirecek bir sebep de yok gerçekten. Demokrat Parti kongresinde birlikte öğle yemeği yemiştik. Daha sonra, oğlunla tanıştım ve kendisine bazı kariyer konularında tavsiyelerde bulundum. Şimdi nasıl, neler yapıyor, merak ediyorum."

Jack, yapmakta olduğu her şeyi bıraktı ve bütün ilgisini bana yöneltti. Oğluyla ve sektörüme girmesi için yapabileceği en iyi şeyin ne olduğuna dair sayısız soru sordu.

Karşılaşmamızın devamını bir gün sonra onu akşam yemeğine davet ederek getirdim. Bizimle birlikte politika ve eğlence dünyasından birçok üst düzey yönetici de olacaktı.

"Programım elverirse gelmeyi çok isterim. Ama esasen sadece sen, ben ve oğlumun katılacağı bir yemekte buluşmayı daha fazla isterim" dedi.

Akşam yemeği davetimle sanırım fazla ilgili değildi. Kimbilir. Ama oğlunun geleceğini çok düşünüyordu. Oğluna bazı basit ve sağlam tavsiyeler vermemiş olsaydım yemek davetlerimi o kadar heyecanla kabul etmezdi belki de.

Çoğu insan, bir davetin sadakat oluşturmak için yeterli olduğunu düşünür. Deloitte firmasında çalıştığım günlerde ve şimdi danışmanlık yaparken görüyorum ki birçok kişi müşterileri ve müşteri adaylarını şık bir mekanda yemeğe, bir maça ya da şova götürmenin sadakat oluşturmak için kafi geleceğini sanıyor. Aynı tuzağa ben de düştüm. Bir ilişkinin başlangıcında, bu tür davetler karşınızdaki kişiyle sıkı bağlar kurmanızı sağlayacak araçlar olabilir. Ancak, biz *Fortune* 100 listesindeki en büyük müşterilerimizden bazılarına, kendi müşterilerini ve müşteri adaylarını yöneticilerin evlerinde yemeğe davet etmelerini, aileleriyle tanıştırmalarını ve bir birey olarak onlara nasıl yardım edebileceklerini anlamaya çalışmalarını önerdik.

İnsanların hayatlarındaki en önemli konulara girecekseniz, o konulara hak ettikleri ilgiyi göstermeniz gerektiğini unutmayın. Unutursanız, niyetleriniz geri teper. Bir insana samimiyetle yardım etme sözü verip sonradan kılınızı bile kıpırdatmamak kadar kötü bir şey yoktur.

"İnsanlar benim için önemlidir. Yardım etmeye ve yardım edilmeye inanan bir insanım. Bence insanların daha sağlıklı olmalarına, para kazanmalarına ya da başarılı çocuklar yetiştirmelerine yardım etmek hayattaki en büyük işlerden birkaçıdır" demek kolaydır. Çok kişi böyle konuşur. Ama sonra yaptıklarını görür, kendi çevrelerinin onlar için söylediklerini duyar ve kendi ağızlarından çıkan sözlere gerçekten inanmadıklarını fark edersiniz. Çevrenizin sizin gerçekte kim olduğunuza dair bilgileri çok kısa sürede ve herkesi etkileyecek şekilde yayınlayacağına hiç şüpheniz olmasın.

Nereden başlamak gerekir? Felsefe ile, herkesi yardım etmek ve yardımını almak anlamında bir fırsat olarak gören dünya görüşüyle başlanabilir. Birinin sağlığına, servetine ya da çocuklarına veyahut diğer isteklerine yardım etmek gibi hususlar bundan sonra gelir.

ON DOKUZUNCU BÖLÜM

Toplumsal Arbitraj

Bazı insanlar baskı, güç kullanma ve korkutma yoluyla iktidar sahibi olurlar. Bazıları ise çevrelerindeki insanlar için vazgeçilmez olmanın yolunu bulurlar.

Güce giden bu iki ayrı yolu bana gösteren öğüdü hiç unutmam. Deloitte firmasında işe yeni başladığım günlerdi. Greg Seal beni ofisine çağırdı, oturmamı istedi ve şunları söyledi: "Başarılı olacağını düşüne düşüne kendini de başkalarını da deli ediyorsun. Buna bir son ver artık ve çevrendeki insanları nasıl başarıya ulaştırabileceğini düşünmeye başla."

Deloitte firmasına adımımı atar atmaz bir misyon adamına dönüştüm. Daha fazla çalışmak, daha çok iş ortağıyla tanışmak, en büyük projelerde yer alıp en büyük sorunları çözmek ve bunların hepsini hemen yapmak istiyordum. Çünkü adımı duyurmak, tanınmaktı derdim. Bu hırsım nedeniyle birçok kişi benden hoşlanmıyordu. Deloitte ve diğer bütün firmalarda iş arkadaşlarınız sizden hoşlanmıyorsa bir şeyleri yaptırmak çok daha zordur.

Zirveye çıkan yolda bazı insanları kızdırmanız ve onlara kötü davranmanız bir zamanlar kabul gören bir uygulamaydı. Michael Korda'nın 1975'te çıkardığı kitabı *Power! How to Get It, How to Use It*'te şirket içinde lider pozisyonuna gelmenin sırlarını anlatır. Kitapta, önerilen yöntemlerden biri de şudur: "Kilit noktalardaki oyuncular olabildiğince çok miktarda bilgiyi kendilerine yönlendirmeli ve sonra mümkün olabildiğince çok kişiden bu bilgiyi gizlemelidir." Otuz sene önce güç, bilgiyi tekeline almakla (ve bir sürü insanı kızdırmakla) elde edilebiliyordu belki. Ama bugünkü sistem daha çok bir toplumsal arbitrajı çağrıştırmaktadır. Greg'in de çok bilgece tavsiye ettiği gibi sürekli ve açıkça yürütülen bir iyilik ve haber alışverişi yapılmaktadır.

Bu sistem nasıl işliyor? Bunun bir oyun olduğunu düşünün. Biri, bir sorundan söz ettiğinde çözümleri düşünmeye çalışın. Çözümler, deneyim ve bildiklerimden, arkadaş ve tanıdıklarımdan oluşan araç kitimden doğar. Örneğin, bir konuşmanın ortasındaysam ve karşımdaki kişi Los Angeles'ta bir ev satın almaktan bahsediyorsa, aklıma gelen ilk şey "Çevremden yararlanarak nasıl yardım edebilirim?" sorusu olur. Oyalanacak zaman yoktur. Cep telefonumu çıkarır, ev almak konusunda yardımı dokunabilecek bir tanıdığımı bulmaya çalışırım. Telefonu çevirirken şöyle bir şey söyleyebilirim: "Betty adındaki bu emlakçı ile mutlaka tanışmalısın. Los Angeles'ı onun kadar iyi bilen biri yoktur. Bu, onun telefon numarası. Ama bir dakika..." Betty şimdi telefonun diğer ucundadır. "Betty merhaba. Özlettin kendini. Kaç zaman oldu konuşmayalı... Bak ne diyeceğim, yanımda bir arkadaşım var ve senin uzmanlığından yararlanmak istiyor. Ona senin numaranı verdim ve sana da şahsen haber vererek seni arayacağını bildirmek istedim." Bağlantı kurulur. İşlem tamamdır. Bundan sonra ne olursa olsun her iki taraf da çabalarımdan dolayı mutluluk duyacaktır.

İşte toplumsal arbitraj böyle işler. İlk bilmeniz gereken şey, birinin sizden istemesini beklemeden bir şeyler yapmaya çalışmaktır.

Başka bir örnek daha ister misiniz? Chicago'nun dışında High Sierra adında küçük bir çanta üreticisi var. O firmanın CEO'su Hank Bernbaum benim kısa bir profilimi ve *Fast Company* adlı dergide pazarlama uzmanlığıma dair bir yazı okumuş. Bir gün aniden beni aradı ve "Sizinle ilgili yazı muhteşemdi" dedi.

İlgimi çekmeyi başardı.

"Küçük bir firmayız ve pazarlama konusunda tam bir felaket yaşıyoruz. Amerika'daki en iyi çantaları üretiyoruz fakat kimsenin bundan haberi yok. Gelirimiz ve pazar payımız olması gerekenin ancak dörtte biri. Bize yardım edebilir misiniz?"

Eklemeyi de unutmadı: "Ha bu arada, çöpe atacak fazla paramız yok."

Zamanım elverdikçe böyle telefonlar almayı severim. Çünkü çok farklı insanlar için sırdaşlık, danışmanlık yaptım ve hatta onlara konsiyerj* hizmeti bile verdim. Sürekli olarak hayatımdaki iki farklı köşeden, birbirlerini tanımaktan fayda sağlayabileceklerini düşündüğüm iki kişiyi birbirleriyle tanıştırıyorum. Doğru kişileri ve fırsatları eşleştirip bir araya getirmek hiç bitmeyen bir puzzle'a benziyor. Siz de dünyayı bir kere böyle görmeye başladınız mı karşınıza çok heyecan verici fırsatlar çıkabilir. Hem eğlencelidir, hem de ödüllendiricidir. Hank'in biraz danışmanlık almaya ihtiyacı vardı. Çantalarının da herkesçe bilinmesine... Starwood Hotels'de benimle çalışan Peter adında bir arkadaşım vardı. Pazarlama konusunda muhteşemdi ve dışarıdan çalışmayı severdi. Onu aradım. Reebok'ta pazarlamanın başındaki bir başka arkadaşımı daha aradım. Çantaları diğer ürünleri kadar iyi satış rakamlarına bir türlü ulaşamıyordu. İkisinin birbirlerinin deneyim ve birikimlerinden yararlanabileceklerini düşünüyordum. Hatta, Reebok'tan bir pazarlama yöneticisi ile yapacağım toplantıyı klonladım ve Hank'i de alarak yüz yüze tanıştırmak için yanımda getirdim.

Hank'e basında çıkmak isteyip istemediğini sordum. İstemediğini söyledi. Hank'in ürünlerinden birkaçını *Fast Company* adlı derginin editörü Alan Webber'a gönderdim. Birkaç ay sonra,

* Ç.N. Büyük müşterilerin iş ayarlamalarını yapan birim adı.

dergi yazarlarının çok yenilikçi bir valizi incelemelerinin ardından High Sierra ürünleri hakkında bir yazı dergide yayınladı.

Hank çok mutluydu. Ama sonra ben bir şeyi daha gündeme getirdim: "Hank, senin adına yaptığım telefon konuşmalarını artık sen kendin yapmalısın. Chicago'daki Yöneticiler Kulübü'ne üyeliğin var mı?"

"Ben de bunu düşünüyordum. Neden sordun?"

"Kendini ve şirketini artık bir ada gibi düşünmeyi bir kenara bırakman lazım. İnsanlarla tanışmalısın. Yöneticiler Kulübü'nde çok sayıda CEO ile ve zeki insanlarla tanışabilirsin. Senin için yapmakta olduğum şeyleri, onlar bu zamana kadar çoktan yapmış olabilirlerdi. O kişilerle tanışmalısın."

Çok geçmeden Hank, diğer yöneticilerle arkadaşlıklar kurmaya başladı. Hank'ın ürünleri gerçekten çok güzel. Onun ihtiyaç duyduğu şey bir çevre. Ancak başarılı olan sadece o ve ben değiliz. Eski mesai arkadaşım, Starwood'da pazarlamacı olarak çalışmış olan Peter, kendi ayakları üzerinde durabilmek için ihtiyaç duyduğu güveni oluşturmak için deneyimini kullandı. Şimdi New York'un hızla büyüyen danışmanlık firmalarından birinin sahibi. Reebok'taki pazarlama müdürü mü? Çanta satışlarını patlatacak tanışma nedeniyle minnet duyguları besliyor. Bir adam ve bir sorun, en sonunda birden fazla kişi ve birden fazla çözümle nihayete erdi.

Benim düşüncem mi? Bana sorarsanız, gerçek güç, vazgeçilemez olmakta yatar. Vazgeçilememe durumu bir santral gibi çalışmakla, mümkün olduğunca çok kişiyle –bir başka deyişle mümkün olduğunca çok sayıda başka dünyayla– bilgi, iyi niyet ve tanıdık kişi paylaşmakla mümkün olur.

Karşılıklıdır. Tanıdığınız insanlara ne kadar çok şey verirseniz karşılığında o kadar çok şey alırsınız. Bir başka ifadeyle, arkadaş edinmek ve işlerinizin iyi şekilde yürümesini istiyorsanız başkaları için elinizi taşın altına sokmalı ve zamanınızı, enerjinizi ve ilginizi vererek onlar için bir şeyler yapmalısınız.

Başkalarıyla ilişki kurmak, istediğinizi elde etmekten ibaret basit bir denklem değildir. İstediğinizi elde etmek ve öncelikle sizin için önemli olan insanların istediklerini elde etmelerine yardımcı olmakla ilgili bir konudur. Genellikle, birbirleriyle normal koşullarda tanışmaları mümkün olmayan kişileri tanıştırmayı kapsar.

İnsanları birbiriyle tanıştırırken en başarılı sonucu, tümüyle birbirlerinden farklı dünyalardan iki kişiyi tanıştırarak elde edersiniz. Çevreniz, gücünü sadece kalitesinden ya da büyüklüğünden almaz. Çevrenizdeki kişilerin çeşitliliği, onun gücünü belirleyen başlıca unsurlardan biridir.

Çoğumuz kendi mesleki ve sosyal grubumuzdaki kişileri ve bundan biraz daha fazlasını tanırız. Diğer ilişki kurucular ve kendi çabalarınız sayesinde sizi olabildiğince farklı mesleklerden ve sosyal gruplardan insanlarla tanışmaya teşvik ederdim. Farklı dünyalar hatta aynı meslekten farklı kişiler arasında köprü kurmak yöneticilerin en belirgin özelliklerinden biridir. O yöneticiler daha yüksek maaş alır, daha hızlı yükselir. Bu durum, Chicago Üniversitesi İşletme Fakültesi hocalarından Ron Burt tarafından yapılan bir araştırmada bilimsel olarak da ortaya konmuştur.

"Farklı gruplarda tanıdıkları olan insanların rekabet avantajları olur. Bunun da nedeni, duvarlar ören bürokratik bir sistem içinde yaşamakta oluşumuzdur." Bu sözler Burt'e ait. Devamında şunları söylüyor: "Girişimci bir çevresi olan bireysel yöneticiler, bilgiyi daha hızlı yayar, bürokrasiden uzak kalmayı başarır ve örgütlenmenin ihtiyaçlarına daha iyi uyum sağlayan çözümler yaratır."

Yaptığı araştırma şu rahatsız edici soruyu fazlasıyla yanıtlar: "Bildiğin mi seni başarıya götürür, kimleri tanıdığın mı?" Burt'e göre cevap "her ikisi de". Tanıdığınız kişiler, bildiklerinizi etkili şekilde uygulayabilme olanaklarınızı yakından ilgilendirir. İşleri yürütmek ve şirketin duvarlarının üzerinden aşmak doğru ilişkilere sahip olmayı gerektirir.

Bu fikri uzunca bir süredir biliyorum. Deloitte firmasındayken en büyük rakibimizin CMO'sunu tanımak durumundaydım. Starwood'da sektörün ileri gelenleriyle kısa sürede yakınlık kurdum. YaYa'nın CEO'luğuna getirildiğimde basın ve bilgisayar sektörünün liderleriyle tanıştım. Bu arada farkında olmadan FerrazziGreenlight'ın başarısının zeminini hazırlıyordum. Hangi pozisyonda olursam olayım, şirketimin bir ürününü tanıtacak ve marka bilinirliğini sağlayacaksam bunu yapmamda bana yardımları dokunacak sektör içi ve dışı oyuncular ile fikir alışverişinde bulunmak durumundaydım. Bunu yapmanın bir yolu bu kişilerin birbirleriyle tanışmalarını sağlayarak onların da kazançlı çıkmalarını sağlamaktı. Büyük danışmanlık firmalarının yöneticilerinin birbirlerini tanımamalarına çok şaşırdığımı da belirtmeden geçmeyeyim.

Kendi kendinize belki şöyle düşünüyorsunuz: "Sektörden hiçbir yöneticiyi ya da önemli bir ismi tanımıyorum ki! Beni neden tanımak istesinler?" Hiç sorun değil. Finansal ve ilişkisel kaynaklarınızın kıt olduğu dönemlerde toplumsal arbitraj manevraları yapmak hiç de atla deve değildir. Çözüm, toplumsal arbitrajdaki en geçer akçelerden biri olan bilgidir. Bilgi ise bedavadır. Kitaplarda, makalelerde, internette, hemen hemen her yerde bulunabilir ve herkes için de değerlidir.

Çevreniz içinde bilgiyi dağıtma becerisini öğrenmek çok kolaydır. O kadar ki hemen bugün başlayabilirsiniz. Sektörünüzdeki en önemli düşünür ve yazarları belirleyin. Bu kişilerin pazar ile ilgili yeni bir kitapları var mı? *New York Times*'ın çok satan –romanlar haricindeki– kitap listesinde kimlerin okunduğunu inceleyin. İş dünyası ile ilgili çok satan kitaplar için Cuma günleri *Wall Street Journal*'ın Personal Journal bölümündeki listeyi de inceleyebilirsiniz. Kitabı satın alın, okuyun ve ana fikri özetleyen notlar alın; ilginç bölümleri ve anekdotları yazın. Kendilerine bilgi aktarmak istediğiniz kişiler için bunların önemini veya ilgisini de bir kenara not alın. Bunları yaparak kendi büyük fikrinizi yaratmış olursunuz. İyi tanıdığınız ve tanımadığınız insanlardan bir grup oluşturarak çalışmanızı her ay e-posta ile gönderin. Olayı bir e-bültene dönüştürün. Eğer bir ay zaman bulamazsanız, okuduğunuz yararlı bir yazıyı da iletebilirsiniz. Veya kitap özellikle ilginçse ve insanları etkilemek istiyorsanız kitabın kendisini gönderebilirsiniz.

Bilgi paylaşımını kolayca bir alışkanlık haline getirebilirsiniz. Mesela biri yemekte ya da bir toplantının başlamasından önce yetişkin çocuklarıyla sorunlar yaşadığını söylerse, sorunu dikkatle dinleyin. Toplumsal arbitrajcı olarak bir çözüm bulmak için kafa yormalısınız. Kişisel bir tavsiyeniz olamayacaksa çözüm şu soruyu kendinize sormak suretiyle gelecektir: "Arkadaşlarım ve tanıdığım diğer insanlar bu konuda acaba nasıl bir yardımda bulunabilirler? Hangisinin yetişkin çocuğu var?" Muhtemelen, kendi çocuklarıyla yapıcı bir ilişki çerçevesinde sorunlarını halletmiş bir tanıdığı belki kendi ebeveyninizi bulmanız çok zaman almayacaktır. Telefonu açın ve herhangi bir tavsiyeleri olup olamayacağını, bu konuda okudukları kitap ya başka kaynaklardan yararlanıp yararlanmadıklarını sorun. Sonra da öğrendiklerinizi sorunu olan tanıdığınıza aktarın.

Ya da diyelim ki siz bir emlak komisyoncusunuz ama bir giysi tasarımcısı olmak istiyorsunuz. Giysiler konusunda fazla bir bilgim yoktur ama her konuda olduğu gibi eminim başkalarının çok fazla bilgisi vardır. Bu kişilerden biri neredeyse konuyla ilgili olarak bir kitap bile yazacaktı. Amazon.com'da bir araştırma yapın ve giysi tasarımcısı olmak konusunda yarar sağlayabilecek bir kitap bulun. Sonra o kişiye kitabın linkini, hatta daha iyisi kitabın kendisini gönderin. Doğrudan da konuşabilirsiniz. Bu hareket, karşınızdaki kişi için çok şey ifade edecektir.

İnsanlara bu şekilde ulaşmak zaman ve emek ister. Ama takdir edilmesinin de sebebi aynıdır. Bütün o bağlantıları ve bilgi birikimini harekete geçirmek ve nihayetinde birini sevindirmek, asri zamanların etkili kişisi olmak için geçer akçedir.

Dale Carnegie'yi yeniden hatırlamak gerekirse, başkalarını kendi başarınıza ilgi göstermelerini çalışarak iki yılınızı geçirerek elde edeceğiniz başarı, başkalarının başarısına samimiyetle odaklanarak geçireceğiniz iki ayda elde edeceğiniz başarının yanında bir hiç sayılır.

BİR ÜNLÜNÜN PROFİLİ

Vernon Jordan

"Kendinizi başkaları için vazgeçilmez kılmalısınız."

Clinton'un danışmanı, Washington'un süper avukatı, olağanüstü iş bitirici Vernon Jordan, şu anda American Express, Dow Jones, Revlon ve Xerox'un da aralarında olduğu on büyük şirketin yönetim kurulunda üyelik yapıyor. Uluslararası yatırım bankası Lazard'ın genel müdürü ve hukuk bürosu Akin Gump'ın üst düzey kıdemli danışmanı. *Fortune* dergisi, Jordan'ı en güçlü on siyahi yönetici arasında dokuzuncu sırada gösterdi.

Time dergisi Jordan'dan şöyle bahsediyor: "Jordan, yedi haneli bir gelire sahip. Bunu mahkemeye gitmeden, dava açmadan yürüttüğü avukatlık mesleğinden kazanıyor. Jordan mesleğini şık restoranlarda geçirdiği zamanla, cep telefonuyla yaptığı konuşmalarla, insanları birbiriyle tanıştırırken, nahoş durumları gazetelere yansımadan evvel bir sonuca bağlayarak kazanıyor." Ağzı laf yapmakla kalmıyor. Söylediklerini de gerçekten yapıyor.

Çok büyük bir şirkette sadece tek bir iş yapmak bile bu hayatta çok zor bir iştir. Ama Jordan kendisini işverenler için o kadar değerli kılmıştır ki birden fazla işveren için aynı anda ve gerçek anlamda çalışabilmektedir. Bu işverenlerin hiçbiri de görüldüğü kadarıyla onun bu mesleki poligamik durumundan rahatsız olmamaktadır.

Jordan, Washington'un en tanınan kişilerinden biridir. Her alandan birilerini tanımakta ve o konular üzerinde etki yapabilmektedir. IBM'den Lou Gerstner'i tanır. Dışişleri Bakanı Colin Powell ile Warren Christopher'ın değiştirilmesi konusunda bir araya gelir. Dünya Bankası Başkanı olması için James Wolfensohn'a destek verir.

İyi ama bu noktaya nasıl geldi?

Jordan, kendisini vazgeçilmez biri yapmak için toplumsal arbitraj yaptı. Bugün her anlamda asri zamanların etkileyici kişisi pozisyonundadır. Ama ezelden beri Washington'daki her şeyin ortasında değildi. 1982'de Akin Gump tarafından işe alınana kadar bu şehirde sürekli olarak yaşamıyordu bile. Şehre geldiğinde, yıllar boyunca sayısız insanla tanışmış ve onlar için iyilikler yapmış biri olarak etkili bir isim olacağını sezecek kadar kariyerinde başarı kazanmıştı. Akin Gump da bunun farkındaydı. İşe almalarının nedenlerinden biri de buydu zaten. Ortaklardan Robert Strauss konuyla ilgili olarak şu sözleri söylemişti: "Washington'daki hukuk çevrelerine çok kolay uyum sağlayacağını ve onun içinde baskın bir figür olacağını biliyordum. Burası güç kullanımı ve ilişkiler üzerine kurulu bir şehirdir. Vernon da tanıdığım diğer insanlar kadar başarılı biriydi."

Bill Clinton ile ilişkisi nedeniyle 1990'larda Vernon Jordan adını duymayan kalmadı. Ama ondan çok daha önceleri Jordan adı siyahi Amerikalılar arasında çok iyi biliniyordu.

1960'larda Jordan, Atlanta'da medeni haklar konusunda aktif bir avukat olarak çalışıyordu. Daha sonra okulların entegrasyonu ve Georgia vatandaşlarının oy kullanma haklarını kazanmaların sağlamak için mücadele veren NAACP örgütünün saha sekreterliğini yaptı. 1964'te bu örgütten ayrıldı ve kısa adı VEP olan Güney Bölgesi Konseyi'nin Seçmen Eğitimi Projesi'nin başına geçti. Görevi, gönüllüler bularak vatandaşların seçmen olarak kendilerini kaydettirmelerini sağlamak ve proje için para toplamaktı. Para toplama işi, Jordan'ın bütün Güney'i dolaşmasını zorunlu kılıyordu. Jordan, bu seyahatleri sırasında VEP'e neden yardımda bulunmaları gerektiğini açıklamak için zengin vakıfları bir bir dolaşıyordu. Ona saygı kazandıran da bu pozisyon oldu. Yapının içinden bir amaç için mücadele veriyordu. Adres defteri, vakıfların başkanlarını ve başkentteki VEP yöneticilerini tanıdıkça genişlemeye başladı.

1966 yılında Başkan Johnson tarafından medeni haklar konusunda düzenlenen bir konferansa davet edildi. O konferansta yüzlerce CEO da hazır bulundu. *Fortune* 500 topluluğuna kendisini tanıtması işte bu konferansla oldu. 60 ve 70'li yıllar boyunca iş dünyası ve medeni hakları savunan çevreler ile birlikte değişmez üye pozisyonunda yolculuklar yaptı. Bir çevre içinde yer alması, diğer çevre için onu daha da değerli yaptı. Bir çevre içindeyken yaptığı iyilikleri ve kurduğu arkadaşlıkları diğer çevre içinde iyilik yapma ve arkadaş edinme amacıyla kullandı.

Jordan'ın tam zamanlı işleri onun her kapıda bir ayağının olmasını sağladı. 1970 yılında Birleşik Zenci Kolej Fonu'nun genel müdürü oldu. 1972'de Ulusal Şehir Birliği'nin başkanı oldu ve iş dünyasında medeni hakları savunan bu örgütün on yıl süreyle yöneticiliğini yaptı. Her iki pozisyon da Jordan'ın kişisel çevresini bir güzel genişletmesini ve Akin Gump'ın 1982'de kendisine hizmetlerinden ötürü yüklü bir para ödemesini sağladı. Strauss o günleri şöyle hatırlıyor: "Vernon bize ucuza mal olmadı. Ona şöyle demiştim: 'Burada olan biteni anlayıncaya kadar birkaç yıl boyunca seni biz sırtlayacağız. Daha sonra bizi uzun bir süre boyunca sırtlayan sen olacaksın.'"

Jordan'ın kariyeri farklı dünyalardan, farklı kurumlardan farklı insanları bir araya getirip iyi işler çıkarmalarını sağlama fırsatı yaratmak adına harika bir örnek teşkil eder. Jordan, Clinton-Lewinsky skandalı sırasında halka mal olan bir figüre dönüştüğünde Monica Lewinsky gibi hiç tanımadığı birinin iş bulmasına yardım etmesinin onun için normal bir davranış olduğunu söylediğinde çok tepki çekmişti. Çevresi bir kere daha yardımına koştu. Washington'lu avukat Leslie Thornton, *Wall Street Journal* gazetesinde Jordan'ın Lewinsky'ye ve başkalarına yardım etmek için nasıl çaba gösterdiğini anlattı. Birçok genç beyaz ve siyahi profesyonelin uzun yıllardır özel olarak bildikleri bir şeyi herkes duymuş oldu. Jordan, her renkten ve inançtan insan için yıllardır kapıları açan biriydi.

YİRMİNCİ BÖLÜM

Çınlayın -Her Zaman

Woody Allen'ın bir zamanlar söylediği gibi başarının yüzde 80'i sadece kendini göstermekten ibaret ise, o halde ilişkiler inşa edip bunları kalıcı kılmanın yüzde 80'ini de sadece insanlarla teması koparmamak, arayı sıcak tutmak, onları arayıp sormaktır.

Ben buna "çınlama" diyorum. Çınlama hızlı ve gayrı resmi bir selamlamadır ve bunu yapmanın birçok yaratıcı yolu vardır. Kendi stilinizi geliştirdiğinizde, düşündüğünüzden daha kısa süre içinde daha fazla insanla irtibat halinde kalabildiğinizi görüp kendiniz de şaşacaksınız.

Doğrusu çok kolay bir şey değildir. Çınlamak emek ister. Zor kısmı da budur. Sürekli olarak çınlamak, çınlamak ve çınlamak zorundasınızdır. Ateşi sürekli beslemelisiniz. Beslemezseniz zayıflar ve söner.

Kendinize kaç kere şu soruları sordunuz: "Yüzü nasıldı... İşte o adam yahu...", "Tanımasına tanıyorum da adı aklıma gelmiyor şimdi..." Sanırım bu gibi durumlarla hepimiz sık sık karşılaşıyoruz. Ne zaman bunlara benzer cümleler duysam, anlarım ki o kişinin çevresiyle ve tanıdıklarıyla ilişkisi yavaş yavaş solmakta.

Yaşadığımız çağda o kadar çok bilgi bombardımanına tutuluyoruz ki beynimiz ancak en yeni veriye öncelik vererek bununla baş edebiliyor. Aşırı bilgi yüklemesinden nasıl kurtulabiliriz? Birinin sürekli olarak bizi hatırlamasını sağlamanın yolu tekrarlamadır.

- Yeni bir ilişki kurmaya çalıştığınız kişilerin, en az üç iletişim aracı vasıtasıyla adınızı duymaları ya da görmeleri gerekir. Bu araçlar e-posta, telefon ya da yüz yüze bir görüşme olabilir. Gerçek tanıma süreci bunlar yapıldıktan sonra tamamlanır.
- Karşı tarafın belleğinde yer edindikten sonra ayda en az bir kere e-posta ya da telefon yoluyla aranızdaki ilişkinin canlı kalmasını sağlamalısınız.
- Herhangi bir tanıdığı bir arkadaşa dönüştürmek için ofis dışında en az iki kere yüz yüze görüşmeniz gerekir.
- İkincil düzeyde bir ilişkinin yürütülmesi ise yılda iki-üç kez çınlamanıza bağlıdır.

Saydığım kuralları yerine getirerek çevrenizi canlı tutabilirsiniz. Ben şahsen her gün düzinelerce telefon görüşmesi yapıyorum. Bunların büyük kısmı, arkadaşların sesli mesaj kutularına bıraktığım hâl hatır sormalardan ibaret. Sürekli olarak e-posta gönderiyorum. Bir BlackBerry cihazım var. Fark ettim ki çınlama çalışmalarımın birçoğunu seyahatlerim sırasında yapmam mümkünmüş. Cihaz bana doğum günü, yıldönümü gibi önemli günleri hatırlatıyor. Böyle günlerde insanları arayıp kendilerini kutluyor, bir yandan da onlarla temas kurmak için güzel bir vesile elde etmiş oluyorum.

İlişkilerin devamı söz konusu olduğunda her an, her dakika tetikte olmalısınız.

Sistemin bu bölümüne belli bir güç katmanız gerektiğine şüphe yok. Ama bir dakika. Bu benim tarzım. Sizin kendi tarzınızı kendiniz oluşturmanız gerekiyor. Burada önemli olan konu, programınız üzerinde çok fazla bir baskı yaratmadan insanlarla düzenli olarak temas kurabilmektir.

Çevremle ilişkilerimi sıcak tutmakta yararlandığım ve işimi kolaylaştıran yöntemlerden biri çevremdeki kişilere puanlar vererek onlarla ne sıklıkla iletişim kurmam gerektiğini belirlemek. Önce, çevremi beş genel kategoriye bölüyorum. "Kişisel" başlığı altında yakın arkadaşlarım ve diğer eş-dost yer alıyor. Bu kişilerle halihazırda iletişim halinde olduğumdan onları iletişim listesine dahil etmeme gerek yok. İlişki zaten oturmuş durumda ve konuştuğumuz zamanlarda sanki her gün sohbet ediyormuşuz gibi konuşuyoruz. "Müşteriler" ve "Potansiyel Müşteriler" izah gerektirmiyor. "Önemli İş Arkadaşları" mesleki açıdan aktif olarak ilişki içinde olduğum isimlere ayrıldı. Onlarla ya iş yaparım ya da gelecekte bir zamanda iş yapmayı ümit ederim. Bu, misyon-kritik bir kategoridir. "Tanışmak İstediklerim" kategorisinde bir gün tanışmayı istediğim ya da yeni tanışmış olduğum kişileri bulunduruyorum. Yeni tanışmış olduğum kişiler arasında, daha iyi ilişkiler kurmak istediğim ve patronumun patronundan saygıdeğer bir ünlüye kadar herkes olabilir.

İsimleri not almakla ilgili bölümü okuduktan sonra herhalde çevrenizi size en uygun şekilde kategorize etmiş bulunuyorsunuz. Burada standart bir yöntem olmadığını bilmenizi isterim. Siz ve hedefleriniz için işe yarayan bir gruplama yapın. Bu iyi bir alışkanlıktır ve tekrar tekrar yapılmayı hak eder. Bütün başarılı insanlar, planlamacıdır. Kağıt üzerinde düşünürler. Plan yapmamak, onların ifadesiyle başarısızlığı planlamak demektir. Plan ise bir dizi eylem ve isimden meydana gelen bütündür.

Kategorilere ayırarak oluşturduğunuz ve çevrenizdeki herkesi içeren ana listeyi yazdırmaya geldi sıra. Şimdi soru şudur: "Listedeki kişilerle ne sıklıkta görüşmeliyim?" Çok basit bir sistemim var. Fakat bu sistemi siz pekala geliştirebilirsiniz. Listedeki isimlerin yanına rakamla 1, 2, 3 yazıyorum.

Yanına "1" yazdıklarımla her ay en az bir kere görüşüyorum. Bunun anlamı o kişiyle aktif olarak ilişkimin olduğu ve dostum veya yeni tanıştığım biri olduğudur. Yeni bir ilişki söz konusuysa "1", o ilişkiyi henüz üç farklı iletişim yöntemiyle güçlendiremediğimi belirtir. Birisiyle her temas kuruşumda, o kişinin adının yanına onunla son görüşmemi ne zaman ve nasıl yaptığımı not ederim. Geçen ay bir e-posta gönderip hatırını sorduğum potansiyel bir müşterinin yanına "1" yazmışsam, bu ay onu telefonla ararım. Tanıdıkların yanlarındaki "1" ise onları cep telefonumun hızlı arama bölümüne kaydettiğimi gösterir. (Hızlı arama özelliğini ne çok sevdiğimi bilemezsiniz. İnsanlarla hızlı bir şekilde temas kurmayı sağlaması nedeniyle benim için büyük bir rahatlıktır.) Takside boş bir zaman bulabilirsem hızlı arama özelliğini kullanarak son zamanlarda arama fırsatı bulamadığım kişileri ararım.

"2", daha yakınımda olan, iyi tanıdığım, samimi olduğum kişileri ifade eder. Onları üç ayda bir arar sorarım. İşimle ilgili olarak gönderdiğim e-postaları o kişilere de yollamaya dikkat ederim. Çevremin geri kalanı gibi onlara da tebrik ve doğum günü kartları yollarım.

"3", iyi tanımadığım, zaman ve koşullar elvermediği için kendilerine yeterince enerji harcayamadığım insanları temsil eder. Öylesine tanıştığım kişilerdir ama adres defterime bir şekilde girebilmişlerdir. Bu kişilerle en az yılda bir kere olmak üzere temas kurabilmeyi isterim. Bu kategorinin ilginç olan yanı, mensuplarının iyi tanımadığınız kişiler olmaları nedeniyle, onlara gönderdiğiniz kartlara veya e-postalara harika tepkiler vermeleridir. Pek yakın olmadıkları birinden ne kadar kısa olursa olsun bir mesaj aldıklarında birçoğu çok mutlu olur, büyük kısmında da size karşı büyük bir merak uyanır.

İsimleri not almakla ilgili bölümde bahsettiğim üçüncü adım, çevrenizi çağrı listelerine göre bölümlemektir. Zaman içinde ana listeniz giderek şişecek ve verimsizleşecektir. Çağrı listeleriniz size zamandan ve emekten tasarruf sağlayacaktır. Verdiğiniz puanlara, coğrafi özelliklere, sektörlere, vs. bölümlenebilirler. Tamamen esnektirler. New York'a gideceksem, New York listesinin çıktısını alırım ve uçaktan indiğimde "1" numaralarıma telefon açarım. "Selam Jan. Şimdi New York'a indim ve aklıma sen geldin. Yüz yüze görüşmek için zamanım olmayacak maalesef. Ama sesini bir duyayım dedim." New York listesini kullanarak seyahatten bir hafta önce programımdaki boşlukları doldurmama da çok yardımcı olur.

Zamanı nasıl buluyorum? Zaman her yerde bulunabilir. Taksideyken, arabamdayken, banyodayken (sadece BlackBerry ile), konferansta canım sıkıldığında insanları arayabilir, e-posta atabilirim. Yazdığım ve bana gönderilen her e-postayı kaydetmek gibi bir alışkanlık edindim. Bir e-posta aldığımda onu kategorilerimden birine taşıyorum. Outlook da hangi iletilere cevap yazıp yazmadığımı kaydediyor. Sonra cevap vermemiş olduğum dosyaları açıyor ve cevap yazıyorum. Her hafta sonu ana listemi alıp inceliyor, sonraki hafta için faaliyet ve seyahat planlarıyla çapraz kontrol yapıyorum. Böylece her zaman için güncelliği koruyorum ve tüm hafta boyunca güvenilir listelerimi yanımda bulunduruyorum.

Telefon aramalarınızı ne zaman yaptığınıza dikkat ederek zamandan tasarruf edebilirsiniz. Çoğu zaman, derin bir konuya girmeden sadece sesimi duyurmak için telefon açarım. Kimi zaman öyle derin sohbetler için zaman bulamayabilirsiniz. Sadece telefon açar ve bir merhaba dersiniz. Sadece basit bir mesaj bırakmak istiyorsam insanların telefon alışkanlıklarına dair notlar almaya çalışırım. Telefona bakamayacakları zamanlarda mesela sabah erken ya da akşamın geç saatlerinde ofislerinden ararım.

Burada önemli olan, çınlama dediğimiz kavramı hayatınıza sokmanızdır. Bazı organizasyonlar bu işi örgütsel süreçlerinin bir parçası haline getirmişlerdir. Danışmanlık firması McKinsey and Company'nin ilginç bir kuralı varmış. Bir şirketin başına yeni bir CEO atandıktan yüz gün sonra danışmanlardan biri CEO'yu arıyor ve nasıl yardımcı olabileceklerini soruyormuş. McKinsey, yüz günlük sürenin yeni CEO'nun sorunları anlaması için yeterli ama çözüm üretmek anlamında yetersiz olduğunu kabul ediyor olmalı.

Çınlama olgusu kurumsal düzeyde bir uygulamaya dönüşünce, işleri kolaylaştıracak yazılımlar da geliştirildi. Plaxo, bu konu da çok yararlı olduğunu düşündüğüm çok güzel bir program. Yazılım, herkesin ortak ve can sıkıcı sorununu ortadan kaldırıyor. O sorun, insanların irtibat bilgilerinin güncelliğinin sağlanamaması. Yazılım, adres defterinize giriyor, e-posta adreslerinden yola çıkarak kayıtlı kişilerin sizdeki irtibat bilgilerini onlara geçerek güncellemelerini istiyor. Karşı taraf, bilgilerini güncellediğinde yazılım size bir e-posta ile yeni irtibat bilgilerini gönderiyor. Otomatik çınlama!

Bunu yaklaşık her altı ayda bir yaparım ve gerçekten de onsuz yapamaz oldum. Geçenlerde yine bir Plaxo güncellemesi yaptım. Birkaç gün geçti, irtibatımızın kesildiği eski bir müşteri adayından bir e-posta aldım. Şöyle diyordu: "Konuşalı bir yıl oldu. Bu konuşmadan hiçbir şey çıkmamıştı. Tekrar konuşmak için bugün daha iyi olabilir." Bu e-posta, sonrasında 2 milyon dolarlık bir işe dönüşecekti.

Bir çınlamanın aracı ve mesajı çok önemlidir. Yakın temasta olduklarım için kullandığım bir "Seni düşündüğüm için aradım" çınlaması vardır. Temel olarak şu mesajı vermek isterim: "Son konuşmamızdan bu yana çok zaman geçti. Şunu bilmeni isterim ki 'seni özledim ve sen benim için önemlisin.'" Bunun daha profesyonel versiyonları elbette var. Ama mesajınızı olabildiğince kişiselleştirmeye çalışın derim.

Mesleğim ve işim için önemli olan insanlara katma değerli bir çınlamayı daha uygun görürüm. Kurduğum iletişimde bir değer sunmaya çalışırım. Tanıdığım biri terfi etmişse, çalıştığı firma başarılı bir dönem geçirmişse ya da bir çocuğu olmuşsa bunları takdir ettiğimi gösteririm. Onları düşündüğümü ve yardımcı olmak için can attığımı gösteren makaleler, kısa tavsiye notları ya da ufak tefek başka şeyler gönderirim.

Yaratıcı olun. Bir arkadaşım vardı. Gittiği her yere dijital fotoğraf makinesini götürürdü. Bir konferanstan ya da iş seyahatinden döndüğünde tanıştığı kişilere bir fotoğrafla birlikte mesaj atardı. Onun için çok iyi işleyen bir fikirdi bu. Bir başka arkadaşım ise müziği aynı amaçla kullanır. Yeni biriyle tanıştığında ona ne tür müzikten hoşlandığını sorar. Bu arkadaşımın çok zengin ve sürekli genişlettiği, yeni çalışmaları hemen eklediği bir dijital müzik kütüphanesi var. Tanıştığı insanlara mesaj yazarken şöyle der: "Sizinle tanışmaktan çok mutlu oldum. Cazı sevdiğinizi söylemiştiniz. İşe bakın ki elimde Miles Davis'in çok ender bulunan bir kaydı var. Mutlaka dinlemelisiniz derim. Dinlemek isterseniz bildirin yeter."

Yeni biriyle tanıştığınızda aranızdaki ilişkiyi çınlama yöntemiyle geliştirmelisiniz. Çevrenizi geliştirmek adına sihirli bir formüldür bu.

Çınlama Vesilesi: Doğum Günleri

İnsanlara yılbaşında, bayramlarda kart göndermenin onlarla teması korumak adına iyi bir yöntem olduğunu söylerler. Bana sorarsanız bu tür günler çınlama enerjinizi odaklamak için en iyi zamanlar değildir. Çünkü aynı zamanda aynı şeyi yapan öteki yüz elli kişiden kendinizi farklılaştırmanızın yolu yoktur.

Benim insanlara ulaşmakta seçtiğim gün, doğum günüdür. Hayatın kutlanan anları arasında en ihmal edilmişi, üvey evlat muamelesi görenidir doğum günü. Yaşınız ilerledikçe çevrenizdeki insanlar, doğum gününüzü unutmaya başlarlar. Bunun başlıca nedeni sizin de o günü unutmak isteyebileceğinizi düşünmeleridir. Anneniz böyle yapmaz ama kardeşlerinizin tavrı genelde böyle olur. Arkadaşlarınız şöyle düşünür: "Adamcağız bir sene daha yaşlandı. Hatırlatmanın ne alemi var şimdi?" Küçük hayal kırıklıklarının kızgınlığa, kızgınlığın boş vermişliğe dönüşmesi çok uzun sürmez. Ya da en azından görünüşte bir boş vermişlik duygusu sergilenir.

"Ya boş verin uğraşmayın. Doğum günü kutlaması da neymiş. Ben öyle şeyleri sevmem" derler ailelerine. "Sakın bir şey hazırlamayın. İlla hazırlayacaksanız da küçük bir şey olsun."

Ben bu sözlere kanmam arkadaşım. Kafandan ne geçtiğini çok iyi anlıyorum. Doğum gününü çok önemsiyorsun. Herkes önemsiyor.

Yetişkinlik çağımızda doğum günlerine gıcık kapmış gibi hareket etsek bile, çocukluktan bu yana bu günün bizim günümüz olduğuna şartlandık. Bu gerçekten de sizin gününüz ve çocukluğunuzdan beri de öyle idi. Yaşınız yetmiş dahi olsa, içinizde, bütün itirazlarınıza karşın, artık size kırmızı bir araba hediye etmeseler bile yetmiş yılın güzelliğini idrak edebilecek gücünüz vardır.

Kendinizi kandırmayın. HERKESİN DOĞUM GÜNÜ KENDİSİ İÇİN ÖNEMLİDİR!

Birkaç yıl önce New York'tayken Palm cihazımda bir hatırlatıcı belirdi: "Doğum günü alarmı –Kent Blosil." Kent, asistanımı başarıyla savuşturarak bana ulaşan biriydi. Kent ile o gün tanıştığımızda ve irtibat bilgilerini edindiğimde herkese sorduğum gibi ona da doğum gününü sordum. Rahatsız edici bir soru değildir. Çoğu insan da zaten bana doğum günlerini söyledikten birkaç dakika sonra böyle bir olay yaşandığını dakikalar içinde unutuverirdi.

Kent, bir Mormon idi. Utah'ta, Salt Lake City'de dünyaya gelmişti. On kardeşi vardı. Böyle kocaman bir aileniz olursa doğum gününde telefonunuzun hiç susmayacağını düşünürsünüz, değil mi?

Onunla bir yıldan uzun zamandır konuşmamıştım. Benim açımdan çok meşgul bir gündü. O hatırlatma mesajını da öğleden sonra saat üçe kadar fark etmemiştim. Genellikle doğum günü kutlamalarını sabah erken saatlerde yaparım. Böylece karşımdaki kişinin telesekreterine düşer, sabah işe geldiklerinde benim mutlu yıllar dileklerimle mesaiye başlamalarını sağlarım. Kaç New York'lu taksi şoförünün beni deli sandığını söylesem inanmazsınız.

Kent, o gün öğleden sonra telefonunu açtığında ben kendi kişisel Pavarotti tarzımla "İyi ki doğdun Kent" tebrikimi patlattım. Başka da bir şey söylemedim. Ne "tebrik ederim" dedim, ne şirinlik yaptım.

Normalde karşımdaki kişi güler ve minnettarlıkla dolu bir şekilde teşekkür eder. Bu sefer sözümü tamamladığımda karşıdan hiçbir tepki gelmedi. Çıt çıkmıyordu. "Kent, orada mısın? Bugün doğum günündü, değil mi?" Çıt yok. Günü şaşırıp kendimi aptal yerine koyduğumu düşündüm bir an.

"Kent?"

Sonra onun kekeleyen sesini duydum. "Efendim?" Yutkuna yutkuna konuşuyordu ve gözyaşlarını zapt etmeye çalıştığı çok açıktı.

"İyi misin Kent?"

"Doğum günümü hatırladın mı?" dedi. İnsanlar buna her zaman şaşırmıştır.

"Biliyor musun Keith," diye devam etti. "Bu sene doğum günümü kimse hatırlamadı. Ama hiç kimse. Sana çok teşekkür ederim."

Bunu hiç unutmadı. Herkes de mutlaka hatırlar.

YİRMİ BİRİNCİ BÖLÜM

Önemli Kişiyi Bulun ve Onu Besleyin

İşletme okulunda okuyan parasız bir öğrenciyken oturduğum daire son derece mütevazı bir yerdi. Minimalist de diyebilirsiniz felaket ötesi de diyebilirsiniz. Ama bu durum o dairede, arkadaşlarım ve az sayıda tanımadığım insanla birlikte son derece eğlenceli, vur patlasın çal oynasın eğlenceler düzenlememi asla engellemedi.

Yemekli partiler düzenleme sanatının, harika hatıralar yaratmak ve devam eden ilişkileri güçlendirmek açısından ne kadar güçlü bir yol olduğunu da o zaman anladım. Bugün gönül rahatlığıyla söyleyebilirim ki en güçlü bağlarımı masada kurdum. Birlikte bir ekmeği bölüşmenin, birkaç bardak şarap içmenin insanların birbirine kaynaşmasını sağlamada büyük bir katkısı vardır.

İlk başlarda 37 metrekarelik, futbol sahasına bakan, mutfak masasına iki yetişkinin güç bela oturabildiği tek yatak odalı dairemde 4, 5, 6 hatta 15 kişilik partiler vermeyi başarıyordum. Gelenler hocalar, öğrenciler, Boston'un yerlileri ve bazen de bakkalda, manavda alışveriş yaparken tanıştığım insanlardı. Düzenlediğim partilerdeki ufak tefek sıkıntılar, mesela konuklarımın tabaklarını kucaklarına koyarak yemeklerini öyle yemelerini rica etmek zorunda olmam gibi şeyler üzerinde asla çok fazla kafa yormadım.

Partilerin coşkusu ve eğlencesi sayesinde fast food kültürümüz, evde paylaşılarak yenen bir yemeğin insanları rahatlattığına, ruhen beslediğine ve birbirine bağladığını savunan asırlık düşünceyi de tarihe gömmüştü. Bazı insanlar bu gibi şeylerin zor ve zaman kaybı olduğunu düşünür. Yemekli parti dendi mi akıllarına gelen, süslü, şatafatlı Martha Stewart tarzı -kendisi arkadaşım da olur aynı zamanda- bir resimdir. Kadın sunucuların sundukları o televizyon programları ya da bazı başka nedenler yüzünden erkekler basit bir yemekte bir araya gelmenin erdemlerini unutmuş bulunuyorlar. Bunun kadın işi olduğunu düşünüyorlar. Ama beyler inanın ki hiç öyle değil. Evinizde güzel bir yemek verebilir ve yine de erkek olarak kalabilirsiniz. Bekarsanız, bunun kız arkadaş bulmanızda da çok yararını göreceğinizi söyleyebilirim.

Yaklaşık olarak ayda bir farklı çevrelerden bir grup insan, Los Angeles'taki evimde, New York'taki otel odamda veya San Francisco'daki bir arkadaşın evinde bir araya gelir. Eğlenir, işten güçten konuşur, yeni insanlarla tanışırız. Ama bunun temelini ben ta Cambridge'deki o pasaklı dairemde öğrenmiştim.

Yemekli partilerimin doğal çekiciliğe kavuşmasından önceki dönemlerde sosyal ufuklarımı genişletebilecek ve başka insanların partilerime gelmelerini sağlayacak nitelikte bir grubu ayarlayabilmek için bir strateji geliştirmek durumundaydım.

Sizin, benim, hepimizin oturmuş bir çevresi vardır. Ama partileri hep aynı kişilerle düzenlersek çevremizi asla genişletemeyiz ki. Bu arada bir de küçük engel söz konusudur. Yabancıları rasgele davet ederken, özellikle çevrenizdeki insanlardan daha yüksek itibarı ve deneyimli olanların nadiren olumlu etkisi olduğunu unutmamalısınız. Bu insanlar kendilerine uygun insanlarla birlikte olmak isterler.

Anne babalar, genellikle çocuklarının partilerinden uzak kalmaya meyillidirler. Tabii başka ebeveynlerin de beklendiği bir etkinlik söz konusu değilse. Üniversitede de üçüncü ve dördüncü sınıf öğrencileri, birinci ve ikinci sınıf öğrencilerinin partilerinden uzak dururlar. Yetişkinlerin dünyası da farklı değildir. Ülkedeki büyük bir firmanın herhangi bir kafeteryasına gidin. Organizasyonun her bir katmanını orada bulursunuz. Hepsi kendi aralarında toplanmış öğle yemeklerini yiyorlardır.

Bu sürü zihniyetini yenmek ve normalde gelme niyetleri olmayan insanları yemekli partilerime çekmek için kendimce yararlı bir kavram geliştirdim: "Ağır top konuk".

Bir grup içinde her bir bireyin kendi arkadaş grubu dışındaki biriyle bir bağlantısı vardır. Bir dereceye kadar hepimiz daha yaşlı, daha bilge, daha deneyimli insanlarla ilişkiler geliştirmişizdir. Bu kişiler bizim akıl hocamız, ebeveynlerimiz, arkadaşlarımız, öğretmenlerimiz, patronlarımız olabilir.

Onlara "ağır top konuklar" derim. Değerleri, arkadaş çevrelerine bağlı olarak, farklı olmalarından gelir. Farklı kişileri tanırlar, farklı şeyler yaşamışlardır ve öğretecek çok şeyleri vardır.

Böyle birini saptamak ve partinize davet etmek zor bir şey değildir. Tanıdığınız ve yeterince yakın olduğunuz birinin böyle birine ulaşması ve partinize davetinizi iletmesi pekala mümkün olabilir. Arkadaşlarınızın anlattığı hikayelere ve sık sık ortaya çıkan isimlere dikkat ederseniz bu kategoriye giren kişileri kolayca saptayabilirsiniz. Genellikle arkadaşlarınızın hayatlarında pozitif etkileri olan kişilerdir. Aynı olumlu etkiyi sizin hayatınızda da yapacaklarını düşünmemek için ise bir sebep yoktur.

Kendi sosyal çevreniz dışında birini tespit edip onu yemeğe davet etmeyi başardığınızda şimdi anlatacağım şeyi yaparsanız çok kazançlı çıkarsınız. Ağır top konuğu davet etmeniz, partideki diğer konukları eğlendirecek birini getirdiğiniz anlamına gelmez. Onlar zaten her durumda gelen kişilerdir. Oysa gelen o önemli konuk, birbiri ardına gelen davetler sonucunda kendi çevrenizin ötesine ulaşmanıza ve partilerinize normalde gelmeyecek kişileri davet etmenize zemin hazırlar. Şirket kafeteryasını hatırlayarak konuşmak gerekirse artık siz müdürün masasında yemek yiyen CEO oldunuz ve diğer yöneticiler, masanızda yemek yemek için can atıyorlar.

Yemeğinize biraz hareket getirebilecek herhangi biri aslında ağır top konuk olabilir. Gördüm ki gazeteciler bu iş için biçilmiş kaftandır. Maaşları pek yüksek değildir. Bu yüzden bedava yemek oldu mu kaçırmazlar. Ayrıca işlerinin büyük kısmı entrikalarla ilgilidir. İyi malzeme yakalamak için her zaman tetiktedirler. Yeni fikirler için bu tür toplantıları bir vesile görürler. İyi konuşurlar. İnsanlar, kendilerine dair haber yapabilecek birine fikirlerini anlatma düşüncesinden hoşlanırlar. Sanatçılar da, tanınmış olsun olmasın, aynı kategoriye girerler. Partileriniz için yeterince büyük bir balık yakalayamazsanız, güce yakın birinin aklını çelmeye çalışabilirsiniz. İlginç bir politikacının siyasi danışmanı, ilginç bir CEO'nun yönettiği ilginç bir şirketin COO'su, vb. Böyle durumlarda önemli olan, çağırdığınız kişinin o daha üstteki kişiyi, kurumu, makamı çağrıştırmasıdır.

Böyle bir ağır top bulduğunuzda, sonraki iş konuk listenizi doğru bir karışım yaparak hazırlamaktır. Benim için, davet listesinin, bugün iş yapmak istediğim profesyonellerden, ileride iş yapmak istediğim tanıdıklardan ve "hafif cazibe unsurları" olarak tanımladığım enerjik, ilginç ve fikirlerini açıklamayı seven insanlardan oluşması gerekir. Tabii ki arkadaşlarınızı ve ailenizi de unutmamalısınız.

Politika yazarı Arianna Huffington, en sevdiğim parti konuklarımdandır. Neşeli ve açık sözlüdür. Onu nereden mi buldum? Arianna'nın ofisinden birini tanıyan arkadaşım Elana Weiss aracılığıyla kendisine bir e-posta yolladım. Büyük bir hayranı olduğumu söyledim ve Los Angeles'ta o neşeli partileri düzenlediğimi, kendisi de katılırsa partilerin çok daha güzel geçeceğine inandığımı söyledim. İlk başlarda sadece birkaç kokteyle katıldı. Çok güzel zaman geçirdi ve sonrasında düzenli olarak gelen bir konuk ve benim yakın bir arkadaşım oldu.

Bu tür yemekler önemli iş anlaşmalarının bağlandığı yerler olabilirler. Gel gelelim, ortada çok fazla iş arkadaşı olmamasına, sadece iş konuşulmamasına dikkat etmelisiniz. Bütçeydi, diğer yönetim sorunlarıydı, bunların dışında bir şey konuşmazsanız, çok sıkıcı bir akşam yaşatırsınız herkese, bilmiş olun. Partiler, ilişkileri geliştirmek içindir.

İdeal konuk sayısının altı-on arasında olduğunu gördüm. Şimdilerde ise genellikle on dört konuk davet ediyorum ama bu noktaya çok sayıda parti düzenledikten sonra geldim. İçki ve tatlılar için sonradan ya da parti başlamadan bize katılacak ekstra altı-yedi kişi daha çağırıyorum. Bu gruptakilerin yakın arkadaşlar olması önemli. Yoksa ana partinin davetlileri olmadıkları için gücenebilirler. Yakın arkadaşlar ise grubun bir parçası olmaktan her zaman mutlu olurlar. Genellikle birini yemeğe davet ettiğinizde olumlu yanıt alma oranı, zaman problemi nedeniyle yüzde 20 ya da 30 civarında olur. Yemeğe gelemeyeceğini söyleyenlere yemekten önce bir içki içmek ya da yemekten sonraki tatlı seansına katılmak için gelmelerini öneriyorum.

Bu bonus konuklar yemek bitmeden biraz önce gelirler. Katlanan sandalyelerim her daim hazırdır. Geldiklerinde bunları açar, masanın çevresine yerleşmelerini ve tatlılarını rahatça yemelerini sağlarım. Diğer konuklarla sohbet de edebilirler böylece. Çoğu partilerin ve konukların pili yavaş yavaş tükenmeye yüz tutunca, enerji düzeyini yeni bir grubun katılımıyla bir çırpıda yükseltiveririm. Partinin ateşi bir anda yeniden canlanıverir.

Bu sırada teypten çalan müzik yerini canlı piyano performansına bırakır. Bunun duyurusunu yapmam. Konuklar, oturma odasından gelen müziğin değiştiğini düşünmeye başlarlar. Kimi zaman piyanistle birlikte bir de şarkıcı ayarlarım ve yanına bir grup genç vokalist de eklerim. Olmadı, biraz araştırma yapar, Yale'in efsane vokal grubu The Whiffenpoofs'tan birinin o civarda olup olmadığını öğrenirim. Makul bir fiyat karşılığında gençler eski mezunlar için eski birkaç şarkıyı seslendirmekten mutlu olurlar.

Tatlı servisi yapılırken Poof'lar da şarkılarına başlar. Parti sonrası konukları geldiğinde gece coşkuyla sürmektedir. Bazı konuklar masalarında oturmaya devam ederken bazıları oturma odasına geçerek şarkılara eşlik ederler. Saat sabahın artık biri, ikisi olmuştur ve bir başka başarılı partiyi daha kapatmanın zamanı gelmiştir.

Başkalarıyla beraber yemek yemekten hoşlanan biriyseniz, ortam nasıl olursa olsun çok güzel bir şekilde işleyecek kendi yemekli partinizi yaratabilirsiniz.

New York'un en zarif tasarımcılarından olan Jim Brehm ile arkadaşız. Perşembeleri parti verdiği çok güzel bir stüdyo dairede oturuyor. Bu arada, parti vermek için perşembe, en güzel seçimdir. İnsanların hafta sonu planlarıyla çakışmaz. Ayrıca ertesi günün haftanın son mesai günü olduğunu bilen konuklar geç saatlere kadar biraz daha kalırlar.

Jim'in sadelikten zarafet yaratmasındaki maharetine hayranım. Jim'in mimarisinde ve tasarımlarında da aynı kaliteyi buluyorum. Stüdyosunda kadife ile kaplı uzun bir sıra bir duvar boyunca uzanırken birkaç siyah deriden küp de sağa sola serpiştirilerek oturacak bölümler oluşturulmuş. Oradaki partilerde konuklara şampanya ikram ediliyor. Arka planda hafif bir caz müziği çalıyor. Yemeğe gelen misafirler, sanatçılardan, yazarlardan ve müzisyenlerden oluşuyor.

Yemek için, üzerinde masa örtüsü bulunmayan, iki gümüş şamdanın süslediği küçük, ahşap bir masaya doğru beş adım yürüyoruz. Katlanan türden sandalyeler açık duruyor. Her tabakta, evde yapılmış büyük bir kase chili ve koparılmış bir parça ekmek bulunuyor. Tatlı olarak dondurma ve yine şampanya ikram ediliyor. Basit, çok çok basit bir parti.

Herkes yemekli parti verebilir. Bir örnek vereyim. Eski şirket müdürlerimden Mark Ramsay ile tanıştığımda, eğlence sektörüne yönelik olarak faaliyet gösteren başka biri için muhasebecilik yapıyordu. Mutsuzdu. Kabuğunu kırmak istiyordu. Yeterince cesaret toplayınca, yirmi beş yaşındayken kendi işini açtı. İlk müşterisi ben oldum.

New York'taki partilerimin düzenli konuklarındandı. Bir müşterisi ve arkadaşı olarak Mark da beni yemeğe ya da bir gösteriyi izlemeye davet ederek jest yapıyordu. Birkaç yıl sonra ise Mark'a şu soruyu sordum: "Bir kere de yemeği evinde yesek, ne dersin?" En sevdiğim yemek, birinin evinde yediğim yemektir.

Yabancısı olmadığım özellikle akıl hocalıklarını yaptığım gençlerden sıkça işittiğim bir cevap verdi: "Seninki gibi partiler düzenlememe imkan yok. O kadar param olmadığı gibi küçük bir stüdyo dairede yaşıyorum. Yemek masam bile yok."

"Yemek masası mı? Ne gereği var ki?" dedim.

Böylece Mark'ı denemeye ikna edebilmiştim. Ona, ağır top konuğunun ben olacağımı söyledim ve yemek için dört kişi çağırmasını önerdim. Basit bir şaraptan bolca almasını, cips, salsa ya da sebzeli dip sosu unutmamasını da ekledim. Katlanabilir, yuvarlak bir masaüstü aldırdım. Kahve masasının üzerine yerleştirilebilecek cinsten bir şeydi. Böylece o süper yemek masasını yaratmış olduk.

Yiyecek olarak ona pişirmelik şeyleri unutmasını söyledim. Salata ve kızarmış tavuk aldırdım. Tatlı olarak da bisküvi ve dondurma... Şarap muslukları da sürekli açık kalacaktı.

Parti ortalığı yıktı geçti. Mark, potansiyel bir müşterisini, beni ve bir arkadaşımı çağırdı. Şu anda dördümüz de onun müşterisiyiz.

Gördüğünüz gibi bu tür toplantılarla ilgili olarak tek bir kural var. Eğlence. Tabii ki işinize yarayacak başka birkaç kural daha var. Onlardan bazılarını kısaca şöyle verebilirim:

1. Bir tema yaratın.

Küçük bir partinin teması olmaz diye bir şey yok. Tek bir basit fikir ile yiyecekleri ve atmosferi birleştirmeniz mümkün olabilir. Herhangi bir şeyi esas alan bir parti düzenleyebilirsiniz. Annenizin köfte tarifi de olabilir, bir tatil de, siyah bir kravat da (nadiren kullanılır çünkü insanlar rahat etsin diye uğraşıyoruz), vejetaryen yiyeceği, belli bir tür müzik... aklınıza ne gelirse... Yaratıcı olduğunuzu gören insanlar partinizden de çok keyif alacaklardır.

Yıllar önce *Washington Post*'ta bir yazı okumuştum. Yazı, Perdita Huston adlı bir kadınla ilgiliydi. O yazıdan esinlendiğim bir temayı bir partide çok başarılı bir şekilde kullandığımı iyi hatırlıyorum. Başkan Carter, Huston'ı 1978 yılında Kuzey Afrika, Yakın Doğu, Asya ve Pasifik'teki Barış Kuvvetleri'nden sorumlu bölge direktörü olarak atadığında Huston, haftalık olarak sadece kadınları çağırdığı yemekli partiler düzenlemeye başlamıştı.

Partiler Huston için büyük bir boşluğu dolduruyordu. Bu fikrin aklına nasıl geldiğini şöyle açıklıyor: "Sorumlu olduğum bölgenin büyüklüğü nedeniyle çok seyahat etmem gerekiyordu. Barış Kuvvetleri ile ilgili bir iş için şehir dışında değilsem, evde oğlumla vakit geçirmenin önemli olduğunu düşünüyordum. Pierre o zamanlar yedi yaşındaydı. Ayrıca, çok seyahat etmemden ötürü, arkadaşlarımla da aramıza mesafe girmeye başlamıştı. İnsanlarla restoranlarda bire bir buluşmak yerine haftada bir yemekli partiler vermeyi o zaman akıl ettim.

Hemen hemen aynı zamanlarda, benim durumumda olan çok sayıda başka kadın bulunduğunu gördüm. Bunlar, üst düzey işlerde çalışan ve yalnız yaşayan kadınlardı. Meslek hayatları onlara bazı sorunlar yaşatıyor, genellikle de özel hayatlarında ciddi problemlere yol açıyordu. Birçok açıdan, Carter'ın başkanlığı sırasında görev yapan kadınlar, kendilerini destekleyecek bir çevreye ihtiyaç duyuyordu. Bunun üzerine konuklarımın sadece kadınlardan oluşmasına karar verdim.

Pazar günü pişirdiğim yemeklerin pazartesi akşamlarında on iki kişiye yetecek kadar olmasına dikkat etmenin ötesinde bir şey de yapmadım açıkçası. Kuskus ya da kuzu etinin suyundan bir yemek yapardım. Bu yemeği Cezayir'de ramazan ayında iftar açarken kullanırlar. Cezayirliler buna, "çorba" derler.* Çok baha-

* Ç.N. İngilizcede çorbanın karşılığı olarak "soup" kullanılmaktadır. Yazar özellikle "chorba" kelimesini kullanmaktadır.

ratlı ve tek başına bir öğün olacak kadar besleyici bir yemektir. Çorbayı genellikle, büyük bir kase içinde ve sıcak ekmek ile büyük bir salata eşliğinde konuklarıma ikram ederdim. Tatlı olarak ise sadece meyve ve peynir verirdim.

Kadınlara özel pazartesi yemeklerime aldığım tepki olağanüstüydü. En iyi porselen, kristal ve gümüş şamdanlarımı kullanırdım. Bir başka ifadeyle söylemek gerekirse bu yemeklere, çoğu ev sahibesinin alışıldık erkekli kadınlı yemekli partilere baktığı gözlüklerle baktım ve ona göre hazırlığımı yaptım."

Huston sözlerine şöyle devam ediyor: "Yemek masası sohbetlerimiz genelde sıradışı bir oranda neşeli geçiyordu. Amerikan dış siyaseti hakkında konuşup tartışıyor, yönetici pozisyonlarındaki kadınların işyerlerinde karşılaştıkları sorunlar ya da cinsiyet ayrımcılığına karşı nasıl mücadele etmemiz gerektiği gibi konular üzerinde duruyorduk.

Birbirimizden bolca geribildirim alıyorduk ve tecrübemiz sayesinde kimlerden yardım istenebileceği, hangi organizasyonlarla iletişim kurulabileceği ve nasıl stratejiler geliştirileceği konularında çok çeşitli önerilerde bulunabiliyorduk. O denli çok destekleyiciydiler ki, bu yemekler bizim için çok önemli bir hal almıştı."

Huston'ın haftalık partileri, yaşadığı yer olan Washington D.C.'de kurumsallaştı. Aynı kafa yapısında ve benzer deneyimleri yaşamış olan kadınları bir araya getiren bu partiler onları birbirleriyle yakınlaştırdı ve ihtiyaç duydukları desteği birbirlerine sunmalarını sağladı. Aynı şeyi yapmamanız için bir neden yok. Irk, din, cinsiyet, meslek ya da başka bir şeye odaklı bir tema bulursanız partilerinize bir amaç katmış ve başkalarının ilgisini çekmiş olursunuz.

2. Davetiye kullanın.

Ben kafama estiği gibi partiler versem de en iyi yemekli partilerin zaman ve enerjinizi verdiğin partiler olacağını siz sakın unutmayın. Telefonla mı davet edecekseniz, e-posta ile mi yoksa el yazınızla yazacağınız bir notla mı, fark etmez ama mutlaka konuklarınıza yeterli bir zaman öncesinden haber vermeniz gerekir. En az bir ay önceden haber vererek onların da planlarını ona göre yapmalarını sağlarsınız. Böylece siz de kimlerin gelip kimlerin gelemeyeceğini bilmiş olursunuz.

3. Mutfak kölesi olmayın.

Parti vereceğim diye kendinizi paralamanıza gerek yok. Yemeği dışarıdan getirtemiyorsanız, ya erkenden yapın ya da paket servislerden yararlanın. Yemek iyiyse ve sunumu da şıksa konuklarınızı etkilemeyi başarırsınız.

Bugünlerde daha çok bir yiyecek içecek tedarikçinden destek alıyorum. Ama siz aynı derecede gösterişli bir partiyi, yaratıcılık ve hazırlık için biraz zaman ayırmak suretiyle daha ucuza başarabilirsiniz. Düşük bütçeli yemekli partinin sırrı basitlikte yatar. Bir-iki gün öncesinden yapılabilecek büyük bir öğün yemek hazırlayın. Güveç ya da chili türü bir şey olabilir. Büyük bir parça ekmek ve salata ile servis yapın. Bunlar yeter de artar.

Yetmeme ihtimali de var. Benim diğer kozum alkoldür. İyi şaraba bayılırım. Şarap söz konusu oldu mu hep sınırları zorlarım. Acaba tanrı bizi daha iyi bir toplumsal iple bağlayabilir miydi, merak ederim. En güzel partilerin başrol oyuncusudur şarap. Yine de herkesin kendi tercihleri olduğunu hatırdan çıkarmayın. Eminim ki çok güzel bir yemekli partiyi sadece meşrubat ile de yaratabilirsiniz.

4. Atmosfer yaratın.

Mekanı biraz güzelleştirmek için bir-iki saatinizi ayırın. Ama pahalı, sıradışı şeylere para harcamayın. Mum, çiçek, loş aydınlatma ve müzik, hoş bir ortam için kafidir. Yemek masasının ortasında merkezi bir eşya bulundurun. Bir garson ya da barmen bulamazsanız aileden genç birini ayarlayıp içki servisi yapmasını rica edin. Burada yapmanız gereken, konuklarınıza, şimdi eğlenme vakti olduğunu hissettirecek bütün sinyalleri vermenizdir.

5. Resmiyetten uzak durun.

Çoğu yemekli partide öyle ahım şahım şeylerin hiç yeri yoktur. Her şeyin basit olmasına dikkat edin. İyi yemek, iyi insanlar, çokça şarap, güzel muhabbet. Başarılı parti işte budur. Kıyafet olarak spor giyinirim. Kot ve ceket standart kıyafetimdir. Ama tabii kendi kararınızı kendiniz verin.

6. Çiftleri birlikte oturtmayın.

İyi partinin özü, insanları doğru şekilde konumlandırmakta yatar. Çiftleri birlikte oturtursanız sıkıcı bir ortam yaratabilirsiniz. İnsanları birbirine kaynaştırmak için onları karışık olarak oturtmalısınız. Birbirlerini tanımayan ama aynı ilgi alanlarına sahip olabilecek kişileri bu şekilde birbirleriyle tanıştırabilirsiniz. İnsanların oturmalarını istediğim yerlere, üzerlerinde adları yazılı kartlar bırakırım. Zaman bulabilmişsem kartın arkasına ilginç bir soru ya da bir espri de yazarım. Bunlar, misafirlerin birbirleriyle daha kolay tanışıp kaynaşmalarına yardımcı olur. İsterseniz biraz daha ilginçlik yaratmak için çıkıp komik tebrik kartlarından satın da alabilirsiniz.

7. Gevşeyin.

Konuklar ev sahibinden etkilenir. Siz eğleniyorsanız büyük ihtimalle onlar da eğleneceklerdir. Parti akşamında sizin vazifeniz emeklerinizin meyvelerini toplamaktır. Bu bir emirdir!

DÖRDÜNCÜ KISIM

Daha İyisini Alıp, Sonra Geri Vermek

YİRMİ İKİNCİ BÖLÜM

İlginç Olun

Pazarlama, eskiden daha basit bir işti. Pazarlamacılardan esas olarak bir ilan yaratmak, mevcut birkaç mecra üzerinden bunu tüketiciye ulaştırmak, sonrasında ise oturup beklemeleri beklenirdi.

O güzel günler artık mazi oldu. Dünyanın konuşma ve dinleme yöntemleri köklü bir biçimde değişti. İletişimde kullandığımız araçlar da aynı hızda değişiyor. Tüketicilere erişim yoğunlaştıkça tüketicinin gücü de artıyor. Eğlence merkezlerinin kalabalıkları arasından canlarının istediğini seçebiliyor, istemedikleri mesajları yazılımla süzebiliyor, geriye kalan mesajları ise burun kıvırıp aşağılayarak yerin dibine geçirebiliyorlar. Sesini duyurmak o kadar kolay değil. Müşterinin markaya sadakatini sağlamak hiç olmadığı kadar güç. Geleneksel reklam ve pazarlama yöntemleri bunları aşamıyor –mesajlarını hedef kitleye iletmek isteyenler arasındaki geleneksel düşünce artık bir işe yaramıyor. Bugünün ve geleceğin CMO'ları yaratıcı, stratejist, teknoloji uzmanı olmalı ve pazarlama yatırımlarında daima satış ve finansal kazanç üzerine odaklanmalı. Bu özelliklere sahip fazla sayıda yönetici, danışmanlık firması ve ajans yok. Sonuç olarak, CMO'nun hayatı yalnız bir hayat ve bütün bunları bir arada isteyen CEO'nun hayatı ise hayal kırıklıklarıyla dolu.

Bu değişiklikler karşısında, saygıdeğer pazarlamacılarla yaptığım sohbetlerin de bir sonucu olarak FerrazziGreenlight'ı kurdum. Firmayı kurmaktaki amacım pazarlama harcamalarını cari satışlara yaklaştıracak pazarlama stratejileri ve programları yaratmaktı. Ayrıca büyük radyo ve televizyon reklamcılığına daha az bel bağlayarak hizmet verdiğim firmalar ve onların müşterileri arasında kişiye özel bir sadakat ilişkisi kurmaktı. Starwood Otelleri'nde yaptığımıza benzer bir sadakat programının perakendeci için oluşturulmasıydı bir bakıma. Bazen, karmaşık ve yeni bir ürünün lansmanı için bir advertorial yaratmak veya ABD genelinde sadece 500 müşteriyi, potansiyel müşteriyi ve etkin insanları hedefleyen büyük bir mühendislik firması için kapsamlı bir program hazırlamak da işin bir parçası idi.

Etkin pazarlamayı müşterilerle ve müşteri adaylarıyla iyi ilişkiler kurmak şeklinde görmem, umarım sizi şaşırtmamıştır.

Burada konuyu kişisel bir boyuta indirgeyerek biraz daha açmak istiyorum. Buna benzer durumları, üniversitelerde ders verdiğimde tekrar tekrar yaşıyorum. Konuşmama başlamamdan hemen önce ya da bitirdikten hemen sonra geliyor başıma. Bir öğrenci heyecanını yenip yanıma yaklaşıyor. Beni çok büyük adam gibi görüp saygı duyduğu kesin. Ben de yanıma yaklaşan öğrenciye sıcak davranıyorum. Sonrasında ise içi dolu hiçbir şey konuşulmuyor. "Merhaba. Ben falanca filancayım. Konuşmanız çok güzeldi." Bazen, konuşmamdan ne çıkardığını, dinlediklerini gerçek dünyada nasıl kullanmayı düşündüğünü soruyorum. Çok zaman aldığım cevap "Bilmiyorum" veya "Anlattıklarınız bence harika şeyler. Bütün bunları yapabilir miyim, emin değilim" şeklinde oluyor.

Vay, süpersin. Seninle konuşmak çok müthişti. Ama banyoyu temizlemem gerek. Burada çok fazla sert olmak istemiyorum. Gel gelelim, söyleyecek iki çift lafı olmayan biriyle ne konuşabilirsiniz ki? O ilişkiyi farklılaştırmak, kalabalıktan kendini sıyırmak için iki dakika için kafa yormamışsan şirketini ya da değerli başka bir şeyini nasıl sunabilirsin?

Pazarlamacılar ve ilişki kurucular aynı şeye dikkat ederler: İlginç olmak. Buraya kadar okuduklarınız sizi, kendisiyle konuşmaya değer biri olma, hatta daha da iyisi kendisi hakkında konuşulan biri olma sorumluluğundan kurtarmaz. Tanıştığınız herkes kendisine şu soruyu sorar: "Şunla bir saatimi yemek yemeye ayırsam mı ayırmasam mı?"

Danışmanlar buna havaalanı sorusu derler. Havaalanı işletmeciliği, işe eleman alımında adaylara uzun bir mülakat süreci uygular. Mülakatta karmaşık vaka incelemeleri ve mantık testleri yağmuru altında kalan ve hepsi de birbirine aşağı yukarı denk adaylar arasından danışmanların en doğru seçimi yapmakta kullandıkları tek bir soru vardır ki o soru kendilerine de sordukları yegane sorudur: "John F. Kennedy Havaalanı'nda birkaç saatliğine mahsur kalsam (kaldı ki bütün seyahat yorgunu danışmanlar kaçınılmaz olarak havaalanlarında çok fazla zaman harcarlar) o süreyi bu kişiyle geçirmek ister miydim?"

Sohbet sırasında o geniş caz koleksiyonunuzdan, Fildişi Sahili'nde geçirdiğiniz tatilden ya da herhangi bir siyasi konu hakkındaki muhalif görüşlerinizden söz ettiniz mi? Dünyada neler olup bittiğini öğrenmek için biraz zaman ayırın. Duyduğunuz ilginç dedikodulara kulak kabartın. Duyduklarınızı unutmayın ki tanıştığınız, konuştuğunuz insanlara da aktarabilesiniz. *New York Times* ya da *Wall Street Journal* gibi gazetelerin bültenlerine abone olun. Unutmayın, insanlar sadece kanlarının ısındıkları kişileri işe almazlar. Aynı zamanda kendilerine şirketlerine katkıda bulunabilecek kişileri işe alırlar. O nedenle bilgi birikiminize ve başkalarının yararına olabilecek şeyler söylemeye dikkat etmelisiniz. Bu, çevrenizdeki dünyaya ilgi gösterdiğinizi ve olan bitene müdahil olduğunuzu kanıtlar.

Savunacak bir fikir platformunuz yoksa ne olacak? Eğer bir makam için mücadele ediyorsanız, seçimi kaybedersiniz.

Yale'deki ikinci yılımda New Haven Belediye Meclisi üyeliği için adaylığımı koymuştum. New Haven'daki parti, soğuk tipli rakip adaya karşı açık sözlü ve yakışıklı birini aday olarak göstermek istemişti. Siyasi Birlik başkanlığım nedeniyle tanınan biriydim. Kampüsteki ilk öğrenci kulüplerinden birini yani Sigma Chi'yi kurmuştum. Adım duyulmuştu. Bana teklif getirildiğinde üzerine atladım. Neler verebileceğimi ya da New Haven halkının temsilciliğine seçilirsem benden neler isteyebileceklerini hiç bilmiyordum. Hesapsızlık ve basiretsizlikten öte egoistçe bir hareketti benimki.

O seçimi kaybetmemi hiç unutmadım. Aslında olayın derinliklerine inmeyi ve gerçek bir kampanya yapmayı reddetmiştim. Mahalli sorunları merak etmedim, araştırmadım. Rakibim Joel Ratner ise kuvvetli bir yerel platform geliştirdi, sokağa çıktı, lokantaları dolaştı. Bu düzeydeki bir yakınlaşmadan çekindim. Dinamik tarzımın olayı sırtlayıp götüreceğini sandım.

Joel'in güçlü fikirleri vardı. Tutkusu seçmenlerin tercihi olmasını sağladı. Bana gelince, ben seçimde adaylık yarışına girmenin hoş bir fikir olduğunu düşünmüştüm. Aslına bakarsanız, beni onlar çağırmıştı. O makam için bir çabam yoktu. Partiye daha en başında derslerimin ve diğer liderlik mesuliyetlerimin önem sıralamasında en üstte yer aldıklarını söylemiştim.

Utanç verici bir hezimete uğradım ve bu tamamen kendi hatalarımdan kaynaklanmıştı. Bu yenilgiden önemli bir ders çıkardım. Gelecekte, hangi kurumu temsil ediyor olursam olayım, hangi profesyonel rotayı takip edersem edeyim, bütün çabalarımın ve inançlarımın derin bir istek ve şevk ile desteklenmesi ve kendi çıkarlarımın daha ötesine gitmesi gerektiğine karar verdim. Bunu bu şekilde cesurca ortaya koymak iyi bir şeydi belki ama tek başına yeterli değildi. İlgi çekmek ile dünyayı değiştirme isteğiniz için ilgi çekmek aynı değildir. Joel, seni tebrik ederim. Çok iyi işler başardığını duyuyorum. O yarışı gerçekten de iyi olan kazanmış.

İçerik İnsanı Olun: Benzersiz Bir Bakış Açınız Olsun

İlginç olmak demek, iyi konuşan, sohbeti güzel olan kişi demek değildir. Tamam, bu da önemlidir, fakat üzerinde iyi düşünülmüş bir bakış açısına sahip olmanız gerekir. Bugünden sonra, karşılaştığı herkesle gündemin sıcak maddelerini konuşabilen bir gazete kurdu olmanızı umuyorum. Gel gelelim, ilginç ve içerik sahibi biri olmak farklı bir niteliktir. İlginç olmak, bir sohbete giriş bileti olarak ihtiyaç duyacağınız bir konu hakkında, mesela siyaset, seyahat, bilim gibi konularda zekice konuşabilmek anlamına gelir. İçerik ise daha özel bir bilgi şeklidir. Başkalarının sahip olmadığı nelere sahip olduğunu bilmektir. İçerik, sizi farklılaştırır. Uzmanlığınızdır. Markanızı benzersiz yapan, başkalarını çevrenizin bir üyesi olmaya sevk eden bir mesajdır.

Ünlü olmak, herkesçe tanınmak demektir. Belli bir şeyden ötürü ünlü olmak ise apayrı bir konudur. İçinde saygı vardır. İnsanların size inanması için, Joel Ratner'ın yaptığı gibi sizin de bir şeye gerçekten inanmanız gerekir.

Bir kere dersimi almıştım ve aynı hataya tekrar düşmeyecektim. Genel bilgilere sahip olmayacaktım. Çok özel bir bakış açısı geliştirerek bir uzman olmayı kafama koymuştum. Üniversiteden sonra ilk işim Imperial Chemical Industries'deydi. Orada toplam kalite kontrolünün bütün girdi çıktısını öğrendim. Deloitte firmasında iş süreçlerinin yeniden yapılandırılmasında ustalaştım. Starwood'da ise doğrudan pazarlamaya bulaştım. Daha sonrasındaki uzmanlaştığım alan interaktif pazarlama oldu. Bugün tüm bu deneyimlerimi, pazarlamanın durmaksızın değişen ilkeleri ve onun interaktif pazarlamasına doğru yönelen evrimleşme süreci etrafında bir araya getirdim. Pazarlama için harcanan her bir kuruşun satışa dönüşmesi için çalıştım.

Kariyerimdeki her işte ve her aşamada, hep bir uzmanlığım, bir içeriğim oldu. Bunlar beni başkalarından farklılaştırdı, insanlarla ilişkilerimde ve çalıştığım şirketler için benzersiz ve değerli kıldı. Alanımda güvenilir ve tanınan biri olmamda çok değerli katkısı oldu. İçerik bir sebep, bir trend ya da bir beceridir. Sizin otorite olduğunuz benzersiz bir konu, bir alandır.

Sizi başkalarından farklılaştıracak olan, içeriğinizi öğrenmeye, sunmaya ve satmaya getirdiğiniz yaklaşımdır. YaYa'da CEO olarak yaşadığım tecrübeyi örnek vermek istiyorum. Şirketin yönetim kurulu Deloitte firmasındayken bu kurumun pazar algısını yeniden yapılandırma tekniklerini kullanarak nasıl yükselttiğimi, Starwood'dayken turizm ve otelcilik sektörünün kendisini özdeşleştirdiği kavramı nasıl değiştirdiğimi biliyorlardı. İlgi çekici bir mesaj yakalamak ve bunu kalabalık fikir pazarına taşımak, ürünü test edilmemiş yeni bir şirket için hayati öneme sahipti ve onlar bunun farkındaydılar. Benim için doğru olan buydu. Ben bir "pazar yapıcı" idim. YaYa'nın bakış açısı çevresinde bir heyecan ve inanç yaratmaktı görevim. Sorun, insanların satın almaya hazır olduklarına yönelik güvenilir ve benzersiz bakış açısından kaynaklanıyordu. Karşımızdaki sorun buydu. Şirket başarısız olabilirdi.

YaYa'ya geldiğimde ilk hedeflerimizden biri, şirketin satışlarının başlamasını sağlarken, bir yandan da pazarda bir heyecanın kıvılcımını çakmak ve gerçek anlamda bir pazar yaratmaktı. Her zaman yaptığım gibi konuya kendimi tamamen adadım. Çok okudum. Gecenin geç saatlerine kadar yığınla yazı, analist raporu, kitap okudum; internet sitelerini dolaştım. Hepsi de interaktif reklamcılık, oyun ve eğitim sektörünün uzmanları olan CEO'lar ile, gazeteciler ile ve danışmanlarla konuştum.

Öğrenme aşaması yorucu olabilir. Öğrenmeniz gereken çok şeyle karşılaşabilirsiniz. Derken, karşınıza bir sürü sayı, veri, farklı görüş ve birbirine hiç benzemeyen tanker yüküyle yeni bilgi çıkar. Toplam kalite yönetimi ve yeniden yapılanmada olduğu gibi bazı durumlarda içeriği başka birinin yenilikçi düşüncelerini benimseyerek ve bu düşünceleri yaymak ve uygulamak konularında önderlik yaparak edinebilirsiniz. Başka durumlarda, YaYa'da olduğu gibi içeriği sıfırdan oluşturmak zorunda kalabilirsiniz. Bir başka deyişle, birbirine benzemeyen bilgi noktaları arasında, daha önce başkalarının hiç yapmadıkları şekilde çizgilerle birleştirirsiniz.

İşi sürekli olarak kurumsal yenilikçiliğin ön cephesinde olmayı gerektirenler için noktaları birleştirmek, sihirli, büyülü bir şey değildir. *What They Don't Teach You at Harvard Business School* adlı kitabında Mark McCormack'ın çok bilgece ifade ettiği gibi, "İşte yaratıcılık, daha önce hemen herkesin aklına gelenden daha fazlası değildir. Tekerleği yeni baştan icat etmek zorunda değilsiniz. O tekerleği sadece başka bir arabaya takın, yeter."

Konunun derinliklerine indikçe, pazarlama ve eğitim alanında YaYa'nın temellerinin üzerine oturtulduğu iki güçlü mecradan, internet ve bilgisayar oyunlarından yeterince yararlanılmadığını görerek düş kırıklığına uğradım. Online pazarlama ve eğitim konularında daha fazla şey öğrenince mevcut panoramayı değiştiren diğer yeni mecralarla benzerlikler de kurmaya başladım. Radyodan televizyona ilk geçtiğimizde radyodaki reklam metnini okuyan sunucunun karşısına bir kamera koyup sonra da bunun adına reklamcılık dediğimizi pazarlamacılara hatırlattım. Yeni mecraya ve onun yeni kurallarına alışmak zaman almıştı. Aynı durumu şimdi de internet ile yaşıyorduk. Eski modelleri yepyeni bir ortama uyguluyorduk. İnternetin özü etkileşim ve topluluk oluşturmaktır. Burada kavramlar ya da fıkralar, espriler bütün dünyaya bir an içinde yayılabilir. Gel gelelim, pazarlamacılar eski reklam fikirlerini, mesela ilan panolarını ya da tampon çıkartmalarını alıp reklam banner'ları şeklinde internetteki siteleri koymayı iş sanıyorlardı. Eğitimde de benzer bir durum söz konusu. Eğlenceli ve etkileşimli bir ortamda mı eğitim görmek istersiniz, yoksa eskinin o artık bayatlamış, çalışanlara zorla bir şeylerin öğretildiği eski eğitim tarzını mı seçersiniz? Hangisi daha etkili olurdu?

Gelelim oyunlara. Elimizdeki rakamlar çok çarpıcı gerçekleri işaret ediyor. 1999 yılında oyun gelirleri sinemaların gişe gelirlerini geçti. Online oyuncuların demografik yapısı kökünden değişiyor ve artık oyuncular arasında yetişkinlerin ve kadınların da ağırlık kazanmaya başladıklarını görüyoruz. Online oyuncuların yaş ortalaması otuz beş. Bunların yüzde 49'u kadın. Bir Alman firmasının Johnnie Walker için yaptığı ördek vurmaca oyunu o kadar çok kişi tarafından oynanır olmuş ki başbakan çıkıp bu oyunun milli verimliliğe darbe vurduğunu söylemiş. Ama hâlâ daha hiç kimse çıkıp da oyunların niş bir eğlence aracı olduğunu düşünmenin ötesine geçemiyor.

Elimdeki bilgilerle artık noktaları birleştirme ve yeni arabayı bulma aşamasına gelmiştim. Eğlenceli kısmı da budur zaten. Hiçbir sınırlama ya da kısıtlamanın olmadığı bir hayal dünyasına dalarsınız. Bir sorunu çözmek için kendimi deliler gibi paralayıp kafamı duvarlara çarpmaktansa şu soruyu sorarım: "Şu durumda yararlanabileceğim sihirli bir iksir olsaydı elimde bu yeni bilgi ile ne yapardım?" Böyle hayaller kurmak yalnız bir çaba olmak zorunda değildir. Konuyla ilgili her kesimi, çalışanları, meslektaşları ve içeriden kişileri olaya dahil ederim. Onların yardımıyla çılgın senaryolar yaratır ve görünüşte saçma sapan olan sorular sorarım. Bunu küçük bir grupla yaptık ve aklımıza gelen her türlü uçuk kaçık fikri ortaya koyduk. Hayal kurarak, sihirli iksiri kullanarak ve hiçbir kurala bağlı kalmak zorunda olmadan beyinlerini çalıştıran grup üyelerinden yararlanarak yaratıcılığımızı ileriye doğru bir yol açmakta kullanmayı başarmıştık.

Bu hayal oturumları son derece verimliydi. Oyunları sadece eğlence ve boş vakit geçirmek dışında nasıl kullanılabileceklerine kafa yormaya başladık. Kendi kendimize sorular sorduk. Hangi sektördeydik? Eğlence mi, reklamcılık mı, hizmet sektörü mü? Nasıl bir ürün sunmalıydık? Oyun mu, reklam mı, eğitim mi? Gerçek müşterilerimiz kimler olacaktı? Bilgisayar meraklısı ergenler mi, yetişkinler mi, yoksa *Fortune* 500 şirketleri mi? Oyun mecrasının çok geniş ve giderek büyüyen bir kullanıcı kitlesi vardı. İnternet mecrasının da çok sayıda şirketler grubu vardı ve bu şirketler müşterileriyle etkileşimi en iyi nasıl sağlayacaklarını düşünüyorlardı. Bu iki mecrayı nasıl birleştireceğimizi düşünmeye başladık.

Bir girişimci ya da eleman olarak, kendi sektörünüzde benzer bağlantıları yapmanızı sağlayacak yaratıcı özellikleriniz mutlaka vardır. Bunu nasıl mı anlarsınız? Anlamanıza gerek yok. Yaratıcılık herkesin içinde vardır zaten. Yetenekleriniz bir kenarda ihmal edilmiş ya da pek nadir kullanılmış olsa da onlar hep oradadır. Sorulması gereken soru şudur: Bunları sizin için işe yarar hale nasıl getirebilirsiniz? Bu sorunun yanıtını bulmak için epey kafa patlattık.

Önemli sonuçlara ulaştık. Oyun satmak ya da oyun sitelerine reklam vermek dışında çok ciddi bir fırsat olduğunu anladık. Online ve interaktif oyunlar yaratarak bunları yeni bir tür reklam aracı olarak kullanabileceğimizi gördük. YaYa bir bilgisayar oyunu şirketi olarak değil de bir pazarlama şirketi olarak yeniden tanımlandığında anladık ki müşterilerimiz son kullanıcılar değildi. Bizim esas müşterilerimiz son kullanıcılara ulaşmayı isteyen şirketlerdi. Odaklanmadaki bu değişim, oyunu bir üründen çok, bir mecra olarak görmemizi ve her türlü mesajı hedef kitlesine ulaştırabilmemizi sağladı. Oyunlardan çalışanların eğitiminde yararlanabilirsiniz. Reklam aracı olarak kullanabilirsiniz. Markayı tanıtma faaliyetlerinde, doğrudan pazarlamada, müşterilerin tercihlerini toplamada verimli bir şekilde oyunlardan yararlanabilirsiniz. Televizyon geldiğinde radyo spotlarını okuyan adamların yerini reklamlar aldı. Şimdi de oyunlar internet üzerinden verilen banner reklamlarının yerini almaya aday.

YaYa'nın kendine has bakış açısı işte böyle doğdu. Oyun içi reklam ve eğlence içinde eğitim yöntemlerini yeni nesil, güçlü iletişim mecrası; ürün konumlandırmak için keşfedilmemiş bir pazarlama segmenti; markalı oyun etkinliği; işletmeler için oyun odaklı özel eğitim aracı vs. olarak kullanmaya başladık. Oyun konferanslarına dinleyici olarak katılmanın yanısıra konuşmacı olarak katılmam da fazla uzun sürmedi haliyle.

Bir kere konuyu mükemmel bir şekilde netleştirince, ilgi çekmek pek bir sorun olmaz. Gazeteciler, yeni fikirleri duymaya bayılırlar. Onlara ulaşmak, çalıştıkları gazete ya da derginin telefonunu internetten bulup aramak kadar basittir. Asistanı olan bir gazeteciye hiç denk gelmedim. Dahası, "Oyun sektörünün pazarlama kavramını yeni baştan nasıl yazacağına dair çok sağlam bilgilerim var. Sizin çalışmalarınızı uzun zamandır dikkat ve ilgiyle takip ediyorum. Bu hikayeyi sizin anlatmanız en doğrusu olacaktır" dediğim hiçbir gazeteci çağrımı yanıtsız bırakmadı.

Benzer mesajları gazetecilerin telesekreterlerine yıllardır bırakıyorum. Gazetecilerin çok müteşekkir olduklarını söylemem gerek. Çoğu zaman, hikayenin şirketimle ya da benle bir ilgisi olmuyor bile. Sadece sıra kendi hikayeme geldiği gün ihtiyaç duyacağım güveni tesis etmeye çalışıyorum. Ülkedeki hemen hemen bütün iş dergilerinin en üst düzey isimlerini bugün tanıyor olmamın nedeni de bu. Birçok CEO arkadaşım var ki *Wall Street Journal*'ı ya da *Forbes*'u ulaşılması imkansız, içine girilmesi mümkün olmayan kurumlar olarak görüyorlar. Hangi şirketi temsil edersem edeyim, nerede çalışıyor olursam olayım basına ulaşmakta nasıl olup da her seferinde başarılı olduğumu anlayamıyor ve hayrete düşüyorlar. Cevap ise çok basit: Onların ihtiyaç duyduğu şeyin ne olduğunu anlıyor ve bu ihtiyaçlarını karşılıyorum. Yani onlara büyük hikayeler veriyorum.

Tabii ben de büyük miktarda yardım alıyorum elbette. Mesela, YaYa'nın o benzersiz bakış açısını geliştirdiğimde, bunu reklam ajanslarına götürdüm. Etkileşimli ajans olan KPE, YaYa ve oyun içinde reklam kavramını pazara götüren firma oldu. Bizi ve ne yaptığımızı onlar keşfetti. Sonra büyük oyun şirketleri işin içine girdi. Tanıdığım en ileri fikirli insanlara gittim. Bunlardan biri de Activision'ın CEO'su Bobby Kotick idi. Bobby, Nielsen Company ile birlikte, oyunların reklamcılar için ne denli etkili bir mecra olduğunu ölçümlemek konusuna şirketinin etki gücünü ve parasını ortaya koydu. Bobby ve ben CNN'de ya da CNBC'de arka arkaya çıkarak birbirimizin görüşlerini desteklerdik.

YaYa, *Fortune* dergisinde tam sayfa çıktıktan sonraki günlerde kendisi de CEO olan bir arkadaşım şakayla karışık olarak bana "Keith, dostum, senin sırrın nedir? Rüşvet mi yediriyorsun yoksa şantaj mı yapıyorsun? Hadi dostum, anlat bana, nasıl beceriyorsun bunu?" diye şakayla karışık takılmıştı. Oysa kendi şirketi hem YaYa'dan daha eskiydi, hem de dört kere daha büyüktü. Yine de kendi bültenlerinde bile zor bela yer alabiliyordu.

Ona şöyle cevap verdim: "Şirketin ve onun temsil ettiği fikirler hakkında önce, okuyanların ilgisini çekecek bir hikaye yarat. Bu senin içeriğin olacak. Sonra bunu paylaş. Hiçbir gazeteciye telefon açıp yaptığın işin neden çok özel olduğunu düşündüğünü anlattın mı? Bunu PR'cılara bırakamazsın. Gazeteciler her gün sürüyle PR'cıyla muhatap oluyor. Senden daha bilgili ve istekli kimi bulabilirler? Yaptığın işin uzmanı yine sensin."

İçerik Yaratma İşi Başkalarına Bırakılmamalı

Bir şirketin markasının tanınmasında içeriğin dönüştürücü gücünü hep beraber gördük. Ama, marka SİZ iseniz? Sizin içeriğiniz ne olacak? Hangi noktaları satacaksınız? YaYa'yı pazar için ilginç bir şirket kılmakta kullandığımız sürecin aynısını kendinizi çevreniz ve onun da ötesi için ilginç kılmakta pekala kullanabilirsiniz.

Eşi benzeri olmayan bir bakış açısı var. Bu açı sizin bugün, yarın ve bundan bir yıl sonra bile iş güç sahibi olmanızı garanti eden birkaç yoldan biridir.

Bir zamanlar yönetici koltuğuna oturabilmek için iki kolunuz, iki bacağınız ve bir MBA dereceniz olması yeterliydi. Bugünlerde ise giriş ücreti değişmiş bulunuyor. Amerika'nın bilgi ekonomisinde, rekabet avantajımızı bilgi ve yenilik temelinde tanımlıyoruz. Günümüz pazarı, yaratıcılığı rekabete, uzmanlığı genel bilgiye tercih ediyor. Sizin yaptığınız iş bir başkası tarafından yapılabiliyorsa, o işi daha az ücret karşılığında yapmaya hazır biri mutlaka bulunacaktır. Bangladeş'e, Banglore'a kaçan işlere bakın.

Bir tek iş var ki başkalarına nasıl devredileceği kimse tarafından bulunamamış. O iş, fikir yaratmaktır. Sabah akşam fikir üretip yeni düşünce yolları geliştiren ve şirketin ufkunu açan kişileri öyle kolay kolay kimse değiştiremez.

İçerik yaratıcılara talep her zaman büyük oldu. Terfiler aldılar, ödüllendirildiler. Büyük fikirlerin sorumlusu onlar. Konferanslarda konuşmaları istendi. Gazeteler, dergiler hep onlardan bahsetti. Kendi şirketlerindeki ve sektörlerindeki birçok kişi onların adını bilir. Kendi küçük dünyalarının şöhretleridirler ve şöhretleri, hep bir adım önde gitmekten kaynaklanır.

Peki, bu noktaya nasıl geldiler? En kısa yol uzmanlık yoludur.

Meslek hayatımda geriye dönüp baktığımda, yolun dosdoğru giden bir yol olduğunu görüyorum. İş dünyasındaki en yeni, en çığır açıcı fikre sıkı sıkıya tutunurdum. Kendimi tamamen ona ve ulaşabildiğim bütün ilgili literatüre adardım. Fikrin bayraktarlığını yapan bütün düşünce önderlerini tanımaya çalışırdım. Sonra bu fikrin başkalarını nasıl etkileyeceğine ve çalıştığım sektörde nasıl uygulanacağına dair bir mesaj şekline getirirdim. Bu, içeriğim olurdu. Uzman olmak işin basit tarafıydı. Sadece uzmanlar ne yapıyorsa ben de onu yapıyordum. Uzmanlığım hakkında yazıyor, konuşuyor ve ders veriyordum.

ICI'da yani üniversiteden sonraki ilk işimde, uzman yardımcılığı eğitimine girmeyi mülakatçımla konuşa konuşa başardım. Teknik bir bölüm mezunu değildim. Oysa bu eğitime alınanların kimya, mühendislik, fen bilimleri ya da buna benzer teknik bir bölüm mezunu olması şart koşulmuştu.

Mühendislik deneyimimi esas alırsak, ICI'da ilerlememin bir yolu yoktu. Programın ilk iki ayında toplam kalite yönetimi konusunun çok revaçta olduğunu gördüm. Her birkaç yılda bir iş dünyasını ateşe veren, danışmanların güdümünde yürüyen bir iş trendiydi.

Boş zamanlarımda bulabildiğim bütün yazılı materyalleri okudum. İşe girişimin üzerinden birkaç ay geçmişti ki uzmanlığımı gönüllü olarak kullanıma sundum. Bunda örgütçü davranışımın etkisi büyük oldu. Üniversite öğrenciliğim sırasında iki kere kursa katılmıştım. Bir çırpıda ICI'da toplam kalite yönetimi ile ilgili olarak en bilgili üç isminden biri olmuştum. Şirket içinde disiplini öğretmeye çalışmaya başlamamla birlikte uzmanlık düzeyine terfi etmiştim. Deneyimimi, konuşmalar vererek, makaleler yazarak ve ülkedeki en büyük işadamları ile temas kurarak sergiliyordum. Kısa bir süre sonra, Kuzey Amerika'daki toplam kalite yönetimi liderlerinden biri olarak ICI'ın benim için, yeni kurulan bir grup içinde yeni bir pozisyon açmasını sağladım.

Bir konuyu en iyi şekilde öğrenmek ve o konuda uzmanlaşmak istiyorsanız, o konuda ders verin. Tanıdığım en iyi CEO'ların bazıları, şirketlerinin sahip olmadıkları yetenekler ve deneyimleri gerektirse bile bazı işleri geri çevirmeyi reddederler. Bu CEO'lar, bu tür durumları bir fırsat senaryosu olarak görürler. "Bunu başarabiliriz" derler. Sürecin içine girdiler mi hem CEO, hem de çalışanlar bilmeleri gereken konuları öğrenirler. Yeni bir şey önlerine geldi mi üzerine atlarlar ve işi başarıyla tamamlarlar. Aslında, bu kitabı okuyup bitirdikten sonra sizin de çevrenizdeki bir okulda insanlarla nasıl ilişki kurulacağı ya da içerik yaratımı konusunda ders vermemeniz için bir neden yok. Hazırlık aşamasında ve sonrasında öğrencilerinizle etkileşiminiz sırasında daha fazlasını da öğrenebilirsiniz.

Kısacası ve en azından başlangıç aşamasında unvanınızı ve iş tanımınızı bir kenara bırakın. Bugünden itibaren, çevrenize ve şirketinize gerçek değer katacak hangi benzersiz uzmanlık alanında kendinizi yetiştireceğinizi düşünmeye başlayın.

Nereden başlayacaksınız?

İki yol var. Biri zor, biri kolay. Ben her ikisini de denedim. Deloitte ve ICI'da yaptığım gibi siz de noktaları daha önce birbiriyle birleştirmiş birini bulabilir ve onların içeriklerinin uzmanı olabilirsiniz. Bu, kolay olan yoldur.

Zor olan yolda noktaları birleştirmek size düşer. Kötü olan, bu süreç için bir kılavuz olmamasıdır. İyi haber, içerik yaratmak için ilahi bir vahiy gelmesi ya da çok parlak bir beyin olmanız gerekmez. Her ne kadar parlak bir beyin ve vahiy çok işe yarayacak olsa da, bu konuda fazla kısmetli olduğum söylenemez. O nedenle benim güvendiğim bazı yöntemler, alışkanlıklar ve teknikler vardır ve faydaları tecrübeyle sabittir.

Uzman olmaya giden yolda size yardımı olacak on ipucunu şöyle özetleyebilirim:

1. Öne çıkın, eğilimleri ve fırsatları ilk siz inceleyin.

Öngörü, şirketinize değişime ayak uydurma esnekliğini kazandırır. Yaratıcılık, bundan avantaj elde etmenizi sağlar. Bugün, yeniliğin üretimden daha önemli olduğu bir çağda yaşıyoruz. O nedenle, ileri gitmemek demek, geri gitmekle aynı anlama geliyor. Bir yeniliğe erken adapte olanlar, trend belirleyenler, bilgi brokerleri, değişim ajanları ve sektörlerinin nereye gitmekte olduğunu ve hangi büyük fikirlerin revaçta olacağını bilenlerin tamamı iş dünyasının starları oldular.

Sektörünüzde, ön saflarda yer alan kişileri belirleyin ve onlarla temasa geçmek için bütün ilişki kurma maharetinizi ortaya koyun. Onları yemeğe götürün. Bültenlerini okuyun. Aslında bulabildiğiniz her şeyi okuyun. İnternette bilgi veren, analiz ve çıkarımlar yapan yüzlerce insan var. Bu analistler, yeniliğin gözü, kulağıdır. İnternete girin ve okuyabildiğiniz kadar okuyun. Dergilere abone olun, kitap alın, bulabildiğiniz en zeki insanlarla konuşun. Sonunda bütün bu bilgiler bir zemine oturacak ve başkalarının yapamadığı bağlantıları yapmaya başlayacaksınız.

2. Aptalca görünen sorular sorun.

Başkalarının sormaya cesaret edemeyecekleri sorular sorarsanız, daha önce hiç görülmemiş sonuçlara ulaşabilirsiniz. Dünyada bu tür sorular soran kaç insan çıkmıştır dersiniz. Şöyle cevap vereyim: En büyük icatları ve yenilikleri dünyaya kazandıran insanları tümü böyle sorular sorarak yola çıkmışlardır. "Bütün MP3 müzik dosyalarını, Walkman benzeri ufak bir cihazda taşısak iyi olmaz mı?" diye soranlar, iPod'u icat etti. "Çektiğimiz fotoğrafları neden anında göremiyoruz?" diyenler dijital fotoğrafçılığın temelini attı. "Herkes hamburger ve kızarmış patates sever. Peki neden insanlara bu yiyecekleri çok hızlı bir şekilde sunmuyoruz?" diye soranlar McDonald's ve diğer fast food sektörünü yarattı.

İş dünyasında masumiyetin gücü en güzel *Big* adlı filmdeki bir sahnede görülür. Tom Hanks'in yetişkin bir insana dönüşmüş bir çocuğu canlandırdığı filmin önemli bir sahnesinde Hanks, büyük bir oyuncak firmasının yönetim kurulu toplantısında oturmaktadır. Başkan yardımcılarından biri yeni bir oyuncak hakkındaki sunumunu yapmaktadır. Gösterdiği rakamlar süperdir. Bütün grafikler başarılı bir lansmana işaret etmektedir. Ama Hank'in çocuk masumiyeti ona şu sözü söyletir: "Ben aynı fikirde değilim." Oyuncakla oynamış olduğu için bütün grafikleri ve sayıları bir tarafa atabilmiştir. O oyuncak eğlenceli değildir. Kimi zaman sayılar yalan söyler. Kimi zaman, en temel soruları sormayı unutan şirketlere dünyanın bütün sunumları bile yardımda bulunamaz.

Oyun üreticisi firmaların yöneticileri yıllar boyunca kendilerini eğlence sektöründe gördüler. Bir gün onlara sordum: "Pazarlama sektöründeysek ne olacak?"

3. Kendinizi ve yeteneklerinizi tanıyın.

ICI'daki bilim üstatlarıyla rekabet etmem mümkün değildi. Güçlü yanlarımı ortaya çıkaran bir uzmanlık geliştirmeye giriştiğimde, zayıf yönlerimin üstesinden gelmeyi başardım. İşin sırrı, sahip olmadığınız yeteneklerin üzerinde takıntılı bir şekilde durmamak ve güçlü yanlarınızın üzerine odaklanmaktır. Böylece zayıf yanlarınız da önemini kaybedecektir. Zamanınızın yüzde 20'sini zayıf yanlarınızı iyileştirmeye, yüzde 80 gibi büyük bir kısmını ise güçlü yanlarınızı daha da fazla güçlendirmeye adamalısınız.

4. Öğrenmeye açık olun.

Sürekli olarak bir şeyler öğrenmelisiniz. Bütün içerik yaratıcıları iyi okurlar ya da en azından derin sorgulayıcılar ya da sohbetçilerdir. Öz gelişim anlamında ise teferruatçı insanlardır. Sizin kendi öz gelişiminiz, kitap ve dergi okumalarını, eğitsel kaset dinlemelerini, yılda dört ya da beş konferans katılımını, bir ya da iki kursa devamı ve alanınızın liderleri ile ilişkilerinizi geliştirmeyi içermelidir.

5. Sağlık her şeyin başıdır.

Araştırmalara göre, ikindi saatlerinde, uykusuzluk nedeniyle ortalama bir şirket yöneticisinin dikkat düzeyi, yetmiş yaşında bir adamın dikkat düzeyine iniyor. Siz, yöneticinizin yaratıcı işlerle uğraştığını ya da noktaları birleştirdiğini sanıyordunuz değil mi? Hiç alakası yok. Kendinize, vücudunuza, zihninize ve ruhunuza en iyi şekilde dikkat etmeniz gerek. Bu tavsiyeyi kulak ardı etmeyin. Programım elverdiğince haftada beş gün spor yaparım. Her iki ayda bir beş günlük bir tatile çıkarım. (Bu arada e-postalarımı kontrol eder ve normal okumalarımı sürdürürüm.) Ayda bir kere ruhani bir inzivaya çekilirim. Her hafta ruhsal bir şey yaparım. Genellikle kiliseye giderim. Bu bana yirmi dört saate yayılan programımı sürdürebilme gücü verir.

6. Sıradışı deneyimlere hazırlıklı olun.

Yönetim gurusu Peter Drucker'a sormuşlar: "İnsanı işinde daha başarılı yapacak bir şey tavsiye etmeniz istense, ne önerirdiniz?" Drucker'ın cevabı "Keman çalmayı öğrenin" olmuş. Farklı deneyimler farklı araçlar yaratır. Çocuklarınızın neye ve neden ilgi duyduğunu öğrenin. Yaratıcılığınızı harekete geçirin. Moda olmayan şeyler hakkında bilgi sahibi olmaya çalışın. Garip ve egzotik yerlere seyahat edin. Kendi sektörünüzü ve yerel pazarınızı tanımak, gelecekte de rekabet edebilmenizi sağlamaz. Mesleğinizin ve konfor bölgenizin dışındaki şeylere bitmez tükenmez bir merak beslemelisiniz.

7. Cesaretinizi yitirmeyin.

ICI'ın CEO'suna toplam kalite yönetimi ile ilgili olarak gönderdiğim e-postaya cevap alamadım. Bugüne kadar, düzenli olarak bu tür reddedilmelerle hep karşılaştım. Yaratıcı, çizgi dışı, sürüden ayrı olmak istiyorsanız kayığı sallamaya alışsanız iyi olur. Siz kayığı sallarken sizi tutup suya atmak isteyecek kişilerin çıkacağından da asla şüphe etmeyin. Bu duruma göğüs germek zorundasınız. Kendini gerçekten bu işe adamış olan usta profesyoneller şunu akıldan çıkarmamalıdır: Tutkunuz sizi, yer de yarılsa, gök de delinse ayakta tutar. Yerin yarılacağı, göğün delineceği günlerle karşılaşmanız ise mutlaktır. Sürekli olarak bütün kararlılığınızla ilerlemeniz gerektiren değişikliklerle ve sıkıntılarla karşılaşacaksınız. Siz sonuçlara odaklanın ve sektörünüzün uçlarında neler olduğunu görebilmek için gözlerinizi dört açın.

8. Yeni teknolojileri öğrenin.

Teknoloji sektörü dışında yeniliğe bu kadar önem veren ve daha hızlı ilerleyen başka hiçbir sektör yoktur. Teknoloji delisi olmanız gerekmiyor. Gel gelelim, teknolojinin işinize etkilerini iyi anlamalısınız ve onu çıkarınız için kullanabilmelisiniz. Bunun için teknolojiden iyi anlayan birini evlat edinin, işe alın ya da babalık yapın.

9. Niş bir alan bulun.

Başarılı küçük işletmeler, kendilerini dikkatle seçilmiş bir niş alanda konumlar ve gerçekçi bir şekilde bu alanda hakimiyet kuranlardan çıkar. Bireyler de aynı yolu takip edebilir. Şirketinizin performansının düşük olduğu alanları düşünün ve üzerinde en az durulmuş bir konuda odaklanın.

Eskiden akıl hocalığını yaptığım biri büyümekte olan bir kuruluş için çalışıyor. Bu şirket, yeni bir tür evcil hayvan ürünü satıyor. Sözünü ettiğim kişi bu şirkette işe alındıktan kısa süre sonra şirketin boğuştuğu sorunların arasında şirketin kâr marjından çalan yüksek posta ücretlerinin başı çektiğini gördü. Yeni faaliyete geçmiş bir şirketin öncelikler listesinde çok yukarıda yer alan bir konu değildi. Ama, bu kişi de yüksek bir mevkide bulunmuyordu zaten.

10. Parayı takip edin.

Yaratıcılık, uygulamaya geçirilmediği takdirde bir değer ifade etmez. İçeriğinizin özünde şu fikir yer almalıdır: Bu, bize daha çok para kazandıracak. Bir şirketi ayakta tutan, yaptığı satışlar ve sağladığı nakit akışıdır. Birisi gelip satın almadığı sürece tüm büyük iş fikirleri anlamsızdır.

BİR ÜNLÜNÜN PROFİLİ

Dalay Lama

"İnsanları etkileyen hikayeler anlatmak için içeriğinizi kullanın."

Dalay Lama, bir dünya lideri, kutsal kişi, diplomat, kahraman ve Tibet'in Ghandisi olarak bilinse de, o kendisinin "mütevazı bir Budist rahip" –ne eksik, ne fazla– olarak anılmasını ister.

1950'lerin sonlarında istilacı Çin ordusundan kaçmak için vatanı Tibet'i terk etti. O günden itibaren de dünyanın en tanınmış insanları arasındaki yerine istikrarlı adımlarla yükseldi. Bu çok özel insan, vatan toprağını geri almak uğruna ünlüleri, politikacıları ve halkları harekete geçirdi; milyonlarca dolar yardım topladı. Bu olağanüstü mütevazı insandan, iyi bir ilişki kurucu olmak isteyen kişi ne öğrenebilir?

Yanıt: İnsanı etkileyen bir hikayedeki güçlü bir içerik, çevrenizdekileri harekete geçirerek hedefinize ulaşmanızda size yardımcı olmalarını sağlar.

Tibet halkının ruhani liderine insanlar paralarını, desteklerini ve sevgilerini veriyor. Oysa o, bu kişilere ne bir ürün, ne de bir hizmet sunabiliyor. Yapılan yatırımın karşılığını geri alacaklarına dair tek bir vaat vermemiş olduğu halde insanlar ona para veriyorlar. İnsanlar ona, sadece hayat hakkında genel konulardan konuşması, ülkesinin mücadelesini anlatması için para veriyorlar.

Bir lider ya da içeriği olan bir insan olmak için işletme diploması ya da bir MBA derecesi almanın yeteceğini düşünenlerden olabilirsiniz. Yanılıyorsunuz. Dalay Lama'nın tek bir diploması bile yok. Fakat, dünya barışı ile ve şefkat ile ilgili çok basit ama güçlü bir mesajı var ve bunu renkli hikayeler ve anekdotlar eşliğinde insanlığa sunuyor. Ona 1989'da Nobel Barış Ödülü kazandıracak kadar güçlü bir mesaj bu.

Şu anda şöyle düşünüyor olabilirsiniz: "Bir dakika durun. Dalay Lama'nın anlattığı hikayelerle benim beyaz yakalı çabamı kıyaslayamaz, onun anlattıklarını, arkadaş kazanıp insanları etkilemek için anlattığım hikayelerle bağdaştıramazsınız. Ben günde üç öğün yemek yerim. Onun ise 50'li yıllardan beri bir vatanı bile yok."

Haklı olabilirsiniz. Anlatacağınız öykü Dalay Lama'nınki kadar etkileyici olmayabilir. Ama hikayeyi anlatma şekliniz her şeyi değiştirebilir. Nasıl mı?

Dalay Lama, insanları derinden etkileyen bir hikaye anlatırken vereceği mesajın basit ve evrensel olması gerektiğini bilir. Gazeteci Chris Colin, Dalay Lama'nın davasının neden bu kadar popüler olabildiğini incelerken şu satırları yazmıştı: "Uluslararası çekişmelerin pek azının önceden planlanmış gibi gözüktüğü Batı dünyasında, zulmün açıkça ortaya konması yankı buluyor olabilir. Görece çok basit bir geçmişin siyah ve beyaz mücadelelerine özlem beslediğini düşündüğümüz bir ulusta, 'Özgür Tibet" davası kendi kanatlarını bulabiliyor."

Dünyadaki felsefeler arasında en karmaşık olanlarından birinin en bilgili kişilerinden biri de olsa, Dalay Lama, davasını en açık, anlaması en kolay şekilde sunması gerektiğini, ayrıca davasının nasıl hepimizle ilgili olduğunu göstereceğini çok iyi biliyor.

En etkileyici hikayeler, kimlik ile ilgili olanlardır. Kimiz, nereden geldik, nereye gidiyoruz? Herkes için aynı derecede etkileyicidirler. Dalay Lama bize, Tibet halkı için kaygılanmanın kendimiz için kaygılanmak anlamına geldiğini söyler. "Başkalarının mutluluğuna ne kadar önem verirsek, kendi iyiliğimizi ve refahımızı o kadar önemsiyoruz demektir" diyor Dalay Lama. Böylece, insanların temel özelliklerinin –kanaat etmeden kaynaklanan mutluluğun, acıyı yatıştırmanın ve anlamlı ilişkiler kotarmanın– günümüz dünyasında evrensel ahlakın temellerini atabileceğini gösteriyor. Böylece, herkesin davasına sıcak bakarak kendi davasına sıcak bakılmasını sağlıyor.

Bu demek değil ki işinizi, özgeçmişinizi ya da üzerine titrediğiniz başka bir şeyi haddinden fazla basitleştirmeniz ya da evrenselleştirmeniz gereği vardır. Fakat hikayenizi anlatırken, a) anlaşılması kolay olmasını, b) herkesin bu hikayeden kendine bir pay çıkarmasını sağlamalısınız. Kendinize şu soruyu da yöneltebilirsiniz: "İçeriğim, başka insanların kim olduklarına, nereden gelip nereye gittiklerine dair sorularına cevap oluşturacak mı?"

Tibet davası için insanların neden para verdikleri bazılarının kafasını karıştırıyor olabilir. Çünkü Tibet davası bugün artık kaybedilmiş bir dava. Aradan 40 yıl geçti ve Çin, geri adım atmak konusunda en küçük bir işaret bile vermedi.

Yine de Dalay Lama, insanları bağışta bulunmaya, enerjilerini bu dava için harcamaya ikna edebiliyor. İyi ama nasıl? Hikayelerinin içinde gerçekleri ve tarihi örnekleri kullanıyor ve bunlarla tutkularımızı besliyor. Bir işadamının grafiklerle ve tahlilleriyle yaptığı gibi konumunu mantıksal olarak bize kabul ettirmeye çalışmıyor. Konumunu içimizde hissetmemizi sağlıyor. *Mother Jones* dergisinde 1997 yılında yayınlanan şu röportajı okumanızı öneriyorum:

Soru: Çin'in Tibet'e yönelik politikasını değiştirmesi için sizce ne gerekiyor?

Dalay Lama: İki şey lazım. Öncelikle Çin yönetiminin geriye değil ileriye bakmayı öğrenmesi gerek. Dünya ile bütünleşmeli, dünya kamuoyunun neler düşündüğüne ve kendi demokrasi hareketine kulak vermeli. İkinci olarak, Tibet ile ilgili olarak kaygılarını dile getiren halklarını dinleyen ve Çin'e, doğruluk ve adalet üzerine dayalı bir çözümün acilen üretilmesi gerektiğini söyleyecek dünya liderleri gerekiyor. Bugün bu iki unsurun ikisine de sahip değiliz ve Tibet'e barış getirme süreci durma noktasına gelmiş bulunuyor.

Ama, doğruluğun gücüne olan inancımızı kaybetmemeliyiz. Dünyada her şey değişiyor. İşte bakın, Güney Afrika Cumhuriyeti, eski Sovyetler Birliği, Ortadoğu... Hâlâ birçok sorunları var, başarısızlıkları var ama başarıları da var. Durum her ne olursa olsun, oralarda bundan on sene önce akla hayale gelmeyecek değişimlerin yaşandığını gördük.

İnsanları etkileyen, harekete geçiren unsur, duygulardır. Her şeye rağmen, Dalay Lama, bizi, görünüşte imkansız olanın aslında pekala yapılabileceğine inandırmıştır. Siz de kendi hikayelerinizde, size şüpheyle bakan kişileri, zayıfların da bazen kazanabileceklerine ve güçlü olanların da bazen darmaduman olabileceklerine ikna etmek için duygu faktörünü kullanın.

Sihrini ve sıcaklığını etkileyici hikayelere döken, böylece çok farklı kesimlerden gelen insanları harekete geçiren bu mütevazı Budist rahibi kendinize örnek alın. Markaların hüküm sürdüğü bu yeni çağda, duyguları sayılara üstün tutan bir ekonomik sistemde, hikaye anlatanlar hak ettikleri değeri görürler. Bir keresinde *Harvard Business Review*'da Michael Hattersley şöyle yazmıştı: "Çok sık düştüğümüz bir hata var. İşi, sırf mantıksal hesaplamalardan yani birkaç sene sonra bilgisayarların insanlardan çok daha iyi bir şekilde yapacak duruma gelecekleri bir özden ibaret sanırız. Bunu bir konferans odasında ve koridorda biri duyar: 'Sayılar neye işaret ediyor?' 'Bana somut etkenleri verin.'

'Kanıtları değerlendirip doğru kararı verelim.' Doğrusu, yönetimsel başarı için iyi bir hikaye anlatmaktan daha önemli çok az beceri vardır."

Slayt sunumlarını unutun. İçeriğinizin ne olduğunu tam olarak belirledikten sonra ilham verici öyle bir hikaye anlatın ki arkadaşlarınız ve meslektaşlarınız cesaretle, korkusuzca harekete geçsin, sizin o basit ama derin hikaye anlatımınızla ileri atılsın.

YİRMİ ÜÇÜNCÜ BÖLÜM

Markanızı Yaratın

İçinde bulunduğumuz çağ, sahip olduğumuz mevki, çalıştığımız iş ne olursa olsun, hepimizin markanın önemini idrak etmesi gerekiyor. Her birimiz kendi şirketimizin CEO'larıyız: Ben A.Ş. Bugün iş dünyasında var olmak için yapmanız gereken en önemli görev Sen markasının pazarlama müdürlüğüdür.

–Tom Peters

Bir pazarlamacı olarak algının gerçekliği etkilediğinin ve bir anlamda hepimizin birer marka olduğunun farkındayım. Bütün seçeneklerimin, yani giydiklerimin, sohbet tarzımın, hobilerimin, belirgin bir kimlik yarattığını biliyorum.

İmaj ve kimlik yeni ekonomik düzenimizde giderek artan bir öneme sahipler. Her şeyin birbirine benzediği ve ciddi bir bilgi kirliliği yaşandığı günümüzde, güçlü bir marka eğer bir ürün üzerine değil de kişisel bir mesaj üzerine kuruluysa rekabet anlamında çok büyük bir avantaj anlamına geliyor.

İçeriğiniz markanızın yol gösteren ışığı olacak, bütün ilişki kurma çabalarınızı güçlü bir misyon üzerinde birleştirecek. Başarılı kişisel markalar, çevreniz açısından şu üç önemli konuda yardımcı olurlar: İnanılır, güvenilir ve seçkin bir kimlik yaratmanızı; ağırlığı olan bir mesaj oluşturmanızı, kaotik bir hal almış o çılgın kalabalıktan sıyrılırken, kendinize ve davanıza daha fazla insan çekmenizi sağlar. Sonuç olarak yeni arkadaşlar edinmenin hiç olmadığı kadar kolaylaştığını ve yaptığınız görevde ve çalıştığınız işte söyleyecek daha çok sözünüz olduğunu görürsünüz.

Size "Swoosh" deyiversem, aklınıza ne gelir? Pek çok kişinin ağzından "Nike" kelimesi dökülecektir. Dökülmese büyük şok geçiririm zaten. Nike, tüketicilere yirmi yıldan uzun süre "swoosh" olarak adlandırılan logosunu gösterdi durdu. Logoyu atletizm ile özdeşleştirdi ve bizim bu basit, küçük simgeyi her görüşümüzde "Nike" markasını aklımıza getirmemizi sağladı.

Logonun gücünü görebiliyor musunuz?

Bir çevre içinde markanız da benzer bir şeyi başarabilir. Markanız, sizin değerinizi yaratabilir. Misyonunuzu ve içeriğinizi alıp dünyaya yayınlar. Sunabileceklerinizin neler olduğunu, neden özel olduğunuzu anlatır, başkalarının sizinle ilişki kurması için somut bir sebep verir.

Marka gurusu ve büyük iş danışmanı Tom Peters, kendine has tarzıyla "kendi mikro boyutlu Nike logonuzu yaratın" diyor. Madison Avenue'yu ofisinize getirmeyi, her Willy Gates olmak isteyen Willy Lohman için Michael Jordan'ın ve Oprah Winfrey'in başarılı markalarını bir model olarak göstermeyi istiyor.

Ürün pazarlamasından kendimizi pazarlama noktasına nasıl geldik?

Peters, "Tersine Dönmüş Bir Dünya"da yaşadığımız konusunda ısrarcı. Geçmişten gelen şeyler anlamını yitirdi. Kuralların bugünle ilgisi yok. Yeni ve eski ekonomi, Hollywood, büyük şirketler ve çok büyük, şirketleşmiş bireyler arasındaki sınır çizgileri bulanıklaştı.

Peters buna bir de isim bulmuş: "Beyaz yakalı devrim" diyor. Kesişen birçok faktör var: İş süreçlerinin iyileştirilmesi, işlerin yerini teknolojinin alması, işlerin yabancı ülkelere yönlendirilerek dış kaynak kullanımına gidilmesi, daha fazla bireyin kendini serbest ajanlar olarak görmeye başladığı girişimcilik çağı... Bütün bunlar öyle bir biçimde bir araya geliyor ki, Peters'in öngörüsüne göre günümüzdeki beyaz yakalı işlerin yüzde 90'ından fazlası bundan on-on beş sene sonra var olmayacak. Peters, konuyla ilgili olarak şöyle diyor: "İşinizi, departmanınızı, bölümünüzü kendi içinde bir şirket olarak görmeli ve 'vay canına' dedirtecek projeler üretmelisiniz."

Marka konusuna geri dönersek, ortaya herkes için geçerli şu sonuç çıkar: Ya kalabalıktan sıyrılırsın, ya yok olursun.

Peters, verdiği konferanslarda şöyle diyor: "Hep aynı şeyi duymaktan bıktım. Adam gelip diyor ki 'Ben de istiyorum, lakin, müsaade etmiyorlar. Hayatınızın CEO'su oldu. Ortalığı ayağa kaldırın. Korkutmayın kendinizi. İş değiştirmek hiç bu zamanki kadar kolay olmamıştı." Evet, evet, evet!

İnsanlar bazen, iş arkadaşları arasında kendilerini farklılaştırmak konusunda çaresiz veya isteksiz olduklarını söylerler. İşte o zaman çok kızarım. Çok zeki, genç biri vardı. Kendisine mentorluk yapıyordum. Adı Kevin idi. PriceWaterhouseCoopers firmasının danışmanlık bölümünde çalışıyordu. Bir gün konuşurken, işinden, kariyerinden mutlu olmadığını söyledi. İçinde bulunduğu hareket alanı kısıtlı ortamda, rakamlarla uğraşan herhangi biri olmaktan öteye gidemediğini ifade etti.

Ona yanlış düşündüğünü söyledim. "Seçeneklerin var. Ama onları yaratmak için zaman harcamıyorsun. Kariyerinin yönetimini üstlenmenin zamanı gelmiş. Markanı, adı sanı bilinmeyen rakam öğütücüsünden çıkarıp, fark yaratabilen personel rütbesine taşımak için çaba harcama zamanı gelmiş."

Bu dediklerimi nasıl yapabileceğine dair bazı tavsiyelerde bulunduğumda bana şöyle dedi: "Böyle şeyleri büyük bir danışmanlık firmasında yapamazsınız." Burnumdan dumanlar çıkıyordu herhalde. O da öyle düşünmüş olmalı.

Dedim ki, "Kevin, bu şekilde düşünerek kendini değersizleştiriyorsun. Deloitte büyük bir danışmanlık firması, değil mi? Deloitte'a girdiğim ilk günden itibaren, hiç kimsenin üstlenmek istemediği ya da kimsenin daha önce akıl etmediği projeleri üstlenmek için standartların dışına çıktım. Patronuma ve bazen patronumun patronuna hemen her gün e-postayla yeni fikirler gönderdim. En kötü ne olabilirdi ki? Sevmediğim bir işten kovulur muydum? Ayrıca, nerede çalışırsam çalışayım, beni mutlu edecek işi kendim yaratmaya çalışırım.

FerrazziGreenlight'ın eğitim ve geliştirme bölümü, meslek okullarına ve büyük şirketlere yönelik olarak geniş ölçekli eğitimler düzenliyor. Eğitimlerimizde üzerine önemle vurgu yaptığımız konu, kariyerinizin yönetiminin tamamen size ait olduğudur. Çalıştığım her işte kendi markamı yaratmak, yenilikçi, düşünür, satıcı ve iş bitirici biri olarak lanse etmek için çabaladım. Üniversiteden sonraki ilk işim olan ICI'da uzman yardımcısıyken CEO'ya bir sürü önerilerde bulundum. Hiç cevap gelmedi. Ama ben göndermekten asla vazgeçmedim.

İnsanların sizinle ilgili kişisel ve mesleki beklentilerini değiştiremeyeceğinizi düşünmeniz çok aptalcadır. Çaba gösterirseniz, becerilerinizi insanlara gösterebilirseniz, o cam tavanı delip geçebilirsiniz.

Peters'in anlattığı güzel bir hikayesi var. Hostesin biri, çalıştığı havayolu şirketine bir öneride bulunur ve uçakta ikram edilen martinilerin içine iki tane değil, bir tane zeytin atalım der. Öneriyi dikkate alan firma, yılda 40 bin doların üzerinde tasarruf eder ve hostes de böylece kendi markasını yaratmış olur. Şu anda kimbilir belki de başkan yardımcısıdır.

Yazar Milan Kundera, flört etmenin garantisi olmayan bir seks vaat ettiğini söyler. Başarılı bir marka ise, her seferinde bomba etkisi yapacak deneyimlerin garantisi ve vaadidir. Gönderen kişi önemli olduğu için her zaman okuduğunuz e-postadır. Her zaman güzel projeler üreten personeldir.

Marka olmak için, kattığınız değerlere titiz bir şekilde odaklanmalısınız. Ve sizi temin ederim ki şu anda hangi iş yapıyor olursanız olun, o işe bir değer katabilirsiniz. Yaptığınız işi daha hızlı ve daha verimli şekilde yapabilir misiniz? Evetse, neden bunu yazıya döküp, neler gerektiğini patronunuza anlatmıyor ve diğer çalışanların da işlerini aynı sistemle yapmalarını sağlamıyorsunuz? Kendi çabanızla ve boş zamanlarınızda yeni projeler geliştirmeye ne dersiniz? Şirketinizin para kazanması ya da tasarruf sağlaması için yollar arıyor musunuz?

Riski azaltmaya, komuta zincirine itaat etmeye, iş tanımınıza harfiyen uymaya kalkarsanız bunları başaramazsınız. Bu çabada evet efendimci kişilere yer yoktur. Çalışmalarını özel kılma cesaretine sahip olanlar güçlü bir marka kurabilenler olacaktır.

Kendinizi geliştirmeye zaman ayırmaz, yeteneklerinizi daha iyiye taşımazsanız fark yaratabilen anlamlı işler çıkaramazsınız. Yaptığınız işi ve yapısal sınırlar içinde kim olduğunuzu başkalarının tanımlamasını istediğiniz, takdirde kendinizi yeniden tanımlamak zorunda kalırsınız. Özgeçmişinizi her yıl değişen dinamik bir doküman olarak görmelisiniz. Çevreniz içinde ve dışındaki isimlerden yararlanarak, dahil olduğunuz projeleri yüksek bir performans ve ilham ile başarmalısınız. Peters, yaptığınız her işte en iyisini başarmaya yönelik bu çabayı "vay be çabası" olarak adlandırır.

Bugün bu çaba uğrunda yararlanılabilecek çok sayıda yol haritası bulmak mümkündür. Ama bu haritalar genellikle navigasyondan çok sezgiye dayalıdır. Temel hususlar ise çok basit birkaç unsuru esas alır: Harekete geç! Değerini bul! Kafayı imajına tak! Marka oluşturmak için her şeyi bir fırsata dönüştür.

Parlak bir kariyer için gereken kimliği nasıl yaratacaksınız? Şirketinizin ve çevrenizin "swoosh"u nasıl olacaksınız? Bir sonraki Oprah Winfrey olmak için lazım olacak üç maddeyi şöyle sıralayabiliriz:

Kişisel Marka Mesajınızı Geliştirin (KMM)

İnsanlar sizi gördüklerinde ya da adınızı duyduklarında akıllarına gelen her şeydir. En ilginç insanların bir başka ifadeyle en iyi markaların çok özel, farklı bir mesajları vardır.

KMM'niz içerik/özel değer sunumunuzdan doğar. Ayrıca, bir öz değerlendirme sürecinden de destek alır. Bir ismin, yani sizin isminizin gerçekten ne anlam ifade ettiğini bulmakla ilgili bir şeydir. Neden özel olduğunuzu göstermenizi ve bu özel yönlerinizi işe yarar hale nasıl getireceğinizi kapsar. Mantalitenin hazırlanması kadar zor bir iş de değildir.

İnsanlar adınızı duyduklarında ya da okuduklarında ne düşünsünler istersiniz? Sunabileceğiniz en iyi ürün ya da hizmet nedir? Becerilerinizi alın, tutkularınızla birleştirin ve pazarda ya da şirketiniz içinde en iyi şekilde nerelerde kullanılabileceğini anlamaya çalışın.

Mesajınız, misyonunuzun ve içeriğinizin meyvesidir. Oturup kim olmak istediğinizi belirlediğinizde ve hedeflerinizi doksan günlük, bir yıllık ve üç yıllık planlar üzerinde kağıda döktüğünüzde bütün bunları destekleyen bir marka algısı inşa edebilirsiniz.

Konumlandırma mesajınızda, insanların sizinle ilgili olarak kullanmalarını istediğiniz sözcükleri içeren bir liste bulunmalıdır. Başkalarının bunlara inanmasını sağlamak için bu sözcükleri alt alta yazmak önemli bir adımdır. En çok güvendiğiniz arkadaşlarınıza sizi iyi ve kötü yönlerinizle tanımlamak için hangi sözcükleri kullandıklarınızı sorun. En önemli beceri ve özelliklerinizin neler olduğunu öğrenin.

Bir *Fortune* 500 şirketinde CEO olmak için yanıp tutuştuğum günlerde yazdığım KMM şöyleydi: "Keith Ferrazzi, dünyanın en yenilikçi ve fayda merkezli pazarlamacılarından ve CEO'larından biridir. Çalıştığı her pozisyonda çarpıcı ilklere imza atmıştır. Azmi ve şevkini her gittiği yere taşımasıyla ünlüdür."

Markayı Ambalajlamak

Pek çok insanın izlenim ve yargıları görsellik üzerine kuruludur. Her alanda insanlar, açık konuşmak gerekirse, görünüşe büyük önem verirler. O nedenle cilalı ve profesyonel bir görünüm önemlidir.

Bu aşamada genel bir uyarı vardır: Ayağa kalkın. Tarz önemlidir. Sevseniz de sevmeseniz de kıyafetler, saç stilleri, kartvizitler, ofis ve konuşma şekilleri çok dikkat çeker. Markanızın tasarımı çok önemlidir. Yeni kıyafetler satın alın. Kendinizi nasıl sunduğunuza dürüst bir gözle bakın. Başkalarına sizi nasıl gördüklerini sorun? Nasıl görünmek isterdiniz?

Bırakmak istediğiniz izlenimi güçlendirecek bir görünüme bürünmek durumundasınız. Machiavelli'nin dediği gibi "Herkes nasıl göründüğünüzü bilir ama çok az kişi sizi gerçek anlamıyla tanır."

Gençlik yıllarımda papyon takardım. İnsanların papyon sayesinde beni kolay hatırlayacaklarını düşünürdüm ve bir imza gibi papyon kullanırdım. Öyle de olurdu. Kaç kere şu cümleyi duyduğuma inanamazsınız: "Siz, geçen yılki konferansta konuşma yapan papyonlu konuşmacısınız, hatırladım." Zamanla bu imzayı bıraktım. Çünkü artık mesajım markam haline gelmişti ve papyonun yüksek fikirler telaffuz etmekte olan birinin imajını desteklemediğini görmüştüm.

Kişisel internet sitenizi neden yapmıyorsunuz? Bir internet sitesi markanızı pazarlamak için müthiş ve ucuz bir yol sunar. Aynı zamanda kim olduğunuzu açık ve net bir biçimde dünyaya duyurmanın harika bir yoludur. İyi bir site ile internette herhangi büyük bir şirket kadar cilalı ve profesyonel görünebilirsiniz.

Saçma gelebilir. Ama kesinlikle saçma değildir. Küçük tercihler, güçlü izlenimler yaratır.

Markanızı Yayınlayın

Kendi PR firmanız olmalısınız. Bu konuya sonraki bölümde gireceğim. İşyerinde kimsenin üstlenmediği projeleri üstlenin. İşinizi başarıyla yapana ve şirket için değeriniz iyice artıncaya kadar maaşınıza zam istemeyin. Seminer ve panellere katılın. Sektör yayınları ve şirket bültenleri için yazılar yazın. CEO'nuza yaratıcı fikirlerle dolu e-postalar atın. "Ben A.Ş." firmasının broşürünü tasarlayın.

Dünya sizin sahnenizdir. Mesajınız, "oyun"dur. Tasvir edeceğiniz karakter, markanızdır. Rolünüze iyi çalışın, karakterinizi iyi oynayın.

YİRMİ DÖRDÜNCÜ BÖLÜM

Markanızı Yayınlayın

Artık elinizde bir içerik ve yeni yeni şekillenmekte olan bir marka var. İyi gidiyorsunuz, gerçekten çok iyi gidiyorsunuz. Böyle böyle şirketinizde bir otorite olacaksınız. Ama işiniz henüz bitmiş değil. Sizin ne kadar iyi olduğunuzu dünyanın geri kalanı bilmiyorsa siz ve şirketiniz sadece kısmi bir yarar elde ediyorsunuz demektir. Kendinizi, çevrenizin dışına tanıtmak için çaba göstermeli, daha geniş bir kitleye ulaşabilmelisiniz. Böylece sadece şirketinizde değil, sektörünüzde de bir otorite olursunuz.

Kendinizi göstermelisiniz. Üzerinde "Beni televizyona çıkarın" yazılı bir tişört giyip sokağınızın köşesinde durun demiyorum. Aslında bu da düşünülebilir ya, neyse... Kendinizi milletin önünde küçük düşürmeden, çabalarınızın başkalarınca bilinmesini sağlayacak, reklamınızı yapmanıza yardımı olacak birkaç önerim olacak. Bu arada, ben birkaç kere küçük düşmüştüm. Yabancısı değilim. Ne yaptığımı başkalarına duyurmaya çalışırken, doğruyu yanlıştan ayırmamı sağlayan üç-beş darbe almadım değil yani.

Kendinizi daha fazla fark ettirme çabanızın kariyeriniz ve arkadaşlarınızdan oluşan çevreniz için ne kadar önemli bir şey olacağını anlamak için çok uzaklara bakmanız şart değil. Donald Trump'ı ele alalım. Kendi kendinin reklamını çok iyi yapan bir fenomen. Trump kadar büyük, ünlü ve zengin kaç tane daha emlak kralı tanıyorsunuz? Benim aklıma başkası gelmiyor. Peki bu "Donald" neden en büyük anlaşma sihirbazı olarak kabul ediliyor. Bence bugüne kadar bir sürü gazetede ve dergide, ayrıca televizyon programında ve şu aralar reytingi yüksek bir televizyon şovunda milyon kere kendisini böyle lanse ettiği için, üstüne bir de *The Art of Deal* adlı bir kitap yazdığı için bu başarıyı yakaladı.

Kendi reklamını yapması sadece ego ile açıklanamaz. (Ama ne kadarını egosu sayesinde olduğundan pek de emin değilim, o ayrı.) İş mantığı da büyük rol oynuyor. Kendisinden çokça söz ettiren markasının gerçekten de değeri bir hayli yüksek. Üzerinde adı yazan binalar daha değerli ve daha yüksek kira getirileri sağlıyorlar. Donald iflas ettiğinde, başka biri olsa ipini çekmekte tereddüt etmeyecek olan bankalar, Trump'ın gırtlağına çökmediler. Çünkü, yaptığı işte iyi olduğunu biliyorlardı. Ama bunun yanısıra, sadece adının bile, kendisini içine düştüğü durumdan kurtaracak bir güç olduğunun farkındaydılar. Trump yetenekli bir işadamıdır. Ama onun gibi daha birçok insan var. Farkları mı ne? Trump, reklamını iyi yapar.

Ofislerindeki dört duvarın ötesinde tanınan insanların daha değerli oldukları inkar edilemez bir gerçektir. Bu tipler daha kolay iş bulurlar. Kurumsal basamakları koşar adım tırmanırlar. Çok ter dökmelerine gerek kalmadan çevrelerini genişletiverirler.

Rahatsızlık ifade eden homurtuları duyar gibiyim. Şöyle düşünüyorsunuz herhalde: "Ben çekingen biriyim. Kendimden bahsetmeyi sevmiyorum. Hem hani alçakgönüllülük bir erdemdi?" Bakın, size bir şey söyleyeceğim. Başarılarınızı gizlerseniz, o şekilde kalırlar. Kendi reklamınızı yapmazsanız, başkası hiç yapmaz.

Başarınızın ne kadar büyük olduğunu, başkalarının işinizin kalitesi hakkında bildikleri belirler. Neyse ki günümüzde işinizin kalitesini yayabileceğiniz yığınla mecra var.

Kendi markanızı nasıl tanıtacaksınız?

Gazetelerde, dergilerde, televizyonda ve internette her gün şirketlerin haberlerini okuyor, görüyoruz. Çok zaman, yazıların konusunu tanınmış CEO'lar ve büyük şirketler oluşturuyor. Sizden ya da benden daha fazla basında çıkmayı hak ettikleri için oralara çıkmıyorlar. İyi planlanmış, stratejik halkla ilişkiler faaliyetinin bir sonucu bu. Büyük şirketler için çalışan PR mekanizmaları, şirketlerin imajlarını şekillendirip yönetiyorlar. (Her zaman başarılı olduklarını söyleyemeyiz.)

Küçük şirketlerin ve kişilerin bunu kendi başlarına yapmaları gerekir. Biraz cesaret ve strateji ile basına ulaşmanın düşündüğünüz kadar zor olmadığını söyleyebilirim. Gazeteciler, yazdıkları haberlerle ilgili olarak sandığınızdan daha az araştırma yaparlar. Hikayelerinin çoğunun kaynağı onlara ulaşan insanlardır. Onlar insanlara gidip haber peşinde pek koşmazlar. Her meslek mensubu gibi onlar da sürüyü takip etme eğilimindedirler. Yani bir kere sizinle ilgili bir haber çıktı mı, başka gazeteciler sizi aramaya başlayacaktır. Sizi bir konu olarak görmeye başladıklarında Google'da bir arama yaparlar ve sonrası kendiliğinden gelir. Sizi bulurlar ve kaynak olarak gösterir, sonraki yazılarında da bunu sürdürmek isterler.

Basında bir kere yer almak sizin görünmenizi sağlar. Başka gazeteciler sizi görür ve daha fazla haberde yer alma ihtimaliniz doğar. Bu da daha fazla görünürlük demektir.

Markanızın görünümünü bir PR kampanyası olarak düşünmeniz önemlidir. Mesajınızı dışarıya nasıl yayacaksınız? Mesajınızın sizin istediğiniz gibi yayılmasını nasıl temin edeceksiniz? Çevreniz, iyi bir başlangıç noktasıdır. Tanıştığınız ve konuştuğunuz herkes, sizin ne iş yaptığınızı, o işi neden yapmakta olduğunuzu ve kendisi için bu işi nasıl yapabildiğinizi bilmelidir. Fakat, aynı mesajı ülkede geneline neden yaymayasınız?

Şimdi sadede geldik.

Daha önce de bahsetmiştim. YaYa'nın CEO'su olduğumda, şirketin hiç geliri yoktu ve pazarda kimse tarafından tanınmıyordu.

Kurucularımız Jeremy Milken ve Seth Gerson çok ileri görüşlü insanlardı. Ama bir pazara ihtiyaç duyuyorduk.

Benzer bir ürünü olan bir şirket daha vardı. Bu şirketin adının Big Boy Software olduğunu varsayalım. Bir yazılım geliştirmişlerdi. Üst ekstrem oyunlar yaratmakta kullanıyorlardı. Onlar da bizim gibi iş modellerini bulmaya ve gelir elde etmeye çalışıyorlardı. Bizim gibi, yaratmakta olduğumuz pazarda, oturmuş bir marka olmaya uğraşıyorlardı ve aramızda bir yarış vardı.

"Advergaming"i yani oyuniçi reklam kavramını tanımlamamızın üzerinden fazla bir zaman geçmemişti ki Big Boy bizim nasıl arayı açtığımızı ve faaliyet geliri elde etmeye başladığımızı gördü. Peşimize düştüler. Kendilerini YaYa'nın rakibi olarak konumlandırdılar. Aramızdaki temel fark, onların çok, ama pek çok parası olmasıydı. O kadar çok sermayeleri vardı ki bizim kaynaklarımız onlarınkinin yanında solda sıfır kalıyordu. Hangi şirket daha iyiydi diye bir tartışmaya girmek gereksiz. (Fakat pek tabii ki ben biraz taraflı olabilirim bu konuda.) Ama gerçek şu ki, onların deve yüküyle kaynağı vardı ve bizde kaynak namına hiçbir şey yoktu.

O halde YaYa nasıl pazar lideri olabildi?

Cevap şu: Biz, bir heyecan, hareket yarattık. Bireylerin, şirketlerin ve filmlerin geleceğini belirleyebilecek kadar güçlü ve yaygın bir fenomendi bu. Bu heyecan, her girişimci kişinin çözmesi gereken bir bilmecedir. Sözlü bir güçtür. Düşük bütçeli bir filmi milyarlarca dolarlık gelir bırakan bir esere dönüştürebilir. (*Blair Cadısı* filmi buna en iyi örnektir.) Enerjisini, sohbet odalarında, spor salonunda, sokakta hissedersiniz. Bu enerji, içeriden alınan bilgilerle haber yapmaya bayılan basın tarafından adeta emilir. Heyecan, pazarlamanın dopingidir.

Bunun nasıl başarılı bir şekilde işlediğine bir bakalım. Napster'ı hatırlar mısınız? Günlerden bir gün, öğrenci yurdunda oturmakta olan bir gencin aklına bir fikir geldi. Çok akıllıca bir fikirdi. Bir yazılım aracılığıyla internet üzerinden bilgisayar kullanıcılarını birbirine bağlayacak ve MP3 formatındaki müzik dosyalarını birbirleriyle paylaşmalarını sağlayacaktı. Altı ay sonra, Napster Silikon Vadisi'nde bir kuruluş, büyük bir davanın ana konusu, ülkedeki sunucuların bant genişliğini yiyip bitiren bir bela durumuna gelmişti. Kapatıldığında dahi adı öyle büyük bir fırtına koparmıştı ki 50 milyon dolara satılmıştı.

Bütün bu olup bitenlerin arkasında ne reklam vardı, ne de Oprah'nın övgü dolu sözleri. Napster, gerçekten de başarılıydı. Yarattığı heyecan ve fırtınanın sonucu olarak çok ünlenmişti.

Yıllar içinde, bir pazarlamacı olarak bu heyecanın nasıl yaratılacağına dair kendimce bir fikir geliştirdim. Yöntemlerden biri, "katalizör anlar" olarak adlandırdığım olguyu yaratmaktı. Bir futbol müsabakası seyrederken hiç dikkat ettiniz mi, oyunun heyecanı nasıl da bir o takıma, bir bu takıma kayar. Heyecan da böyle bir şeydir. Bir şeyler ister: Kalabalığın fısıldamasına yol açacak bir şeyler; mesela bir olay, önemli bir an, içeriden bir haber, bedava dağıtılan şeyler... Ne yazık ki bizim YaYa, böyle bir strateji için çok genç ve çok fakirdi.

Başka bir yol ise markanızın adını duyurmak için basının gücünü kullanarak ilginç haberler yaymaktır. Minnesota Valiliği için aday olan Jesse Ventura'nın seçim kampanyası buna iyi bir örnektir. Rakiplerinin kendisinden çok daha fazla paralar harcadığı seçim yarışında Ventura, reklamı yaratıcı bir şekilde kullanarak ve askeri Joe figürü sergileyerek basında çokça yer almasını bilmiştir. Ben de benzer bir şekilde, basında heyecan yaratacak hikayeler ararım hep.

"Besleyen el" konumundaki etkili kişilerin oyuna girdikleri nokta da tam burasıdır. Etkili kişiler, marka konusunda kamuoyunda bir heyecan yaratma gücüne sahip olan insanlardır. Yeni bir ürünü başkalarından önce benimserler ve marka fısıltısını başlatırlar. Bu özellikleriyle nüfus içinde küçük bir kısmı oluştururlar. Söyledikleri çok değerli olan ünlü ya da uzman kişilerdir ayrıca. Böyle tipleri belirleyip markanızı onların önüne koymanız şarttır.

KPE ajansından daha önce bahsetmiştim. Tam benim aradığım özelliklere sahiptiler. İnteraktif pazarlama ve teknoloji danışmanlığında uzman olan KPE, yaratmakta olduğumuz yeni alana çok erken bir dönemde ilgi göstermişti. Yeni trendleri bulmakta ustalaşmış, *Fortune* 1000 şirketleri arasında bu yönleriyle tanınmışlardı. Ne mutlu ki strateji bölümünü yöneticisi Matt Ringel idi. Matt'i tarihi önemi olan yerlerin ve eserlerin korunması için faaliyet gösteren bir cemiyet olan Save America's Treasures'a olan ortak ilgimiz dolayısıyla tanıyordum.

Matt ile irtibata geçtim ve faaliyet alanımızla ilgili bir yazı yazmasını rica ettim. Bir beyaz kağıt (danışmanlık şirketlerinin popüler konuları anlattığı araştırma dokümanı) hazırlayıp bizi ve teknolojimizi tarafsız bir gözle tanıtırsa, kendi çabamızla yaratabileceğimiz güvenden çok daha fazlasını oluşturabilirdi. Matt ve onun sağ kolu Jane Chen ile oturup haftalar boyunca bu beyaz kağıt üzerinde çalıştık. Onlara YaYa'dan örnekler sundum. Müşterilerimizle konuşturdum. Deneyimlerimiz sonucu öğrendiğimiz metodolojileri ve bilgi birikimini aktardım. Bundan öncesinde ise, konuya ilgi duyan analistlerle görüşmüştüm. Şimdi bu analistler de Matt ile bir araya gelip bizlerin neler yaptığını konuşmak istiyorlardı.

KPE'ye avantajlı bir konum sağlamış ve bu alanda liderlik pozisyonuna gelmelerine zemin hazırlamıştım. Buna karşılık da YaYa'yı söz konusu vaka incelemesinde temel örnek olarak konumlandırtmıştım. Beyaz kağıt çok yararlı oldu. Her şeyden önce advergaming gibi yeni bir terimi yarattı. Bunu da Jane Chen'in yaratıcılığına borçluyuz. Sadece bu terim bile kendi başına fısıltı yaratmaya yeterliydi.

Bütün bu yaşadıklarımızdan öğrendiğimiz derslerden biri, PR kampanyasının gerçekçi olma zorunluluğu idi. Genellikle ilk adımlarınızı küçük atmanız gerekir. Yerel basına odaklanmalı, üniversite ve yüksekokul yayınlarında ve sektör dergilerinde çıkmaya çalışmalısınız. Ya da bir danışmanlık firmasının internet sitesindeki bir beyaz kağıtta yer almayı düşünebilirsiniz.

Beyaz kağıt tamamlandığında KPE'nin PR faaliyetleri sonucunda çok büyük ilgi gördü. (Bizim kendi başımıza PR yapacak gücümüz yoktu.) Alanımızda bir anda lider konumuna yükseldik. Bu arada ilginç bir de not düşmek istiyorum. Matt ve Jane'i YaYa'da işe aldım çünkü advergaming'i yaratan ekibi şirketimde istiyordum.

Bir yıldan kısa bir süre içinde *BrandWeek*'in kapağında, *Wall Street Journal*'ın sektör sayfalarında, *New York Times*'ın ise teknoloji bölümünde yer aldık. *Forbes*'ta ise özel bir makaleye konu olduk. Bu liste böyle uzayıp gidiyor. Her panele davet ediliyordum. (Başkaları genellikle ancak ücretini ödeyerek katılabilirken, ben beş kuruş vermiyordum.)

Öte yandan rekabet, basında fazla yer almıyordu ve net bir mesaj verilmesinde başarısız kalmıştı. Her şey dönüp dolaşıp içeriğinize gelir. İçeriğinizi bir kere oluşturdunuz mu, onu ilgi çekecek şekilde sunabilirsiniz. İçeriğinizin acil ve önemli olduğunuzu hissettirmeli ve mesajınızın zamanlamasına dikkat etmelisiniz. Gazeteciler hep aynı soruyu sorarlar: "Şimdi çıkması neden önemli?" Bunu ikna edici bir şekilde yanıtlayamazsanız, haberiniz bekler.

YaYa'nın durumunda oyun sektörünün eğlence alanında nasıl en hızlı büyüyen segment olduğunu gösterdim ve nasıl olup da kimsenin saf eğlence dışında bu büyümeden pay almayı daha önce düşünemediğini göstermeye çalıştım. Bu her zaman yeterli değildir. *Wall Street Journal*'ın haftalık, "Yöneticinin Köşesi" bölümü için bir makale yazmıştım. İlgili editör yazıyı beğendi ama gündeme daha uygun başka yazılar nedeniyle yayınlama işini sürekli ileri atıyordu. Ben de her hafta başka bir giriş yazısı kaleme alıyor ve metni gündemle ilişkilendirmeye çalışıyordum. Kısa bir süre sonra editör yazıyı yayınlandı.

Kıvılcımı çakıp fısıltıyı başlattınız mı hikayenizin gazetecilerin önüne gelmesini istersiniz. Burada yanlış bilinen şey, gazetecilerle epeyce uğraşmanız gerektiğidir. "Hayır" kelimesinin anlamını bilmeyen, çok hevesli PR'cılar gazetecileri her saat başı ararlar. Gazeteciler, budala insanlardan ve içi boş makaleleri zorla yayınlatmaya çalışanlardan nefret ederler. Basın, tıpkı diğer sektörler gibidir. Yapmaları gereken bir iş vardır. İşlerini kolaylaştırır ya da daha iyi yapmalarına yardım ederseniz, sizi severler.

Basına göndermek isteyeceğiniz bir hikayeniz olmadan önce hemen bugünden basın mensuplarıyla iyi ilişkiler geliştirmeye girişmeniz gerekir. Onlara bilgi gönderin. Kahve ısmarlayın. Düzenli olarak arayıp ilişkinizi sıcak tutun. Sektörünüze dair içeriden bilgi verin. Kendinizi erişilebilir ve bilgi vermeye istekli bir kaynak olarak konumlandırıp gazete, radyo ve televizyon röportajlarına her daim hazır olduğunuzu belirtin. Asla "yorum yok" demeyin.

Canlı bir örnek vermek istiyorum. Deloitte'un yeniden yapılanma projesinde yeni atanmış bir proje lideri olarak çalışırken, *Fortune* dergisinin en kıdemli gazetecilerinden Tom Stewart ile ilk defa aynı masada yan yana gelmiştik. Bizi PR şirketim tanıştırmıştı ve onda çok iyi bir izlenim bırakmak için hazırdım. Son beş yılda yazdığı her satırı okumuştum. Başka yazılarında yaptığı müphem tahminlerle ilgili tatlı tatlı şakalaşırken, en yeni yazısını çok ciddi bir şekilde tartışmaya da hazırdım. Onun yararlanabileceği, yeni trendlere, fikirlere ulaşmasında aracılık yapabileceği bir kaynak olmak, bütün tanıdıklarıma erişmesini sağlamak istiyordum. Aynısını, büyük gazete ve dergilerdeki başka gazeteciler için de yaptım.

Tom ile çok iyi anlaştık. Enerjisi ve merakı bulaşıcıydı. Sanırım o da benim ona sunduklarımdan memnundu ki sonraki yemek teklifimi hemen kabul etti. Keza, ondan sonraki yemek tekliflerimi de düşünmeden kabul edecekti.

Samimi bir hayranlıktan daha öte bir durumdu. Bir uzman gibi davranmaya, konuşmaya, o hissi vermeye hazırlanmıştım. Bilmediğim bir şey olduğunda konuyu bilen birine aktarıyordum. Sürekli olarak "Bu konunun uzmanı değilim" derseniz insanlar sonunda size inanırlar ve neden zamanlarını boşa harcadığınızı düşünmeye başlarlar.

Tom'dan özel olarak hiçbir talepte bulunmadım. Yılda birkaç kez buluşurduk ve olabildiğince yararlı olmaya çalışırdım. Fikirlerimden birinin onun köşesinden ilk yayınladığı zamanı çok iyi hatırlıyorum. Konuşmamızın üzerinden birkaç ay geçtikten sonra yayınlanmıştı. Ama o da ne? Deloitte'tan bahsetmek yerine rakip bir firmadan bahsediyordu. Çok kızmıştım. İçgüdülerim onu hemen arayıp durumdan duyduğum hoşnutsuzluğu anlatmamı söylüyordu. Fakat, kendime hakim oldum ve onu başka bir yemeğe davet ettim.

Böyle bir şey, çok fazla zaman kaybı mı? Şirketinizin çabaları için gerekli olduğunu düşünüyor ve etkileşim içinde olmaktan hoşlanıyorsanız, zaman kaybı değildir. Deloitte'ta çalışıyorken ve televizyona çıktığımda ben Deloitte idim. *Forbes*'ta iken iş geliştirmeden yararlanan firma idi.

Zaman içinde, gazetecilerle ilişkilerinizi geliştirmek için ayırdığınız vaktin meyvelerini toplamaya başlayacaksınız. Tom ile benim durumumda da, hem profesyonel ve hem kişisel anlamda aynen böyle oldu. Deloitte'un adı *Fortune* sayfalarında gitgide daha fazla yer almaya başladı. Çünkü hikayelerimiz, onları yeniden anlatabilecek biri tarafından duyulmaktaydı. Tom'dan bizimle ilgili bir yazı yazmasını hiçbir zaman istemedim. Ama birlikte yediğimiz yemekler sırasında ona güzel fikirler vermenin de bir zararını görmedim. Tom bugün *Harvard Business Review* dergisinin genel yayın yönetmenliğini yürütüyor ve ben onu yakında yine bir yemeğe çıkarıp birkaç fikir fısıldamayı planlıyorum. Bununla beraber unutmamanız gereken bir nokta var: İyi bir gazeteciye zorla bilgi veremez, haberinizi yapsın diye baskıda bulunamazsınız. Böyle çabalarınızın sonunda profesyonel ilişkiniz sona erecektir.

Basın arazisinden geçerken mayınları da unutmayın. Bazen basın ne yazmak istiyorsa onu yazar. Yazmalarını gerektiğini düşündüğünüz hikaye çok farklı olabilir.

Ben bunu zor yoldan öğrendim. Bir gün ünlü gazeteci Hal Lancaster'dan bir telefon geldi. Kendisi, *Wall Street Journal*'da kariyer yönetimi üzerine bir köşe yazıyordu. Hikaye, 19 Kasım 1996'da yayınlandı. Tarihi çok iyi hatırlıyorum çünkü aldığım dersi hep hatırlayayım diye o yazıyı çerçevelettim.

Hal aradığında çok sevinmiştim. Büyük bir gazetenin saygın bir köşe yazarıydı ve bana ne yaptığımı soruyordu. Deloitte'tan ona haberler verebilirdim. Ama hikayenin özü bu değildi. Gel gelelim, heyecanım bana oyun oynayacaktı. Hal bana, işin değişen doğasına dair bir çalışma yapmak istediğini söyledi. Bir varsayım geliştirmişti. Yeniden yapılanma projelerinin tamamlanıp bitmesi, bu projeleri yürütenlerin üzerinde ve projelerden etkilenenlerde çok büyük etkiler bırakıyordu.

Hikayesini onun açısından dinlemektense, işin gerçeği olduğunu düşündüğüm şeyleri söyleyerek onu etkilemeye çalıştım. Büyük hataydı. Bir gazeteci sizi arıyor, size hikayesini ve kendi bakış açısını anlatıyorsa, sizi o açıyı desteklemeniz için kullanıyor demektir. Gazeteciler hiçbir zaman sizi dinleyip sonunda "Aman Allahım, ben ne yapmışım! Ne kadar hatalıymışım. Siz haklıymışsınız" demez. Lakin o gün, karşımdaki gazetecinin hatasını düzelttiğini sanıyordum.

Hal ile epeyce zaman geçirdim ve ona Deloitte'un yeniden yapılanma çabalarını yönettiğimi ama artık sona gelmekte olduğumuzu, pazarlama ile ilgili heyecan verici, özel bir projeye geçiş yapmakta olduğumu söyledim. "Geleneksel danışmanlık şirketlerinin kendilerini pazarlama yöntemlerini değiştireceğim" dedim.

Heyecanımı görmezden geldi. "Yeniden yapılanma sonrasında kendinizi yerinden edilmiş hissediyor musunuz?" diye sordu. "Evet" diye onayladım. Bir değişiklik söz konusuydu ama çok da travmatik bir şey yoktu ortada. Benden "Kendimi amaçsız hissediyorum" dememi istedi. Ama yeni işim beni heyecanlandırmıştı. Basamakları koşarak çıktığımı düşünüyordum.

Yazının yayınlandığı gün, gazete bayiine koştum. Herkesin gözüne girecek şekilde bir başlık gördüm: "Tenzil-i rütbe başarılı bir kariyerin sonu olmak zorunda değil" diye yazıyordu. Gazetenin en görünen yerinde kocaman büyük ve kalın harflerle adımı basmışlardı: "Ferrazzi, değişimin zor olduğunu, ama yeni görevini bir fırsat olarak gördüğünü söylüyor."

Gazeteci, tenzil-i rütbeye uğradığımı ima ediyordu.

Sanki bir tokat yemiştim. Patronum Pat Loconto'nun dalga geçmesi de cabası: "Duydum ki tenzil-i rütbeye uğramışsın ve kimse sana rapor etmiyormuş. Ne harika! Bu bize İK masraflarından büyük tasarruf sağlayacak. Öncelikle de senin maaşından başlayacağız."

Aman dikkat. Gazeteci size "Yeri değiştirilmiş çalışanlar hakkında bir yazı yazacağım" derse dikkatle dinleyin ve sakın unutmayın ki siz ne derseniz deyin, o kendi bildiğini yazacaktır.

Üzerinde yürüdüğünüz araziyi şimdi biraz daha tanımış olduğunuza göre artık ısınma hareketlerine başlama zamanınız geldi demektir. Kendi markanızın arkasında bir PR stratejisi yaratmakta kullanabileceğiniz bir eylem planı şöyle olabilir:

Kendi Hİ Temsilciniz Kendiniz Olun

Kendi basınınızı kendiniz yönetmelisiniz. Halkla ilişkiler firmaları işinizi kolaylaştırır. Beni de yıllarca halkla ilişkiler şirketleri temsil etti. En iyi olanlar, stratejik ortak olarak iş görenlerdir. Ama eninde sonunda basının konuşmak isteyeceği kişi sizsiniz, bir Hİ temsilcisi değil. Hakkımda yazılan en önemli yazıların çoğu kendi çabalarımla tanıdığım gazeteciler sayesinde ortaya çıktı. Evet, bir PR firması bu gazetecilerle tanışmanıza yardımcı olabilir. Fakat, kariyerinizin ilk başlarında bu firmalara pek de ihtiyacınız olmaz. Zaten büyük olasılıkla buna paranız da yetmeyecektir.

Sizin hikayenizi sizden daha iyi, daha güvenilir şekilde ve tutkuyla kim anlatabilir ki? Sektörünüzle ilgili haber yapan muhabirleri aramaya başlayın. Onlarla yemek yiyin. Sizinle ilgili bir gelişme olduğunda bir basın bülteni ile durumu bildirin. Basın bültenlerinin altında gizemli şeyler yoktur. Hikayenizin önemli yerlerini anlatan birkaç paragraftan ibarettirler. Her şey bu kadar kolaydır.

Basın mensupları çok eğlenceli kişilerdir. İlginç ve zeki insanlardır. Dünyada olan bitenleri hızla yakalamaları için ücret alırlar. Sizin çıkmasını istediğiniz hikaye, tam sizin istediğiniz zamanda ve tam sizin istediğiniz şekilde ihtiyaç duymayabilirler. Bununla birlikte, biraz sebat gösterdiniz mi, hikayeniz ile ilgileneceklerdir.

Basın Arazisini Tanıyın

Öğrendiğime göre gazetecileri ve editörleri hiçbir şey, yayın veya okuyucu kitlesi hakkında hiçbir şey bilmeyen birinin haberini basmasını istemesi kadar kızdırmazmış. Unutmayın, basın da bir işletmedir. Basın şirketleri daha fazla reyting veya daha fazla tiraj peşindedir. Bunun yapmalarının yegane yolu, hedef kitlelerine daha iyi bir yayın sunmaktan geçer. Editörlerle konuşurken, sevdiğim yazılardan bahsettiğimde şöyle diyorum: "Derginizin düzenli okuyucusuyum. Hedef kitlenizin ilgilenebileceğini düşündüğüm bir hikayem var." Tek başına bu da yetmez. Gazetecileri aramadan önce, yazılarını okurum, ilgilendikleri haber konularını öğrenirim, yayınlarında hangi tür hikayelerin çıkmasından hoşlandıklarını anlamaya çalışırım.

Açıları Kullanın

Derler ki, yeni hikaye diye bir şey yok. Sadece eski hikayeleri yeni şekillerde tekrar tekrar anlatıyorlar. Taze ve özgün bir haber olarak çıkmak isterseniz, el değmemiş bir konu bulun. Nedir o konu? "Şimdi" diye bağıran herhangi bir şey. Diyelim ki evcil hayvan dükkanı açıyorsunuz. Girişimcilerin okuduğu bir dergiye, yerel perakende dükkanları patlamasında yeni bir örnek olarak hikayenizi sunabilirsiniz. Bunun neden olduğunu açıklamayı ve dergi okuyucularının bundan neler öğrenebileceğini editöre önerebilirsiniz. Yerel gazeteler daha kolaydır. Hikayenizi daha kolay satabilirsiniz. Kariyer değişikliğine sebep olan neydi? Çevrenizde olan biten bir şeyi ifade eden size özel durum nedir? Katalizör anları da unutmayın. Belki kimsenin satmadığı nadir bir hayvanı siz getirttiniz. Belki de kimsesiz çocuklara yavru hayvan hediye edeceksiniz. Yerel bir gazetede ya da semt gazetesinde yayınlanabilir haberlerdir bunlar. Haberleriniz duyulmaya başlar.

Küçük Düşünün

Siz Bill Gates misiniz? Hayır, değilsiniz. Yoksa gribin çaresini mi buldunuz? Hayır, bulmadınız. O halde *New York Times* kapınızda muhabir yatırmıyordur herhalde. İşe yerel mecralardan başlayın. Bölgenizde yayınlanan ve içeriğinizle ilgilenebilecek gazete ve dergilerin veritabanını tutun. Üniversite gazetelerinde, mahalle yayınlarında ya da e-posta kutunuza düşen ücretsiz sektör e-bültenlerinde yer almaya çalışın. Ateşi bir kere tutuşturdunuz mu süreç içinde gazetecilerle ilişkinizin nasıl olması gerektiğini de öğrenirsiniz.

Gazeteciyi Sevindirin

Gazeteciler, acelesi olan, sabırsız, stresli ve çok başarılı bir grup insandır. Onların temposuna ayak uydurun ve aradıklarında her zaman müsait durumda olun. ASLA bir röportaj teklifini geri çevirmeyin ve iyi bir hikaye çıkarmalarına yardımı olacak bütün tanıdıklarınızı seferber edin.

Hitabet Sanatında Ustalaşın

Bana, on saniye içinde neden sizinle ilgili bir yazı yazmam gerektiğini açıklayın. İçeriğinizi anlatmanız on saniyeden fazla sürüyorsa, bir televizyon yapımcısı da muhtemelen mesajını, sabırsız seyircileri etkileyecek şekilde aktaramayacağınızı düşünecektir. Gazeteci ise telefonu tez zamanda kapatmaya çalışacaktır.

Yazarken de konuşurken de kısa ve öz olmayı öğrenin. Bunlar, basında değerli kabul edilen özelliklerdir. Modern hitabet sanatının evrimine bir bakın. Otuz yıl önce, başkanlık adaylarının ortalama konuşma süresi kırk iki saniyeydi. Bugün ise yedi saniyeden kısadır. Başkan birkaç saniye süreye sahipse siz ne kadar süreye sahip olabileceğinizi sanıyorsunuz? Söyleyeceklerinizi başlıklar halinde tasarlayabilirsiniz. Hikayenizle ilgili en enteresan üç noktayı seçin ve hızlı, renkli ve dikkat çekici bir şekilde anlatın.

İtici Olmayın

Kendinizi doğru düzgün bir şekilde pazarlamakla itici olmak arasında ince bir çizgi vardır. Benimle ilgili bir konu mecra tarafından reddedilirse, konunun yayınlanabilmesi için başka neler yapabileceğimi sorarım. Bazen editörün gözünde hiçbir şekilde yayınlanabilirlik vasfını kazanamaz. Ama bazı zamanlarda, birkaç soru daha yanıtlayabilirsiniz ya da daha derinlere inerek hikayeyi yeni baştan kurgulayabilirsiniz. Biraz girişken olmak iyidir. Ama aldığınız işaretlere çok dikkat edin ve gerekiyorsa hemen geri çekilin.

Her Şey Kayıtlıdır

Dikkat! Sizin söylediğiniz belirtilmese bile ağzınızdan çıkan, hatta kayıt dışı olarak söylediğiniz her şey bile gazeteci tarafından yazıyı renklendirmekte kullanılabilir. Çok ağzı sıkı biri olmanızı söylemiyorum. Kurumsal iletişim yöneticileri bunun için para alırlar ve basında onları seven tek bir kişiye bile rastlamadım daha. Şunu unutmayın: Bütün basın iyi basın değildir. Adınızı doğru yazıyor olsalar bile bu böyledir.

Tanınma Çabanızda Hata Yapmayın

Eskiden, tanınmak ve dile düşmek arasındaki farkın pek bilincinde değildim. Meğer ne büyük fark varmış! Kariyerimin ilk yıllarında ilgi çekmek konusuna çok fazla yoğunlaşıyordum; özel olarak yoğunlaşmıştım. Kendimce doğru olduğuna inandığım bir marka yaratıyordum. Fakat daha sonra dönüp geriye baktığımda o markanın gerçekte kendim için istediğim marka olmadığını ancak şimdi anlayabiliyorum. Kendinizi tanıtmak anlamındaki her türlü çabanızın mutlak surette misyonunuza paralel olması gerekir. Egonuza paralellerse hiç istemediğiniz bir yerde kendinizi bulabilirsiniz ve hayat boyu da o imajdan yakanızı kurtaramazsınız. Ben şanslıydım. Geriye dönüp baktığımda sadece bir ton zaman kaybetmiş olduğumu görüyorum.

Gazetecilere Tanıdığınız Biri Gibi Davranın

Bir röportajda olduğu gibi, bir basın mensubuyla karşılaştığınızda ilk amacınız, kendinizi sevdirmek olmalıdır. Gazeteciler de insandır. Yani hiç değilse birçoğu öyledir. Yaptığı işe göstereceğiniz empati, hanenize çok olumlu puanlar yazdıracaktır. Benimle ilgili yazılan yazıdan pek hoşlanmasam ve haksızlık edildiğini düşünsem bile, yazan kişiye emeği nedeniyle teşekkür ederim. Yazının uzunluğuna kısalığına bakmaksızın, kısa bir teşekkür e-postası gönderirim. Mesleklerinden dolayı gazeteciler doğal ilişki kuruculardır. Bir de bunun üstüne, basın çevresinin ne kadar dar ve küçük bir kitle olduğu gerçeğini eklerseniz, işte o zaman bu meslek mensuplarını neden kendi safınızda görmeniz gerektiğini daha iyi anlarsınız.

Ünlü Kişileri Tanıyormuş Gibi Yapın

Hikayenizi ünlü birine bağlayın. Bu ünlü, bir siyasetçi de olabilir, bir işadamı ya da tanınmış bir yönetici de... Gazeteciler, sayfalarında tanınmış insanlar olsun isterler. Hikayeniz sayesinde normal koşullarda ulaşamayacakları insanlara ulaşabileceklerini düşünürlerse size de farklı davranmaya başlarlar. Arada bir, tanımadığınız bir ünlüyü hikayenize dahil edebilir, onunla hikayeniz arasında bir bağlantı kurabilirsiniz. O ünlüyü takip etme işini de bırakın gazeteci yapsın. Siz ona bunu yapması için yeterince sebep verdiniz zaten.

Pazarlamayı Pazarlamalısınız

O kadar emek verip sonunda güzel bir yazı çıkarttınız. Aman mütevazı olacağım diye tutturmayın. Yazıyı herkese göndermeye başlayın. Mezunlar dergisine verin. Sizinle ilgili bilgileri güncelletin. Yazıyı kullanarak daha fazla yerde çıkmayı deneyin. Konusu şöyle olan e-postalara yazıyı ekleyerek gönderin: "Ferrazzi'nin kendi reklamını yapmak için giriştiği utanmazca çabalardan biri daha..." Böylece çok kişinin ilgisini çekersiniz ve herkesin radarında kendinize bir yer edinirsiniz.

Profilinizi Geliştirmek için Sayısız Yol Vardır

Uzmanlığınızın herkesçe bilinmesini sağlamanın binlerce farklı yolu vardır. İş dışında da çalışmaya ne dersiniz? Serbest zamanlı, sizi yepyeni insanlarla tanıştıracak projelerde görev üstlenmeye çalışın. Ya da kendi şirketiniz içinde becerilerinizi gözler önüne serecek ekstra bir projede yer alın. Şirketinizde belli bir konuda ders verin ya da atölye çalışması yaptırın. Konferanslardaki panellere adınızı tartışmacı olarak kaydettirin. En önemlisi, arkadaş çevreniz, müşterileriniz, tanıdıklarınız, yaptıklarınızla, başardıklarınızla ilgili haberleri etrafa yayacak en güçlü araçtır. Sizinle ilgili söyledikleri sözler markanızın değerini belirleyecektir.

YİRMİ BEŞİNCİ BÖLÜM

Yazma İşi

Çevre edinme işinde büyük gibi görünmeyen ama çok işe yarayan yöntemlerden biridir.

Yazma beceriniz varsa -iyi haber, hepimizde biraz vardır- hemen hemen herkesle yakınlaşabilirsiniz. Yerel gazeteniz için bile olsa, biriyle ilgili ya da biriyle beraber bir haber yazarsanız o kişiyle yakınlaşma fırsatı yaratmış olursunuz.

"Ben mi, yazı yazmak mı? Shakespeare ile akraba mı sandınız beni?" diyebilirsiniz. 500 yıldır kimsenin yok zaten. Bugünlerde, internetin ve hemen her konuda gazete ve derginin satıldığı bayilerin sayesinde herkes yazar olabilir. Yazı yazmak, kariyeriniz için de çok olumlu olabilir. Size anında güven duyulması ve adınızın bilinmesi gibi kazanımlar sağlar. Kendinizi pazarlama çabalarınızda katkısı büyük olabilir, saygın insanlarla ilişki kurmanızın zeminini hazırlayabilir ve her zaman için çok talep edilen bir alanda yeteneğinizi geliştirmenizi mümkün kılabilir.

Öncelikle, yazı yazmak konusundaki boş inançları bir kenara bırakın. Harvard'da okurken, *Harvard Business Review*'da bir yazım çıkmasını çok istiyordum. O sıralarda okulumuzu ziyaret eden misafir bir hoca ile karşılaştım. Kendisi çok sayıda yüksek profilli kitap ve makalenin de yazarıydı. Ona, nasıl bir yazar olabilirim diye sordum.

"Yaz" dedi bana.

Kaşlarım çatılmıştı. O yüce insanın ağzından başka bir tavsiye alamayınca "Başka bir öneriniz olmayacak mı?" diye bir soru daha sordum.

"Yaz, sonra yine yaz, yine yaz. Bitti mi? İşte sana işin sırrı... Yine yaz."

"Bak delikanlı. Sır falan yok. Yazı yazmak zor iştir. Ama her seviyede, her yetenekten insan bunu yapıyor. Tek gerekenler, bir kalem, biraz parça kağıt ve kendini ifade etme isteğidir."

Akıllı kadındı. Bir şey mi yazmak istiyorsunuz. Yazın. Yazınız yayınlansın mı istiyorsunuz? Bir editörü arayın ve ona bir yazınızı göndermek istediğinizi söyleyin. İlk denemenizde başarısız olabilirsiniz. Ama hayatta hiçbir şeyin garantisi yoktur. İnsanlar bu işi böyle yapar.

Kurumsal yazıların büyük kısmında işbirliğine dayalı bir çalışma vardır. Tanınma istediği çok güçlü olsa bile basamakların üstlerinde yer alan meşgul insanların bir makale üzerinde tek başlarına çalışmak için ekstra zamanları pek olmaz. O nedenle ya uzmanlıklarıyla bir yazıya katkıda bulunmayı ya da yazının yazılması sürecinde başkalarıyla işbirliğine gitmeyi tercih ederler.

Böyle durumlarda uyguladığım süreç çok basittir. İlk soru: İçeriğin ne? Sektöründe ya da özel yaşamında ne gibi ilginç şeyler olup bitmekte? Yaptığın işi daha değişik şekilde yapmanın ya da daha verimli ve kolay bir yolunu mu buldun?

Bir kere iğneye yemi taktınız mı, yani başkalarının ilginç bulacaklarını düşündüğünüz ve sizin de araştırıp inceleyeceğiniz bir konu buldunuz mu, bir editör ile temasa geçip bu malzemeyi basıp basamayacağını öğrenmeye çalışın. *New York Times*'ın sayfalarına çıkmak zorunda değilsiniz. Cemiyet gazeteleri, mesleki bültenler, hatta şirket içi yayınlar bile sayfalarındaki boşlukları doldurmak zorundadır. Bu aşamada size gereken, yazıyla ilgili araştırma yaparken başkalarına erişmenizi sağlayacak küçük bir ilgi gösterisidir. Yazınız çıkınca, yazı yazabildiğinizi belgelemiş olursunuz ve çalışmanızın örnekleri başka yazılar yayınlatma konusunda şansınızı artırır.

Ona bir fikirle gittiğinizde bir editörün size yanıtı şöyle olur genelde: "Harika, çok güzel bir fikir. Şimdi çok işim var ama. Gitmem lazım. Bitince bir göreyim." Editörler hep böyledir. Söyledikleri hiç değişmez.

Ama şimdi, röportaj yapmak için aradığınız kişilerin karşısında siz böyle davranmamalısınız. Çağırdığınız insanlar rasgele insanlar değiller. İşin uzmanları ya da önemli düşünce insanları olduğunu düşündüğünüz ve araştırdığınız konuda size yarar sağlayacak insanlar.

Bu insanları arayarak ve görüşme ayarlayarak yaptığınız bir şey daha var ki o da yeni birileriyle tanışma fırsatıdır. Her şeyin tamamen sizden yana olduğu böyle durumlara pek sık denk gelmezsiniz. Görüşmenin konusu, karşınızdaki kişinin çok sevdiğini bildiğiniz bir konu. O dakikaya kadar siz de konunun özüne inmek için zaman bulmuşsunuzdur herhalde. Potansiyel olarak elde edeceğiniz ünün getireceği bir değeri sunuyorsunuz orada. Ortak bir amaç doğrultusunda çalışırken geliştireceğiniz karşılıklı anlayış, son derece resmi olabilecek bir durumu çok daha samimi bir niteliğe büründürebilir. İşte tam kendinizi gösterebileceğiniz bir fırsat.

Genellikle başarıyı bu kişilerle paylaşırım ve en çok yardımı dokunan kişinin adını, yazar adı bölümünde yayınlamayı öneririm. Kendisinden feyiz aldığımı, çok etkilendiğimi ve ortak yazar olarak görünmelerinden çok mutlu olacağımı söylerim. Siz araştırmayı yapacaksınız, yazıyı yazacaksınız. Onların tek yapması gereken biraz zaman ve enerji harcamak. Sonra, işbirliğine hazır olduğunuzda, ilave araştırma ve görüşme yapmak amacıyla onlardan çevrelerini size açmalarını rica edin. Büyük ihtimalle onlar da bunu kendiliklerinden, gönüllü olarak önereceklerdir. Böylece, olağan koşullar altında ulaşamayacağınız kişiler de menzilinize girmiş olacak.

Sonra mı? Yazının sonuna geldiğinizde, yayınlansın, yayınlanmasın fark etmez, geleceğiniz için çok önemli olabilecek bir grup ağırlıklı insanla tanışmış ve onlardan çok şey öğrenmiş olacaksınız. Bu insanlarla teması koparmamak için çok güzel sebepleriniz olduğunun farkındasınız herhalde.

YİRMİ ALTINCI BÖLÜM

Güç ile Yakınlaşma

Düşünebildiğiniz sürece, büyük düşünün.

–DONALD TRUMP

Cumhuriyet Parti milletvekili ve Washington'un en etkili isimlerinden Newt Gingrich'in sık anlattığı bir hikaye vardır. Aslan, olağanüstü avlanma yeteneklerini kullanarak, ne zaman canı istese, hiç zorlanmadan tarla faresi avlayabiliyormuş. Ama günün sonunda, kaç tane fare yemiş olursa olsun, hep aç kalıyormuş.

Kıssadan hisse: Bazen işin içinde riske girmek ve ter dökmek olsa da ceylanın peşinden gitmeye değer.

Siz sadece tarla fareleriyle mi ilişki kuruyorsunuz? Eğer öyle ise, ilginizi artık hayatınızda ve başkalarının hayatında değişiklik yapabilecek türden insanlara yöneltmenin zamanı geldi demektir. Sizin ve çevrenizdeki insanların yükselmesini sağlayacak insanlardan söz ediyorum.

Güçlü ve tanınmış insanlarla tanışmak için çaba göstermek kötü bir hareketmiş gibi görülür. Caka atma ve görgüsüzlük olarak addedilir. İleri geçmenin ucuz ve kolay bir yoluymuş gibi algılanır. Sonuç olarak, içimizden gelen sesi dinlemek yerine onu bastırma yoluna gideriz. *People, Us Weekly*, iş dünyasındaysak *Fortune* gibi dergiler okuyarak tanımaya can attığımız o dünyalara güvenli bir mesafeden bakmaya çalışırız.

Bense, bu dünyayı daha yakından takip etmenin bir sakıncası olmadığını düşünmekteyim. Hayatımızda güçlü insanların etkilerini aramak ne kaba bir harekettir ne de yanlış bir tutumdur. Tersine, çok yararlı olabilir. Amacınız, hedefiniz ne olursa olsun, kimse bunları tek başına başaramaz. Herkes kendisi dışında birçok kişinin yardımına ihtiyaç duyar.

Büyük başarılar kazanan insanlara duyduğumuz bu ihtiyacın altındaki sebep nedir? Başarılarımızı başka insanların başarılarıyla kıyaslarsak görürüz ki kendimizi özdeşleştirdiğimiz insanlar ne kadar büyük başarılara imza atmışlarsa, bizlerin de hedefleri o kadar büyük olur.

Klasik manada ün sahibi olan kişilere baktığımızda genellikle hayranlıkla baktığımız nitelik ve yeteneklere sahip olduklarını görürüz. Bu insanların ekserisi risk alarak, tutkuyla odaklanarak, çok çalışarak ve olumlu bir bakış açısı benimseyerek büyük işler başarmışlardır. Ve birçok rakiplerini alt etmişlerdir.

Ünlü olmak dendiğinde herkes başka başka şeyler anlayabilir. Benim için ünlü olmak demek belli bir grubun büyük kesimince tanınıyor olmak demektir. Bir başka deyişle şöhret, koşullara ve ortama bağlıdır. Üniversitelerde ünlü olan kişiler başarılı çalışmalar yapan profesörlerdir, dekanlardır. Küçük bir kasabada ünlü olan kişiler siyasetçiler, başarılı girişimciler ya da kasabanın eskilerinden lafını esirgemeyen biridir. İçinde bulundukları grup içinde birbiriyle orantısız etkileme güçleri vardır. Büyük markaların sözcü olarak ünlü kişileri seçmesinin nedeni de budur. Marka tanınırlığını artırırlar, şirketle ilgili olumlu duygular yaratırlar ve müşterileri ürünün cazip olduğuna ikna ederler. Grubunuz içindeki yerel mini-şöhretler sizin markanız için de aynısını yapabilirler.

Toplumbilimciler buna "yakınlıktan gelen güç" derler. Etkili insanlarla birlikte tanımlanmaktan kaynaklanan bir güçtür. Bu fenomeni her yerde görebilirsiniz. Dahili ilişkilerden kaynaklanan bu güç, illa çok yüksek makamlardaki insanların tekelinde olacak diye bir kayıt yoktur. Kurumsal hiyerarşide çok yüksek mevkileri işgal etmemekle birlikte kişisel asistanlar da, sırf CEO'ya yakınlıkları nedeniyle bu güce sahiptirler.

Harici tanıdıklar, örneğin güçlü siyasetçiler, etkili muhabirler, büyük basından şahsiyetler ve buna benzer kişiler, bir örgütlenmenin içinde ve dışındaki profilinizi geliştirmenize katkıda bulunurlar. Küçük bir kuruluşun şirketin yönetim kurulu üyelerini, iş dünyasında tanınmış ve şirkete güven kazandıracak kişilerden seçmesinin de nedeni budur. Etki gücü yüksek kişilerle yakın olmak sizin ve şirketinizin daha çok tanınması demektir.

Şöhret, şöhreti çeker. Adres defterimdeki kişiler tanınmış isimler olmasaydı başka insanlara ulaşma, ilişki kurma çabaları bu kadar başarılı olamazdı. Önde koşan insanlar, ünlü insanların kendilerinden hoşlandıkları insanlardır. Acı ama gerçek bir durumdur bu. Bir de üzerine biraz sihir eklerler. Bu kişiler, X faktörüne sahiptirler. Küçük bir şeyi büyütebilirler, sıkıcı bir yemeği muhteşem bir olaya dönüştürebilirler.

Ama bu noktada bir sorun bizi beklemektedir. Biz onlarla tanışmak için can atsak da, ünlüler bizimle tanışmak için aynı duyguları beslemezler. İyi ama onlarla nasıl tanışacağız?

Cevabı kolay bir soru değildir. Fakat, bu insanları samimi bir tutum ve iyi niyetle takip ederseniz, manipülatif olmazsınız. Ve eğer bir misyonunuz varsa, size güvenen insanlardan oluşan bir ağ yaratmak için zaman ve emek harcamışsanız, gün gelecek, istikrarlı bir biçimde artan etki gücünüz sonunda sizi bir sonraki yemekli partinize renk katacak biriyle yüz yüze gelmenizi sağlayacaktır. Bu kitapta verdiği tavsiyeleri takip ederek ve insanlarla ilişki kurarak çalışarak iktidara yakınlaşacaksınız.

Yakınlaşmayı başardığınızda akılda tutmanız gereken ve benim yıllar içinde öğrendiğim birkaç hususu da aktarmak istiyorum.

Ünlü birinin çevreniz üzerindeki etkisinin bilincinde olsam da ve böylesi insanlarla karşılaşılabilecek ortamlarda gayet girişken bir şekilde davranan biri olsam da çok fazla hayranlık ve telaş çabalarınızı daha başlamadan öldürebilir. Hepimiz dokuz aylığız. Bunu sakın unutmayın.

Bir keresinde *Vanity Fair*'in düzenlediği bir partideydim. Parti, Beyaz Saray Muhabirleri yemeğinden sonra ve eski Rus konsolosluğunda düzenleniyordu. Kokteyl sırasında beklerken yanımda duran adam çok tanıdık geldi. Önce siyasetçilerden biri olabileceğini düşündüm. Perde arkasındaki siyasetçilerden biri, belki de Başkan'ın danışmanlarından biriydi.

Haklı çıktım sayılır. O kişi Richard Schiff idi. Martin Sheen'in ABD başkanını canlandırdığı *The West Wing* adlı dizide Başkan'ın iletişim danışmanını oynuyordu. Laf aramızda, TV yıldızlarını tanımak konusunda tam bir felaket olduğumu söyleyebilirim.

Tanımadığım bir kişi olduğu için her zamanki gibi hareket ettim ve kendimi tanıttım. Bütün ünlülerin, tanımadıkları biriyle ilk defa iletişim kurdukları sırada yaptıkları gibi o da bir süre duraksadı ve kibarca, kendi adını vermeden "Merhaba" dedi.

Sonra ona adını sordum. Kim olduğunu tanımadığımı anladığında kendini tanıttı. Sonrasında sürekli olarak iletişim içinde olduk. Haberleşmeye, görüşmeye devam ediyoruz.

Gördüm ki, güven duygusu güçlü ve ünlü insanlarla yakınlaşmanın temel unsurlarından biridir. Yeter ki tavırlarınızın arkasında art niyetler olmasın. Ağırbaşlı davranın. Onlarla iletişim kurarken "yıldız" gibi değil, insan olarak görün. Onların sizi kendilerine denk biri, bir ahbapları, tanıdıkları gibi görmelerini sağlayın ve ona göre muamele görmeyi hak ettiğinizi hissettirin. Bir karşılaşmanın ilk anları bir sınav niteliği taşır. Karşınızdaki kişi size güvenip güvenemeyeceğini bu anlarda tartar ve anlamaya çalışır.

Ünlülerle ilgili enteresan bir durum söz konusudur. Egoları çok narindir. Ünlü olmalarının nedeni genelde içlerinden gelen bir dürtüdür. Her gün binlerce kişi tarafından göz hapsinde tutulan biri olduğunuzu bir düşünsenize. Dünya ünlülerin önünde ne kadar açılırsa açılsın, bir parçasının kapıları da onlara kapanır.

Mahremiyetlerini yitirirler. Yalakalık dünyasında yaşadıkları için, her Allah'ın günü özel kişilikleriyle kamuoyu önündeki kişilikleri arasında denge kurmak için cebelleşirler. Kamuoyu önünde sergiledikleri kişiliğin özel hayatlarındaki kişilikten ayırt edilemez olmasından kaygı duyarlar. Gerçekte kim olduklarının iyi anlaşılamadığından ve takdir edilmediğinden korkarlar.

Halkın onları görmek istediği şekilde onları görmediğinizi ve sadece onlarla bir birey olarak ilgilendiğinizi göstermek için şöhretlerinden ve odaklarından uzak durup ilgi alanlarına yoğunlaşın. Yaptıkları işe saygı duyduğunuzu elbette gösterebilirsiniz. Ama çok da takılmayın. Kendilerini çevrelemiş olan duvarlardan dışarı çıkmalarına yardımcı olun.

Ne yazık ki istisnai insanlarla konuşurken uygun olmayan istisnalar yaparız. Sadece gözlerinizle değil, kalbinizle de izleyin ve dinleyin. Tutkuları neler, öğrenin.

Yakın bir geçmişte Vermont Valisi Howard Dean'i bir konuşma yaparken izlemiştim. Orada olanlar bu küçük eyaletin tanınmamış valisi ile ve başkan olmak konusundaki uçuk kaçık niyetiyle dalga geçiyorlardı. Onu bir sonraki görüşüm başkentteki bir insan hakları etkinliğinde oldu. Kimse ciddiye almasa bile resmen başkanlığa aday olmuştu.

Dean'den ve mesajından etkilenmiştim. Kampanya ekibindeki kişilerden birinin yanına gittim. (Aslında bütün ekip bir yardımcı ve bir de eyalet polisinden müteşekkildi.) Yardımcısına, kendimin de siyasi olarak aktif bir Yale mezunu olduğumu, mümkünse Vali ile tanışmak istediğimi söyledim. Yardımcı ile güzel bir sohbetimiz oldu ve etkinlikteki diğeri birçok kişi gibi Dean ile kısa bir konuşma yapma fırsatı buldum.

İki hafta sonraydı. Dean, Kaliforniya'daki Gill Foundation'daydı. Birkaç hafta önce dinlediğim konuşmayı yapmaya hazırlanıyordu. Aynı konu hakkındaki konuşmasını üçüncü kere dinleyecektim ve konuşmasını daha etkili bir hale getirmesini sağlayacak bazı fikirlerim vardı. Yardımcısına ulaştım ve vali ile birkaç dakika görüşmek istediğimi söyledim. Kürsünün yakınlarında bir yerde idi. Birkaç dakika sonra çıkacağı kürsüde yapacağı konuşmanın hazırlıklarını yapıyordu. Konuşmasını birkaç kere dinlediğimi söyledim ve daha etkili bir konuşma yapmasını sağlayacak bazı fikirlerim olduğunu belirttim. Üzerinde daha fazla durması gerektiği noktaları, geri plana alması gereken hususları anlatım; konuşmasını biraz kısaltmasını önerdim. Riske giriyordum, doğru. Ama kaybedecek bir şeyim yoktu. Ayrıca, verdiğim tavsiyelerde samimiydim. İnsan haklarına dair mesajlarını önemsiyordum ve bu mesajları daha güçlü bir şekilde aktarmasını istiyordum.

Dinleyiciler arasında otururken, verdiğim tavsiyelerin birbiri ardına yerine getirildiğine şahit oldum. Vermont Valisi ve başkanlığın resmi adayı (her ne kadar bu makama çok uzak biri olsa da) önerilerime kulak vermişti! Konuşması bitince, yanına gittim ve konuşmasının çok etkileyici olduğunu söyledim. Etkinliğin geri kalanını ise Gill Foundation içindeki büyük bağış sahipleriyle kendisini tanıştırmaya ayırmak istediğimi belirttim.

Aradan aylar geçti. Valiye yönetmen Rob Reiner'ın evinde verilen ve bağış toplama amaçlı düzenlenen bir yemekte rastladım. Artık esrarengiz bir aday değildi. Düşünceleri ile sivrilmiş, belirgin bir ton farklılığı sergileyen bir siyasetçiydi. Konuklardan biri bizi tanıştırdı. Valiye, "Keith Ferrazzi ile tanışmış mıydınız?" diye sordu. Vali Dean, "Tanımaz mıyım! Kampanyamın ilk günlerinde büyük bir farklılık yaratmamı sağlayan kişilerin başında o vardır" diye cevapladı. O anda gerçekten de büyük bir fark yarattığımı anladım.

Ünlü ve nüfuz sahibi insanlar her şeyden önce etten kemikten insandır. Gururludurlar. Aynı zamanda hüzünlü, güvensiz, umutlu insanlardır ve hedeflerine ulaşmalarına yardım ederseniz (ne miktarda yardım ettiğinizin önemi yoktur) takdir eder ve hakkınızı teslim ederler. Evet, doğru yerlerde olmak, doğru etkinliklere davet edilmek fayda sağlar. Ama rüya gibi hafta sonları ve sadece davetiye ile iştirak edilebilen konferanslar, önemli insanlarla tanışılabilecek yegane yollar değildir.

ABD'de neredeyse her şey için bir kurum, dernek, vs. vardır. Önemli şahsiyetlerle doğrudan tanışmak istiyorsanız bunlara katılmalısınız. Çıkarlarına uyan etkinliklerle bu gibi kişilerle tanışmak şaşırtıcı derecede kolaydır.

Ünlü olma yolunda ilerleyen ya da çoktan ün sahibi olmuş kişileri arayabileceğiniz birkaç yeri şöyle sıralayabilirim:

Genç Başkanlar Örgütü (Young Presidents' Organization–YPO)

Genç Başkanlar Örgütü kırk dört yaşın altındaki yöneticilerin katılabildiği ve ABD çapında yerel şubeleri olan bir kuruluş. Bir şirket yönetiyorsanız ya da ileride yönetmek istiyorsanız, sizi geleceğin kurumsal liderleri ile bir araya getirecek birçok girişimci örgütü bulabilirsiniz. Mesleki amaçlı olarak aynı görevi yerine getiren başka kuruluşlar da mevcut. Grafik sanatçılar, avukatlar, bilgisayar programcıları ve çöp toplayıcıları bile bir sendikaya ya da gruba sahipler ve oluşumlar aracılığıyla çıkarlarını korumaya çalışıyorlar. Kalabalıkta güç vardır. Böyle gruplardan birine katılırsanız ve o grubun eylemlerinde merkezi bir rol üstlenirseniz diğer güçlü insanların tanımak isteyeceği bir figür olabilirsiniz.

Politik Bağış Toplayıcılar

Bir keresinde Cumhuriyetçiler tarafında seçimlere katılmış olsam da artık politik eğilimlerimi açıkça tartışmaktan uzak duruyorum. Niye mi? İlk nedeni, artık partiye değil kişiye ve ortaya koyduklarına oyumu veriyorum. Ayrıca, her iki partide de bir fark yaratan insanlara ulaşabilecek durumdayım. Her yıl evimde üç ila on tane bağış toplama partisi düzenliyorum. Siyasi düşüncenin her iki tarafından bölgesel ve ulusal çapta çalışan ve olumlu farklar yaratabileceklerine inandığım siyasetçileri destekliyorum. Siyaset; paranın, tutkunun ve iktidarın bağıdır. Siyasette bugün kimsenin tanımadığı birine yardım ederseniz, o kişi yarının güçlü siyasetçisi olduğunda belki de size yardımcı olacaktır. Yerel kampanyalara katılın. Belli bir konunun ateşli savunucularından olun. Sizin ateşinizi yakıyorsa başkalarının da ateşini yakabilir. O kişileri bulup birlikte çalışın.

Konferanslar

Söyleyecek bir sözünüz varsa ve bunları bir konuşma yaparak dinleyenlerle paylaşırsanız geçici süreliğine de olsa ünlenirsiniz. Çevrenizi en kolay, insanlar size kendi ayaklarıyla geliyorken genişletirsiniz. Her türlü konuda düzenlenen binlerce konferans vardır. Eğer bir konuda uzmanlaşıyorsanız ya da özel bir tutkunuz varsa, daha önce de önerdiğim şekilde, hangi ünlü kişilerin aynı konulara merak beslediklerini araştırıp öğrenebilir ve bu kişilerin katılması muhtemel konferanslarda yerinizi alabilirsiniz. Liderlikte maneviyat ve insan hakları konuları şahsen üzerlerinde önemle durduğum iki meseledir. Çeşitli kurum ve kuruluşlarda yer alarak ve her yıl birkaç konferansa konuşmacı olarak katılmak suretiyle bu noktalarda aktif olmaya çalışıyorum.

Kâr Amacı Gütmeyen Dernekler

Kendiniz için önem arz eden dört-beş konu belirleyin ve sonra bunları yerel ölçekte destekleyin. Başarılı dernekler, yönetim kurullarında birkaç önemli şahsiyetin bulunmasını isterler ki bu kişiler aracılığıyla basında daha fazla görünürlük elde edebilsinler. Nihayetinde sizin de amacınız bu kurullardan birinde yer bulmaya çalışmak ve o insanlarla yan yana oturmaktır. Ama derneklerin ilgi alanlarının mutlaka sizin de önemsediğiniz ve katkıda bulunmak istediğiniz konular olmasına özen göstermelisiniz.

Spor (Özellikle Golf)

Spor, yeni ve önemli kişilerle tanışmak için güzel bir araçtır. Sahada, kortta, salonda ya da pistte herkes birbirine eşit olur. Ünün fazla bir manası olmaz. Önemli olan sahip olduğunuz beceriler ve yaratabileceğiniz dostluk ortamıdır. İnsanlar atletizm ile uğraşırken gardlarını düşürürler. Belki bu tür bir rekabet bizi çocukluğumuzun sokakta top koşturduğumuz masum günlerine geri götürdüğü için böylesi bir sonuç ortaya çıkıyordur. Ya da kimbilir belki de sebep, spor sahasının kendisidir. Ofisten uzak bir squash kortu ya da golf sahasının yeşil tepecikleri insanları başka bir karaktere büründürüyor olabilir.

Ve golf! Diğer bütün sporlar bir yana, golf, Amerika'daki iş dünyasının seçkinlerini buluşturan gerçek çekim merkezidir. Büyük şirketlerin CEO'ları ve yöneticilerinin bir golf kulübüne kabul edilmek için yıllarca nasıl çırpındıklarına bizzat şahit olmuşumdur. Bu kadar yüksek mevkilere gelmiş isimlerin bir topun peşinde koşmak için neden bu hallere düşmeye razı olduklarını sanıyorsunuz? Elbette işin içinde kariyeriniz ve şirketiniz için önemli olabilecek insanlarla yakınlaşmak, arkadaşlıklar kurmak var.

Golf kulüplerinin kuralları çok katıdır. Kulüp üyeliğinizden ve orada kurduğunuz ilişkilerden bir menfaat beklediğinizi kimselere belli etmemelisiniz. Bazı kulüplerde, imzalanacak bir anlaşmaya dair bir ipucu vermek ile itibarınızı zedeleyecek bir hareket olarak görülürken, bazılarında bu tip konularda daha açık konuşabilirsiniz. Nasıl hareket etmeniz gerektiğini zaman içinde kendiniz bulacaksınız. Ama tutkulu golfçülerin birçoğu bu oyunun kendileri için sayısız fırsat yarattığını itiraf etmekten kaçınmazlar. Eninde sonunda birbirleriyle iş yaparlar. On dokuzuncu delikte de olsa, barda içki içerken de olsa söz dönüp dolaşıp bu noktaya gelir. Golfçüler, oyun sırasında başka biriyle arkadaşlık etmenin kendilerine çok şey öğrettiğini de söylerler. İş döner dolaşır yine güven konusuna gelir. Bir CEO gelecekteki iş ortağının ağzı sıkı olup olmadığını, kurallara ne kadar riayet ettiğini, stres ile başa çıkıp çıkamadığını, onunla birlikte bulunmanın memnuniyet yaratıp yaratmadığını golf oynarken gözlemleyebilir. Golf, yeni insanlarla tanışmak için bir şans olduğu kadar bu kişilerin doğru insanlar olup olmadığını görmek anlamında da güzel bir platformdur.

Oyunun yararları ortada ve bunları elde etmek için çok çeşitli yollar var. Neredeyse bütün sektörel kuruluşlar düzenli olarak golf turnuvaları düzenlerler.

Yardım kampanyaları, konferanslar ve bunlara benzer diğer organizasyonlar bu seçkin grubu cezbetme anlamında aynı işlevi görürler. Üye olmadan bu tür etkinliklere katılabilirsiniz.

Bana gelince, golf malzemesi taşımama, lise takımında aktif olarak oynamama ve birkaç turnuva kazanmama rağmen, golf oynamıyorum. Çünkü çok zaman gerektiren bir oyun. Dört saatten fazla sürdüğü çok oluyor. Bu kadar zaman ayırmam çok zor. Arkadaşlarımla kırk yılda bir, büyük bir etkinlikte ya da bir düğün için hafta sonunu geçirmeye gittiğim bir yerde oynadığım oluyor. Gel gelelim, Barry'nin Askeri Kampı, New York'taki Yale Kulübü'nde squash oynamak, Central Park'ta ya da Hollywood tepelerinin etrafında uzun koşular yapmak benim için daha önce geliyor.

Hangi spor olursa olsun, ister golf, tenis, bowling ya da bir kamp, fark etmez, temel fikir, o faaliyeti topluca yapmaktır. Bir lige katılın, bir kulübe üye olun veya bir etkinlikte yer alın. Yeni ve heyecan verici insanlarla karşılaşmanız işten bile olmayacaktır.

Sizden daha bilgili, daha büyük başarılar elde etmiş insanlarla zaman geçirme yollarını aramanın yanlış bir tarafı asla yoktur. Ünlü ve nüfuzlu insanlarla temas kurma noktasına geldiğinizde dikkat etmeniz gereken husus, bunu hak etmediğinizi veya bir hilekar olduğunuzu düşünmemektir. Kendi çapınızda ve kendi başarılarınız çerçevesinde siz de bir yıldızsınız ve dünyaya verecek bir dolu şey var.

YİRMİ YEDİNCİ BÖLÜM

Siz Yapın, Onlar Gelirler

Adına ister klan deyin, ister şebeke, ister kabile ya da aile, ne derseniz deyin, kim olursanız olun, size de bir tane lazım.

–JANE HOWARD

Genç bir adamken kendimi Groucho Marx ile özdeşleştirirdim. O ünlü komedyen gibi ben de beni üye olarak alacak herhangi bir kulübe zerre kadar ilgi duymazdım.

Kendi kendime yeterim şeklindeki yanlış bir düşünceye sahip olduğum için değildi ama. İnsanların bir arada olmalarının ne kadar değerli ve verimli olabileceğini biliyordum. Yeterli zamanım yok diye sızlandığımı da duymazdınız kesinlikle. (Bu bahane beni deli eder. Aynı görüşlere sahip olduğunuz profesyonellerle tanışmaktan daha önemli ne olabilir?) Büyük kalabalıklar içinde çekingen biri de hiç değildim.

Sorun şu ki katılmaya değer bulduğum bütün kulüpler, benim gibi genç ve kimseleri tanımayan birine kapılarını kapalı tutuyordu.

Bu kulüpler ve konferanslar, seçkin üyeleriyle ve güçleriyle çok haklı bir temelde varlıklarını sürdürürler: Kendi çevrelerinde bir fark yaratmak ve iş yapmayı kolaylaştıran bir ortam hazırlamak isteyen insanlar, benzer menfaatleri olan diğer insanlarla bir arada olmak için yanıp tutuşurlar. Büyük şirketlerin patronları büyük işler başarmak için bu şekilde hareket etmeleri gerektiğini iyi bilirler. Kamuoyu politikası olsa da kamu şirketiyle büyük bir anlaşma imzalanacak olsa da başkalarına ihtiyaç duyarsınız. Bu insanlar ne kadar çok kişiyi tanıyorsa, güçlülerse ve kaynakları bolsa sizin başarılarınız da o kadar büyük olacaktır.

Davos Dünya Ekonomik Forumu ve Rönesans Hafta Sonu gibi dünyanın belli başlı insanların katıldığı etkinliklerde yer almak bu nedenle çok zordur. Rönesans Hafta Sonu'nda, adı sanı duyulmamış siyasetçilerin onları dünya çapında ünlü birer figüre dönüştüren kişilerle tanıştıklarına çok şahit olduk. Davos'ta uluslararası politikaların ve milyar dolarlık iş anlaşmalarının bir fincan İsviçre kahvesi yudumlanırken nasıl yapıldığını gördük. Doğal olarak birçoğumuz Davos'a davet edilmiyoruz. Ama, en azından başlangıçta, resmen davet edilmediğimiz bir dolu toplantı ve kulüp yok mudur?

O şaşalı partiye hemen yarın katılamayacaksınız. Olsun. Hepimizin içinde o girişimci ruh yok mu? Belli bir dağın üzerinde size oyun oynatmıyorlarsa, kendi dağınızı kurmamanız için hiçbir neden yok.

Arkadaşım, mimar Richard Wurman yirmi yıl önce teknoloji, eğlence ve tasarım sektörlerinin birlikteliğinin ekonomiyi nasıl sarsacağını düşünmüştü. Birçok vesileyle şu sözleri yineliyordu: "Uçakla çok seyahat eden biriyim. Uçakta konuşmayı seven insanlara bakınca bu üç sektöre mensup olduklarını gördüm. Bir proje üzerinde hararetle konuştuklarında mutlaka diğer iki sektörü de işin içine katıyorlardı." Bu alanlarda çalışan kişileri bir araya getirmeyi amaçlayan TED konferansı 1984'te hayata geçirildi. Az sayıda katılımcı ve kendi arkadaşlarından oluşan bir konuşmacı kitlesi vardı.

Her yıl söylediği açılış cümlesi hiç değişmedi: "Her zaman düzenlemek istediğim ama hiç düzenleyemediğim yemekli partiye hoş geldiniz." TED zamanla mükemmel bir etkinliğe dönüştü. Eğlenceli bir parti ile büyüleyici bir mezuniyet semineri niteliğine büründü. Yıllar geçtikçe, hayatın her alanından insanların katılımıyla zenginleşti. Bilim insanları, yazarlar, aktörler, CEO'lar, profesörler ve daha niceleri TED'de yerlerini aldılar. TED'de müzisyen ve yapımcı Quincey Jones'u, Newcorp CEO'su Rupert Murdoch ile sohbet ederken ya da yönetmen Oliver Stone'u Oracle'ın kurucusu Larry J. Ellison ile tartışırken görmek sıradan şeylerdir.

TED, kısa sürede zarar eden bir etkinlik olmaktan çıktı ve yılda 3 milyon dolar kâr bırakan kazançlı bir işe dönüştü. Richard, konuşmacılara hiç para ödemezdi. Bütün organizasyonu sadece birkaç asistan ile gerçekleştirirdi. 2001'de TED'i 14 milyon dolara sattı. Şimdilerde TEDmed adı altında yeni bir konferans düzenliyor. Bu konferans, teknoloji ile tıp konularını bir arada işliyor ve herkesin katılmasını şiddetle öneriyorum.

Deloitte'ta işe başladıktan sonra taşındığım Chicago'da ben de benzer bir işe girişmiştim. Şehirde yeniydim ve kimseyi tanımıyordum. Her şeyden evvel, tanıdıklarımdan beni bu şehirdeki arkadaşlarıyla tanıştırmalarını rica ettim. Arkadaşlarımın önerdiği kişilerle tanışınca, şehrin içine daha çok girmemi sağlayacak yapılanmalardan hangilerine katılabileceğimi araştırmaya başladım. Bu şekilde yeni şirketim için de eninde sonunda yeni iş imkanları yaratabileceğimi biliyordum.

Öyle gençtim ki kimse beni ciddiye almıyordu. Spor ve işadamları kulüpleri, senfoni orkestrası yönetim kurulları gibi geleneksel seçenekler benim için girilmez bölgelerdi. Gençlik kuruluşlarına katılmam yönünde ise çok sayıda teklif alıyordum. Fakat, bunların büyük kısmı sosyal gruplardı. Ben daha aktif olacağım, topluluk içinde gerçek bir fark yaratacağım bir grup istiyordum. Yirmili yaşlarda gençlerin karşı cinsten birini bulmak için katıldığı etkinliklerde şarap tadımı yapmak bana göre değildi.

Bu gibi durumlarda Benzersiz Satış Önermesinin (Uniqe Selling Proposition) ne olduğunu belirlemeniz gerekir. BSÖ mesela masaya koyabileceğiniz gizli bir sos olabilir. Ya da bir uzmanlık, hobi, belli bir konuya duyduğunuz ilgi de olabilir. Yeter ki üzerine bütün bir organizasyon ya da kulüp kurulabilsin.

Bütün kulüpler ortak çıkarlar veya ilgi alanları üzerine kurulur. Üyeleri, meslek, felsefe, hobi, komşuluk ya da bazen sadece ırk, din veya nesil gibi unsurlar birleştirir. Kendilerine özel ortak bir konu çevresinde toplanırlar. Bir başka ifadeyle birlikte takılmak için bir nedenleri vardır.

Kendi özel teklifinizi ortaya koyabilir ve çoğu insanın atmadığı o ekstra adımı atabilirsiniz. Bir organizasyon kurun ve tanışmayı arzu ettiğiniz kişileri bu organizasyona katılmaya davet edin. Üye kazanmak kolay olacaktır. Çoğu kulüp gibi kendi arkadaş çevrenizle işe başlayın. Daha sonra onlar da kendi seçtikleri arkadaşlarını gruba getirecektir. Zamanla bu kişiler de yeni ve ilginç kişileri gruba kazandıracaktır.

Bu model her zaman tutar ve başarılı işletmeler bile bu model üzerine kurulur. İnsanları ortak bir teklif çevresinde birleştiren internet sitelerini bir düşünün. Siyasi eğilimler, bahçe bakımı hatta iVillage örneğinde olduğu gibi kadın olmak bile geçerli tekliflerdir. İnsanlar bir nokta çevresinde toplanırlar ve bir gruba ait olma hissi üzerine kârlı işletmeler kurarlar. Çok rastlanan bir durumdur. Havayolu millerini, bir sadakat programına üye olmanız nedeniyle süper markette elde ettiğiniz indirimleri de unutmayın. Aynı görüşlere sahip kişilerle, ortak bir nokta ya da ilgi üzerine kurulu bir topluluk oluşturmak bugün de, geçmişte de kendi ölçüleri içinde çok etkili sonuçlar doğurmuştur.

O zamanlar, benim benzersiz teklifim, zamanın moda iş kavramı olan Toplam Kalite Yönetimine (TKÖ) olan kişisel ilgimdi. Daha önce de anlatmıştım, toplam kalite yönetimi Yale'den sonra girdiğim ilk işimde ve işletme okulundaki hocalarımdan biri için çalışırken kendimi farklılaştırmakta kullandığım içeriğin temelini oluşturuyordu.

Amerikan hükümeti Baldrige Ulusal Kalite Programı adı altında bir örgüt kurdu. Örgütün görevi Toplam Kalite Yönetiminde mükemmellik seviyesine ulaşan şirketleri ödüllendirmekti. Illinois'da yerel şirketler için kâr amacı gütmeyen benzer bir örgütü ben de kurabilirdim. Halen yürürlükte olan federal bir program vardı. Bu nedenle, Chicago'da yaşayan hakimler ve ulusal örgütün diğer üyelerini, Toplam Kalite Yönetiminden sorumlu danışmanları ve büyük şirket çalışanlarını bulmakta zorlanmayacağımı hesapladım.

İlk yapmam gereken şey, diğer potansiyel üyeleri çekmeme yardımcı olacak, toplam kalite yönetimi konusunda uzman bir kurumun ya da kişinin desteğini almaktı. First Chicago'nun Toplam Kalite Yönetiminden sorumlu müdürü olan Aleta Belletete'den yanımda kurucu ortak olarak yer almasını rica ettim. Aleta, Chicago'nun en etkili CEO'larından biri olan patronu Dick Thomas'ı da konunun içine dahil etti. Dick bize büyük manevi destek verdiği ve kendisinin de kişisel olarak desteklediği bu konuda inisiyatif almayı kabul etti. Dick'in desteği sayesinde Vali Jim Edgar, yönetim kurulumuza vali yardımcılarından birini atadı. Bu üç önemli kişinin desteğini alan örgütümüz büyük bir güven kazandı. Amoco ve Rush Presbiteryan Hastanesi'nin toplam kalite yönetiminden sorumlu kişileri, CEO'larını da alarak kurulumuza katıldılar. Onlar gibi daha birçok kişi de örgütte yer almak üzere başvurdu. Ve en güzel kısmını sona sakladım. Bu kuruluşu kuran, çalıştıran ve finanse eden kişi ben olduğum için başkanlığı da ben aldım! Ama işin zor kısmı artık tamamlanmıştı. Güvenilen bir kurumduk ve bundan sonra kollarımızı sıvayıp ince işlere geçme zamanımız gelmişti.

Lincoln İş Dünyasında Mükemmellik Ödülleri de böyle doğdu. Örgüt hâlâ faal ve Illinois eyaletindeki organizasyonların başarılı şirketler kurmalarına yardım eden, kâr amacı olmayan bir dernek şeklinde çalışmalarını sürdürüyor. Yüzlerce insan gönüllü olarak destek veriyor. Çok geniş bir yönetim kurulu ve tam zamanlı çalışan personeli var. Hayata geçirdikten iki yıl sonra Chicago'daki belli başlı bütün CEO'larla, hem de ilk isimleriyle çağıracak kadar ahbap olduğumu da eklemeliyim.

Bunlardan aldığım derse gelince, Harvard'dan alınan bir MBA derecesi ya da Davos'a bir davetiye bile kişisel bir inisiyatifin yerini tutamaz. Eğer fark yaratmanızı sağlayacak bir örgüt bulamazsanız neler sunabileceklerinizi belirleyin. Bunlar, özel uzmanlık alanınız, tanıdıklarınız, ilgi alanlarınız ya da tecrübeniz olabilir.

Kulüplerin, birbirlerine arkadaşlık eden zengin beyaz adamlara ait oldukları günler geçmişte kaldı. Bugün artık hemen her konuda bir kulüp var. Halı satıcılarının haftada bir buluştuğu ve meslekleri ile ilgili görüş alışverişinde bulunduğu; kadın Cumhuriyetçilerin yuvarlak masa etrafından toplanıp partilerinin politikalarından duydukları hoşnutsuzluğu tartıştığı; güzel şaraplara özel ilgisi olanların bir araya gelip aylık tadımlar yaptıkları, arazide dolaşan ve Napa'ya yıllık geziler düzenlemeyi planlayan bağcıların anlattıklarını dinledikleri ortamlar artık çok sıradanlaştı. Artık "kim" ve "ne" sorularının pek bir anlamı kalmadı.

Belli bir yerde, hatta internet üzerinde bir araya gelen, çıkarları ve ilgi alanları ortak bir grup insan söz konusu olduğunda, kendinizden daha büyük bir şeye ait olmanın avantajlarınızı yaşamaya devam edersiniz. Siz ve gruptaki arkadaşlarınız kolektif kimlik sayesinde güçlenirsiniz. İşte çoğu ilişkiler belli bir projeyle ya da anlaşmayla sınırlı kalır ve bunlar nihayetine erdiğinde kurulan ilişkiler de sona erer. Oysa, bir kulüp üyeliği, (tercihen kendi başlattığınız kulüp üyeliği) yıllarca sürecek arkadaşlıklar kurulmasını sağlar.

BİR ÜNLÜNÜN PROFİLİ

Benjamin Franklin (1706-1790)

"Bir kulübe giremiyor musunuz? Kendiniz bir tane kurun."

Bir iş terimi olan "networking" yani çevre oluşturmak, İngilizceye 1966 yılında girdi. Ama bundan iki yüzyıldan daha uzun bir süre önce, Philadelphia'da genç Benjamin Franklin bu sevimli toplumsal bilimi kullanarak adı bile konmamış ulusumuzun en etkili insanlarından biri oldu. Saygı duyulan bir yurtsever, devlet adamı ve mucit olmadan önce, hizmetkarlıktan yayınevi patronluğuna yükselmiş, Amerikanın en başarılı işadamlarından biriydi.

Takvimlerinizi geriye doğru bir karıştırıp 1723 yılına geri giderseniz, on yedi yaşındaki Franklin'in ne zengin, ne de başarılar kazanmış biri olduğunu görürsünüz. Hırslı bir girişimciydi. Baskı işinde kardeşi James'in öğrettikleriyle yetişiyordu. Philadelphia'da yeni bir yüzdü. New York'ta iş arayıp da bulamayınca bu şehre taşınmıştı. Bu şehirde kimseyi tanımamakla birlikte kendi matbaasını kurmak için çok hevesliydi. Bu noktada insanlarla yakınlaşma ve ilişki kurma becerisini devreye soktu.

Yedi ay içinde tanınmış bir baskı dükkanında işe giren Franklin, Pennsylvania Valisi William Keith ile ahbaplık kurdu. Franklin'e, Londra'ya gitmesini ve kendi matbaası için gereken donanımı satın almasını öneren de Vali Keith olacaktı. Keith ona referans ve kredi mektupları yazma sözü de verdi. Bu mektuplar, Franklin'in matbaa makinesi ve diğer araç gereci satın almasında çok yardımcı olacaktı.

Fakat, Franklin Londra'ya ayak bastığında Keith'in söz verdiği mektupları göndermediğini anladı. Eve geri dönecek parayı biriktirmek için iki sene çalışması gerekecekti. Eve dönüş yolculuğunda Franklin, arkadaş edinme yeteneğini bir kere daha konuşturdu. Philadelphia'ya vardığında, gemide tanıştığı Thomas Denham'ın dükkanında veznedar olarak çalışmaya başladı.

Kısa süre sonra Franklin, yine matbaa işindeydi. Aynı baskı dükkanında çalışmaya başladı. Entelektüel olarak ve kişisel gelişim anlamında ilerlemek için Franklin, bir grup arkadaşıyla birlikte Cuma gecelerine özel, adını "Junto" koyduğu sosyal bir topluluk kurdu. Bu topluluk hakkında *The Autobiography* adlı kitabında şöyle yazıyor:

> "Her üyenin uyması gereken kurallar koymuştum. Buna göre, sırası gelen, ahlak, siyaset, fizik konularından birinde bir ya da daha fazla araştırma üretecek, bu

araştırma, topluluk üyelerince tartışılacaktı. Her üç ayda bir üyelerin sevdiği herhangi bir konuda bir makale üretmesi ve bunu bize okuması gerekiyordu."

Junto üyeleri genç insanlardı. Philadelphia'nın seçkin işadamlarına hitap eden kulüplerine girebilecek kadar saygıdeğer ya da adlarından söz ettirmiş kişiler değillerdi. Franklin gibi onlar da tüccardı, sıradan insanlardı. Hiç şüphe yoktu, insanlar kulüpleri seviyorlardı. Otobiyografisindeki tutumluluk, çalışkanlık ve ihtiyatlılık gibi erdemlere dair dersleri bir yana, Franklin, herkesin en az bir sosyal grubun parçası olması gerektiğini söyler. Üç tane olursa daha iyidir. Aynı fikirlere sahip, başarı odaklı insanların birbirlerinin başarılarından güç alarak olağan koşullarda imkansız olan işleri yapabileceklerine inanıyordu.

Şimdi takvimlerinizi ileri alıp 1731 yılına gelin. Franklin'in artık kendi baskı dükkanını açacak kadar parası vardı. Kötü durumdaki küçük bir gazeteye para yatırdı. *Pennsylvania Gazette* adındaki bu gazetenin içeriğini ve grafiklerini canlandıran (her ikisini de büyük oranda Franklin hazırlıyordu) Franklin, gözüpek bir dağıtım metodu ile gazeteyi sömürgelerdeki en yüksek tirajlı ve kârlı gazeteye dönüştürdü. Gazetenin mali başarısı Franklin'i on sekizinci asrın medya patronları arasına soktu. Gazeteden elde ettiği ün ve para sayesinde Franklin kendisini kamu projelerine adama fırsatı buldu. Projelerin ilki Philadelphia'daki bağımsız araştırma kütüphanesi idi. Kuzey Amerika'da kitap veren ilk kütüphaneydi ve bugün de halen hizmet vermektedir.

Philadelphia için geliştirdiği birçok kamu projesinin ilki olan bu kütüphane için yürüttüğü kampanya Franklin'e çevre edinme konusundaki en önemli erdemlerden birini daha iyi anlamasını sağladı. Karşılaştığı direnç konusunda şunları yazıyor:

> Herhangi yararlı bir projeyi teklif ederken kendimi tek fikir babası olarak ortaya koymanın uygunsuz bir hareket olduğunu gördüm. Çevremdeki kişilerden azı-

cık da olsa daha ünlü görülmeme neden olabilirdi. Oysa projenin başarılması için o kişilerin yardımına gereksinim duyabilirdim. O nedenle kendimi geri plana çekmeye ve projenin bir grup arkadaş tarafından hazırlandığını söylemeye başladım. Bu arkadaşlar, sözüm ona, okuma meraklılarını düşünerek böyle bir projeye giriştiğimizi söylememi benden rica etmişlerdi. Böylelikle işleri daha kolay yürütür oldum ve sonraki projelerde de hep bu yöntemi kullandım.

Franklin, başka kamu projelerine de imza attı. 1731'de kütüphaneyi kurduktan sonra –kütüphane için ilk elli aboneyi Junto sayesinde toplamıştı– 1735'te şehrin ilk polis teşkilatını, 1736'da itfaiyeyi, 1749'da, iki yıl sonra Pennsylvania Üniversitesi'ne dönüşecek olan ilk koleji, özel ve kamu kaynaklarını kullanarak 1751'de ilk hastaneyi kurdu. Yetmedi, ilk yangın sigortası şirketini 1751'de ve ilk gönüllü askeri birliği 1747'de kurdu. 1756'da Pennsylvania sokaklarının düzenlenmesi, aydınlatılması ve temizlenmesi için bir programı tanıttı. Bütün bu projelerin arkasında Franklin'in kişisel ve mesleki çevresinden tanıdıklarının katkıları vardı. Projelerle birlikte çevresi de büyürken, daha çok kişi tarafından "iyilik yapmayı seven bir insan" olarak tanındı ve sevildi.

Franklin, Nisan 1790'da vefat etti. George Washington'un başkanlığının ilk yılını gördü. Cenaze törenine 20 binden fazla Amerikalı katıldı.

Çevre edinmek konusunda, diğer birçok şeyde olduğu gibi Franklin'in açtığı yoldan gideriz. Ondan mütevazılığın ve takım çalışmasının gücünü de öğrendik. Junto'da bir araya getirdiği genç tüccarlar Bağımsızlık Bildirgesi'ne ve Amerika Birleşik Devletleri'nin anayasasına imza atan güçlü şahsiyetlere dönüştü.

YİRMİ SEKİZİNCİ BÖLÜM

Kibirinize Teslim Olmayın

İnsanlarla ilişki kurma konusunda uzmanlaşmayı anlattığım, çevremdeki kişilerin beni bu konunun üstadı olarak gördükleri bölümde, öğrendiğim bazı dersleri aktarmaya çalıştım. Fakat, bana çok erken bir dönemde hayatımdaki en önemli dersi öğreten, kısa ve utanç verici bir olayı anlatmazsam her şey yarım kalır.

Bu, neyi yapmamak ve nasıl davranmamak gerektiğine dair öğretici bir hikayedir.

Güçlü bir çevre edinme isteğinde kötü bir şey yoktu. Gel gelelim, nüfuzlu insanlara ne kadar yakınlaşırsanız, siz de kendinizi o kadar daha fazla güçlü hissedersiniz. Başkalarıyla yakınlaşma çabalarınızın ivme kazanacağı bir nokta vardır. Güçlü bir tanıdık sizi bir başka güçlü kişiye götürür. Bu, çok eğlenceli, motive edici ve önemli bir deneyim olabilir.

İşte bu noktada zayıf da olsa kendini beğenmişlik duygusunun yaptıklarınıza, davranışlarınıza sızmasına, daha yüksek beklentileri tetiklemesine ya da daha her şeyi yapabileceğinizi düşünmenize müsaade etmeyin. İnsanlarla ilişki kurmanın üstadı olmuşken, üzerinde yükseldiğiniz, bütün dersleri ve değerleri şu ya da bu nedenle unutmayın.

Hayatta herkes başarısızlık yaşayabilir. Eskiden telefonlarınıza hemen çıkan insanlar, artık size cevap vermiyorsa ne yapacaksınız?

New Haven belediye meclisi üyeliği için üniversitenin ikinci sınıfında, aynı sınıftaki bir arkadaşıma karşı seçim mücadelesine giriştiğimde, bir çocuğun yerel hükümet için aday olması ilginç bir haber konusu olarak görülmüştü. *New York Times* gazetesinden bir gazetecinin bir yazı yazma isteğiyle bana ulaşması uzun sürmedi. Yazılacak yazının hayatımın en acı ve en yararlı derslerinden birini bana öğreteceğini bilmiyordum. Muhafazakar bir dergi olan *National Review*'u kuran ve bir düzine kitap yazan ünlü Yale mezunlarından William F. Buckley Jr.'ı kızdıran da bu yazı olacaktı.

Seçimlerde Cumhuriyetçi Parti saflarındaydım. Cumhuriyetçilere bir aday lazımdı. Yale'de azınlıktaydılar. Çoğunluk ise, Pittsburgh'lu bir çelik işçisinin gözünde, düşünme yeteneğinden yoksun ve gayrı samimi kişiler olan limuzin liberalleriydi. Çok gençtim ve hâlâ siyasi hassasiyetlerimi keşfetme aşamasındaydım. Bir yandan da ılımlı muhafazakar bir parti olan Tory'lere karşı belli bir yakınlık hissediyor gibiydim. Partilerine karşı gerçek bir sempatim vardı ve liderliklerinin ve mezunlarının kendilerini vererek çalışmalarını çok takdir ediyordum.

Fakat hikayenin özü siyasetle değil, gurur ve kendini beğenmişlik ile alakalı.

O zamanlar yetiştirilme tarzımın ve aldığım terbiyenin bir zayıflık değil de en güçlü yönüm olabileceğini anlayamamıştım. Güvensizlik duygusu beni, hiç sapmamam gereken yollara sokmuştu. Liderlik tarzım mesela, kucaklayıcı olmaktan çok uzaktı. Başarıları arka arkaya elde ederken hırsım ve açgözlülüğüm çok kişiyi benden uzaklaştırdı. Ödüllerimi borazanla ilan ederken o ödülleri kazanmama katkısı olan kişileri tamamen unuttum. Gururum gökte, mütevazılığım yerdeydi.

Golf kulübünde sopalarını taşıdığım veletlere ben de sizin kadar iyiyim diye gösteriş yapıyordum.

Bildiğiniz gibi seçimlerde kaybettim. Ama *New York Times* gazetesinde çıkan yazı çok sayıda kişi tarafından ve Yale'de bir Cumhuriyetçi olmanın iyi bir şey olduğunu düşünen az sayıdaki kişi tarafından okunmuştu. Seçimden haftalar sonra posta kutumda bir not buldum.

Şöyle yazılıydı: "Yale'de en azından bir tane Cumhuriyetçi olmasına çok sevindim. Bir ara ziyaretime gel. WFB."

Koskoca William F. Buckley Jr. lütfedip, zahmete girip bana bir mektup yazmıştı. Şaşakalmıştım. Kendi çapımda bir anda şöhret oluvermiştim.

Resmi bir davet de iletti elbette. Davetini kabul ettim. Görüşme için bir tarih belirlemek üzere kendisiyle hemen temasa geçtim. Beni büyük bir alicenaplıkla evine davet etti ve birkaç arkadaşımı da getirebileceğimi söyledi.

Birkaç ay sonra üç sınıf arkadaşımla birlikte Connecticut tren istasyonunda, bizzat Bay Buckley tarafından karşılandık. Üzerinde eski bir haki pantolon ve yaka uçları düğmeli, kırışık bir gömlek vardı. Bizi arabasıyla evine götürdü. Orada eşiyle tanıştık. Kendisi o sırada bahçede çalışıyordu. Muhteşem bir gündü. Birkaç kadeh şarap içtik, siyasetten konuştuk. Bize klavsen çaldı, sonra oturup uzun bir öğle yemeği yedik. Yemek bitince, Roma hamamını andıran güzellikle mozaiklerle bezenmiş o güzel havuzda yüzdük.

Bu fırsatı iyi değerlendirmeliydim. Mezun olduğu okuldaki siyasi iklimden mutsuz olan tek Yale mezunu Bay Buckley değildi. Diğer muhafazakar mezunlar da yakınıyordu. Birçoğu Yale'e bağışlarını kesmişti. Kampus ve bu mezunlar için bir kazan-kazan durumu yaratacak bir çözüm yolu bulduğuma inanıyordum.

Oy verme hakları olmayan muhafazakar mezunlar için bir dernek kurmayı önerdim. Bu dernek, destekledikleri değerleri temsil eden okul örgütlerine bu mezunların doğrudan bağışta bulunmalarını sağlayacaktı. Yale bundan kazançlı çıkacaktı, çünkü olağan şartlar altında almasının mümkün olmadığı maddi bir yardıma sahip olacaktı. Muhafazakar mezunlar kârlı çıkacaktı, çünkü okulları için yine iyi duygular besleyecek, yardımda bulunabildikleri için mutlu olacaklardı. Öğrenciler de kazançlı çıkacaktı, çünkü örgütsel bazda daha geniş bir çeşitlilik olacaktı ve kampus kulüplerine daha fazla para gelecekti. Daha ne olsun!

Fikrimi söylemiştim ve sanırım Bay Buckley bu fikri sevmişti. Birkaç yıl önce bir öğrenci dergisine kaynak sağlaması için bir vakıf kurduğunu ama bu konuda pek de ilerleme sağlayamadıklarını söyledi. Dediğine göre vakıf kasasında hâlâ para vardı ve fikrimi desteklemek için bu parayı vermekten mutlu olacaktı. En azından benim işittiğim buydu. Anlaşma imzalandıktan sonra asla bir şey satmayın derler. Ben de anlaşmanın imzalandığını düşünüyordum.

Anlaşmanın taraflarının, üzerinde anlaşılan konunun ne olduğunu tam olarak bilmelerinin ve sonrasında da bunu hatırlamalarının önemine vurgu yapan kimse var mıdır acaba?

Kampusa döndüm. Heyecanımı gizlemiyordum. Yepyeni bir örgütün başkanı olacağımı herkese söylüyordum. "Süper bir şey, değil mi?" Bu davaya katkıda bulunmayı isteyebilecek diğer mezunları aramaya başladım. Sürekli telefondaydım. Hafta sonlarında New York'a gidiyor ve diğer mezunlara, William F. Buckley ile birlikte kuracağımız yeni vakfı anlatıyordum.

"William Buckley para koyuyor. Sen de yardımda bulunmak istemez misin?" Yardımlarını esirgemiyorlardı. New York'tan her dönüşümde, ünlü ve nüfuzlu insanlar bana (dikkat ederseniz, "bize" demiyorum, "bana" diyorum) para verdikçe havalara giriyor, şişindikçe şişiniyordum.

Zavallı sınıf arkadaşlarım New York'taki maceralarımı dinlemekten bitap düşüyorlardı. Her şey nasıl bir çırpıda başladıysa, aynı şekilde sona eriverdi. Şöhretle yaptığım o kısa dansta bir anda acı bir fren yapmak zorunda kaldım.

İşe bakın ki bir gün Bay Buckley asansörde, para bağışında bulunan o ünlü mezunlardan birine rastlamış. Bu mezun ona

"Yale'de kuracağınız yeni vakıf için ben de katkıda bulundum" demiş. Bay Buckley'nin cevabı, "Vakıf mı? Ne vakfı?" olmuş.

Anlaşılan o ki Bay Buckley yaptığımız konuşmayı hatırlamamış. Ya da o bana bir şey söylemiş, ben onu başka bir şey anlamışım. Belki de benim o dergiyi yeniden canlandırmak istediğimi düşündü sadece. Ama artık bunun bir anlamı kalmamıştı. Yayını kesilmiş dergiyi ve onu Yale'de tekrar çıkarmayı konuştuğumuzu hayal meyal hatırlayabilmiş. Asansördeki kişiye de Yale'de yeni bir muhafazakar vakfın kuruculuğunu falan üstlenmediğini söylemiş. O noktada her şey anlaşılmış.

Verilen sözler gerçekleşmeden kaldı. Bay Buckley telefonlarıma çıkmadı. Hepsinden önemlisi ve benim için şok edici olan, Bay Buckley'nin evinde benimle birlikte olan ve en az benim kadar heyecan duyan arkadaşlarımdan yardım etmelerini, benim işittiklerimi onların da aynen işittiklerini doğrulamalarını rica ettiğimde imdadıma gelmemeleriydi. Bazı önemli insanlar arasındaki itibarım ciddi şekilde zedelendi. O kadar şişindikten sonra arkadaşlarımın arasında utanç verici bir duruma düştüm. Yetmedi, Yale'deki bir gazetede çalışan biri bütün bunları öğrendi ve beni ünlü ve büyük kişiler tarafından yaralanan, gökyüzünden yere atılan biri gibi tasvir etti. Oh olsun, hepsini gerçekten de hak etmiştim.

Dönüp geçmişe baktığımda, bu yaşadıklarımın bana çok yararı dokunduğunu görüyorum. Paha biçilemez dersler aldım. Bir kere, liderlik tarzımı değiştirecek adımlar atmaya başladım. Bir şeyler yapmak yeterli değildi. Bir şeyleri yaparken çevrenizdeki insanların da o işin içinde olduklarını hissettirmeliydiniz. Sadece sürecin değil, liderliğin de bir parçası olduklarını hissettirmek gerekiyordu. Birtakım taahhütlerde bulunulmuş olabilirdi. Ama konuyla müdahil olan herkes, taahhütlerin kapsamını tam olarak, net bir şekilde bilmiyorsa, o taahhütler, taahhüt olamazdı. Dünyanın özellikle de zengin ve güçlü insanların dünyasının ne kadar küçük olduğunu da öğrendim.

En önemlisi, kibrin bir hastalık olduğunu, gerçek arkadaşlarınızı ve onların neden önemli olduklarını size unutturabileceğini öğrendim. Niyetiniz ne kadar iyi olursa olsun çok fazla kendini beğenmişlik, başkalarının öfkesini çekebilir ve size haddinizi bildirme duygularını kabartabilirdi. Demem o ki, dağın zirvesine çıkarken alçakgönüllü olun. Başkalarının daha sizinle birlikte ve hatta sizden önce tırmanmasına yardım edin. Daha güçlü ya da daha ünlü biriyle tanışma düşüncesinin size, sahip olduğunuz en değerli tanıdıklarınızın, halihazırda tanıdığınız her seviyeden insanlar olduğunu unutturmasına asla göz yummayın. Çocukluğumdan beri tanıdığım ve benim için çok önemli olan kişilerle düzenli olarak bir araya gelmeye çalışıyorum. İlk akıl hocalarımın benim için ne anlam ifade ettiklerini ve bugünkü başarımda ne kadar büyük bir paya sahip olduklarını anlatmak için özel bir çaba sarf ediyorum.

YİRMİ DOKUZUNCU BÖLÜM

Mentorlar, Akıl Verecek Kişiler Bulun, Tekrarlayın

Öğretmek, yeniden öğretmektir.

–H. J. BROWN

Büyük müzisyenler bunu bilir. Profesyonel atletler ve dünyaca tanınmış büyük konuşmacılar da bilir. Hemen her alandaki başarılı insanlar da bilir ki yanı başlarında iyi bir mentor olmadan en iyisi olamazlar. Artık iş dünyası da bunun farkında. Dinamik, süratli ve akışkan bir ortamda, çapraz işlevsel ekiplerden kurulu düzleştirilmiş yani hiyerarşi ve bürokrasinin daha az olduğu şirketlerin değişime ivedilikle ayak uydurmaları gerekirken, mentorluk sistemi, her bir bireyden en iyisini elde etmek için en etkin stratejilerden biri olarak karşımıza çıkmaktadır.

Birçok şirket, bildiklerinizi paylaşmanın ve başka insanların öğretebileceklerini öğrenmenin akıllı yönetim taktiği olduğu noktasından hareketle resmi mentorluk programları geliştirmişlerdir. Biz de, çalışanların kariyer başarısı için ilişkiler geliştirmesine yardım ederek sirkülasyonu azaltabileceğimiz ve gelirleri artırmak için daha güçlü harici ilişkiler geliştirebileceğimiz düşüncesinden hareketle, FerrazziGreenlight olarak çeşitli firmalarla işbirliği yapıp bu tür programlar oluşturduk. Tarihi açıdan başarılı programlardan biri de 1997 yılında Intel'in New Mexico'daki en büyük çip üretim tesislerinden birinde hayata geçirilmişti.

Söz konusu geliştirmekten sorumlu olan kimseler, alışılagelmiş mentorluk kavramının ötesine geçmek, deneyim sahibi yöne ticilerle hırslı çalışanları ekipleştirmeyi amaçlayan klasik süreci kırmak istiyorlardı. Intel'dekiler, şirket çapında bir mentorluğun esaslı bir öğrenim ağı yaratacağını, insanları pozisyonlarıyla ya da kıdemleriyle değil talep edilen belli özelliklerini temel alarak eşleştireceğini düşünüyorlar. Şirket, intranet ve e-posta kullanarak bölümler arasındaki sınırları kırıyor. Bu sayede birbirlerine farklı beceriler öğretebilecek iki insanı bir araya getirerek bir ortaklık yaratmalarına ve daha iyi birer çalışan olmalarına yardımcı oluyor. Sistem, Intel'in en iyi uygulamaları kısa zaman zarfında global çapta yaymasını ve sektördeki en iyi ve en parlak çalışanlara sahip olmasını sağlıyor.

İş dünyası, çok şükür mentorluğun önemini anlamış bulunuyor. Mentorluk, üstat ve çırak arasında bir ömür süren bir alma ve verme süreci olup insanları birbirleriyle tanıştırmayı sevenlerin Kutsal Kase'sidir.

Tarihte hiçbir süreç, bilgi, beceri, akıl ve tanıdık alışverişi konusunda mentorluk kadar etkin bir rol üstlenmemiştir. Gençler, saygıdeğer ustalarının yanında çıraklık yaparak işi öğrendiler. Genç sanatçılar kendi tarzlarını, daha yaşlı ustalarının yanında yıllarca çalıştıktan sonra geliştirebildiler. Yeni rahipler, daha yaşlı rahiplerin yanında on yıl, kimi zaman daha uzun sürelerle bulunarak daha bilge, daha bilgili din adamlarına dönüştüler. En sonunda bu insanlar, başarı kazanmak için ihtiyaç duyacakları bilgiye ve bağlantılara sahip olarak kendi başlarına yürümeye başladılar.

Bizlerden daha bilgili olan insanların hayatlarını tahlil ederek ufkumuzu genişletiriz. Çocukken, yaşıtlarımın sahip oldukları yaz kampı, özel dersler gibi imkanların onları yeni insanlarla ve yeni şeylerle tanıştırdığını, benim ise bunlardan yoksun olduğumu görmüştüm. Hayatta başarı kazanmak için azim, keşfetme tutkusu, özgüven ve güçlü bir irade gerektiğini öğrenmem çok sürmedi. Uygun olan kişilere güvenmeyi de öğrendim. Bu kişiler babam ve onun tanıdığı, çevremizdeki daha profesyonel kişilerdi.

Annemle babam, tanıdıklarımız arasındaki en başarılı insanların nasıl çalıştıklarını, konuştuklarını ve yaşadıklarını gözlemlemeyi öğrettiler bana. Annemler, başkalarının hayatlarını nasıl sürdürdüklerini izleyerek nasıl yaşamam gerektiğini öğrenebileceğimi söylediler. Babam bütün bildiklerini öğretmek ve en iyi şekilde bakıp büyütmek için elinden gelen her şeyi yapıyordu. Ama benim çok daha bilgili olmamı istiyordu. Tüm babalar gibi ondan daha iyi olmamı arzuluyordu. Saygı duyduğu insanlarla ilişkiler geliştirmem için gerekli güveni bana veren, onlarla yakınlaşırken gurur ya da korku duymamamı sağlayan da yine babamdı.

Babamın mentorlara verdiği değerin nedeni herhalde, onun en sevdiği yazarlardan olan Damon Runyon olsa gerek. Altıncı sınıftayken okuldan atılan Runyon, dişiyle tırnağıyla çalışarak başarıya ulaşan azimli bir insandı. Runyon'un eşit derecede azimli karakterler hakkındaki şanstan uzak hikayeleri, babamı çok duygulandırırdı. Runyon'un en sevdiği sözü "Paraya her zaman yakın durmaya çalışın. Yeterince uzun süre yakın durursanız, belki birazı üzerinize bulaşır" idi. O nedenle, babamın benim kendisinden daha zengin, daha bilgili ve yetenekli insanlarla yakınlaşmamı istemesinde şaşırtıcı bir yan yoktu.

Daha on yaşımda bile olmadığım halde, komşularımıza daha yakın olmam için, evimizden aşağı giden tozlu yolda bisikletimle dolaşmam konusunda beni cesaretlendirişini unutamam. İlkokuldayken, babamın arkadaşlarından ve yerel bir avukat olan George Love ile tanışmıştım. Babam, banker Walt Saling'i sık sık ziyarete gider, giderken beni de götürürdü. Yanı başlarında oturur, Walt'a işiyle ve birlikte çalıştığı insanlarla ilgili yığınla soru sorardım. Okuldan eve döndüğümde babamla olağan turlarımıza başlardık. Kendilerinden bir şeyler öğrenebileceğim kişilere giderdik. Bu kişiler, yerel çimento tesisinin sahipleri ve babamın bir zamanlar yanlarında işçi olarak çalıştığı Toad ve Julie Repasky ya da bana Latince ve matematik dersleri veren Fontanella kız kardeşler olurdu. Kasabamızın bu sakinleri, bizim gibi bir işçi ailesi için şöhretli insanlar gibiydi. İyi eğitimli profesyonel insanlardı ve bu da öğretecek bir şeyleri olduğu anlamına geliyordu.

Babamın bakış açısından bakınca, herkesin öğretecek bir şeyleri mutlaka vardı. Haftada bir arkadaşlarıyla bir lokantada akşam yemeği için buluştuğunda beni de yanında götürürdü. Benden daha büyük ve tecrübe sahibi insanların yanında rahat olmamı, onların yardımlarını rica eder, onlara sorular sorarken çekinmememi isterdi. Babamla birlikte Cuma akşamları lokantadaki arkadaşlarının yanına gittiğimizdi arkadaşları "Pete [babamın adı] ve Re-Pete [arkadaşlarının bana taktığı lakap] de gelmiş" derlerdi.

O günleri büyük bir minnet ve özlemle anıyorum. Bugüne kadar her imkan bulduğumda öncü insanlarla, tepe yöneticilerle ve benimkinden daha farklı bir hayat süren kişilere yakın olmaya çalıştım, hâlâ da çalışırım.

Babamla Runyon'un bir şekilde birleştiği nokta, düşündüklerinden bile daha derin bir konuydu. Bugün yapılan araştırmalar onları haklı çıkarıyor. Kiminle birlikte olduğunuz, kaderinizi ve kim olacağınızı doğrudan etkiliyor. Harvard Üniversitesi öğretim üyelerinden Dr. David McClelland, toplumumuzdaki en başarılı kişilerin niteliklerini ve karakteristik özelliklerini araştırdı. Gördü ki, birlikte olduğunuz insanlar, yani hangi referans grup ile birlikte takıldığınız, gelecekteki başarı ya da başarısızlıklarınızı belirleyen önemli bir faktördür. Başka bir ifadeyle, birbirine bağlı insanlarla olursanız, siz de bağlanırsınız. Başarılı insanlarla birlikte olursanız, sizin de başarılı biri olma ihtimaliniz güçlenir.

Kariyerimin başlarında yaşadığım bir tecrübe, mentorluğun ne kadar önemli olabileceğini göstermişti. İşletme okulundaki ikinci yılımdan önceki yazın sonlarına doğruydu. Muhasebe ve danışmanlık firması Deloitte and Touche'ta yaz boyunca staj yapmıştım. Firma, her sene olduğu gibi o sene de stajyerleri için geleneksel yaza veda partisi düzenliyordu. Ülkenin dört bir yanından stajyerler partiye katılmışlardı.

Köşede, kadeh sesleri ve kibar sohbetlerin ortasında bir grup iş ortağının yaşlı bir personelin etrafında kümelendiğini gördüm. Bu iri yarı, boğuk sesli, beyaz saçlı adam bütün ilgiyi üzerinde toplamıştı. Diğer stajyerler kendi rahat grupları içinde kalmayı ve patronlarıyla aralarına mesafe koymayı tercih etmişlerdi. Bense bu üst düzey kalabalığın içine daldım. Komşuları ziyaret etmek için bisikletimle yokuş aşağı gidişimden hiç farkı yoktu.

Dosdoğru, grubun ortasındaki adamın yanına gidip kendimi tanıttım ve ona "Siz kimsiniz?" dedim.

"Ben bu şirketin CEO'suyum" dedi. Sesinde, onu tanımayışımdan kaynaklanan bir yadırgama vardı. Bu esnada, adamın etrafındaki ortaklar muzipçe kıkırdanıp gülüyorlardı.

1.90 boylarında, geniş göğüslü ve çok dobra konuşan biriydi. Odayı varlığıyla dolduran türden bir insandı.

"Evet, sanırım sizi tanımam gerekirdi" diye karşılık verdim.

"Aynen öyle. Tanıman lazım gelirdi" dedi. Espri yapıyordu ve güç sahibi insanların birçoğu gibi samimiliğimden ve açık sözlülüğümden hoşlanmıştı. Adını söyledi: "Pat Loconto."

"Loconto, demek? Güzel bir Yahudi adı, öyle değil mi?"

Güldü. Bir süre çat pat İtalyanca konuştuk. Çok kısa sürede kaynaştık. Ailemizden ve geçmişlerimizdeki benzerlikleri paylaştık. Onun da babası ilk nesil İtalyan göçmenlerindendi. Babamın bana öğrettiği değerlerin aynısını babası ona öğretmişti. Pat'i aslında önceden de tanıyordum. Ama sadece ismen biliyordum. Saçmalık istemeyen, sert ve yorulmaz ama aynı zamanda iyi kalpli kişiliğini duymuştum. Bu nedenle de onu gördüğümde onu tanımanın kötü bir fikir olmadığını düşünmüştüm.

O partide yanına gidip ikimizin de benzer bir geçmişten geldiğimizi keşfetmemiz benim ona, onun da bana olan saygısını güçlendirdi. O sohbetimizden kısa süre sonra duydum ki benimle ve şirkette yaptığım stajla ilgili her şeyi araştırmış, öğrenmiş. O akşam Pat ve şirketin kıdemli ortaklarıyla sabahın ilk saatlerine kadar beraber takıldık. Olduğum gibi görünmeye çalıştım. Kendimi kasıp bildiğimden daha fazlasını biliyormuşum gibi yapmadım. Birçokları, kendinizden daha yukarıdaki kişilerle ilişki kurarken bunun aksini yapmak gerektiğini düşünür. Fakat işin aslı şu ki böyle yaparak ancak kendinizi salak durumuna düşürürsünüz.

Hatırlıyorum da annem ve babam bana böyle durumlarda daha az konuşmamı öğütlerlerdi. Ne kadar az konuşursan, o kadar çok şey dinlersin derlerdi. Konuşmalara ağırlığımı koymaya erken yaşlarda başlamıştım ve bunu bildikleri için böyle bir tavsiye veriyorlardı. Başkalarından bir şeyler öğrenmenin yolunun bu olduğunu söylerdi babam. "Sana ileride daha yakın bir ilişki kurmanda yardımcı olacak küçük ayrıntıları anlamaya, öğrenmeye çalış" derdi. Daha tecrübeli ve kıdemli birinden bir şeyler öğrenmek istediğinizi göstermenin en iyi yolu da aynıdır. İnsanlar gösterdiğiniz hürmeti görür ve gösterdiğiniz ilgiden mutlu olurlar. Bu tür durumlarda sessiz kalmaktan kastedileni tam olarak yaptığım ise söylenemez. Şirketin başarısını çok önemseyen bu yönetici grubuna bir sürü soru sordum, yazın gördüklerimden yola çıkarak öneriler getirdim ve parti boyunca onların yanında oldum.

Mentorluk, insanların egolarını kapıda bırakmalarını, başkalarının başarılarını kıskanmamayı, fırsat bulunduğunda yararlı ilişkiler kurmak için çaba göstermeyi gerektiren bir eylemdir. Partideki diğer stajyerler Pat'e ve diğer kıdemli yöneticilere çekinerek ve can sıkıntısı ile baktılar. (Onlarla ortak yanım nedir?) Dolayısıyla da mesafeli davrandılar. Kendi unvanlarına ve o üst düzey yöneticilerin unvanlarına baktılar ve kendilerini dışlanmış hissettiler. Böyle düşündükleri için de gerçekten dışarıda kaldılar.

MBA bitip de okuldan mezun olduğumda çeşitli şirketlerle iş görüşmeleri yaptım. Deloitte Consulting ile onların rakiplerinden McKinsey arasında bir tercih yapma noktasındaydım. McKinsey, danışmanlık şirketlerinin en iyisi olarak görülüyordu. Arkadaşlarımın çoğunun tercihi belliydi.

McKinsey ile görüşmem olan günden bir gün önce telefonum çaldı. Açınca, o tanıdık boğuk sesi işittim: "Teklifimizi hemen kabul et. Edersen, bu akşam New York'a gelip benimle ve ortaklarımızın bazılarıyla yemek yiyebilirsin." Karşılık vermeye fırsat bırakmadan "Ben Pat Loconto. Deloitte'a geliyor musun, gelmiyor musun bilmek istiyorum" dedi.

Pat'e biraz da huzursuz bir şekilde henüz nerede çalışacağıma karar vermediğimi, ama bu konuda bana yardımcı olacak bir fikrim olduğunu söyledim: "Dinleyin, hâlâ karar vermiş değilim. Gel gelelim, sizinle ve ortaklarınızla birlikte bir yemekte bir araya gelirsek, bundan sonraki süreçte nasıl bir karar vereceğim ve şirketin nereye gittiğine dair daha güzel fikir sahibi olabilirim."

Pat, "Teklifimi kabul etmezsen senle yemek falan yemem" dedi. Yine şaka yapıyordu. Bu sıradışı işe alma yöntemi nedeniyle onu biraz daha sevdim. Şunları söyledikten sonra telefonu kapattı: "Peki. Kalkıp New York'a geliyorsun. Merak etme, yarın sabahki görüşmene gitmene mani olmayacağız." İyi de görüşmeye gideceğimi nereden biliyordu ki?

Kendimi Pat ve birkaç ortağıyla birlikte, Manhattan'da en sevdikleri İtalyan restoranı olan Grifone'da buldum. İçkiler kadar şakalar ve takılmalar da sert ve keskindi. Şişelerce şarap ve üstüne birkaç kadeh konyak içtik. Yemeğin sonuna doğru Pat, hayli şok edici bir tirada başladı.

"Bana bak, sen kendini ne sanıyorsun? Keith Ferrazzi, McKinsey'nin çok mu umurunda sence?" Cevap vermeme imkan bırakmadan sözlerine devam etti: "McKinsey'in CEO'sunun seni tanıdığını mı düşünüyorsun? Oradaki kıdemli ortaklardan herhangi birinin bir pazar akşamı kalkıp senle yemek yiyeceklerine inanıyor musun? Arada kaynamış gitmiş, sayılarla boğuşan diğer MBA mezunları arasında sen de kaybolup gidersin. Ama biz seni önemsiyoruz. Bu şirkette başarılı olmanı istiyoruz. En önemlisi de, şirketimizde bir farklılık yaratabileceğini düşünüyoruz."

Pat ısrarla teklifi kabul edip etmediğimi öğrenmek istiyordu. Hamlesi çok etkileyiciydi. Hemen o anda içgüdülerim bana haklı olduğunu söyledi. Haklıydı, biliyordum. Ama o akşam yemeğini küçük de olsa bir karşı hamle yapmadan bitirmeyecektim.

"Bakın, sizinle bir anlaşma yapalım" dedim. "Teklifinizi kabul edersem sizden bir isteğim olacak. Deloitte'ta çalıştığım süre zarfında yılda üç kere bana bu restoranda akşam yemeği ısmarlayacaksınız. Kabul ederseniz ben de kabul ediyorum."

Gözümün içine baktı ve kocaman bir tebessümle gülümsedi: "Harika, Deloitte'a hoş geldin."

O anda, kendisinden biraz daha fazla ücret istedim. Kafasını sallayıp güldü. Sormaktan bir zarar gelmez. Olabilecek en kötü şey, "Hayır" yanıtı almaktır. O restoranda üç saat vakit geçirdik. Üç saatin sonunda bu adam; yapacağım iş, alacağım unvan veya ücretim hakkında tek kelime etmek bir yana, nasıl bir fark yaratmamı beklediklerine dair hiçbir ipucu vermediği halde, hayatımın en önemli kararlarından birini vermemi ve Deloitte'ta işe başlamamı sağlayacaktı.

Doğrusunu söylemek gerekirse, başlarda hâlâ bazı kuşkularım vardı. Doğru tercihi yapıp yapmadığımdan tam olarak emin değildim. Deloitte, danışmanlık veren şirketler arasında küçük firmalardan biriydi. İtibar bakımından McKinsey'nin gerisinde yer alıyordu.

Fakat ne kadar doğru bir tercih yaptığımı sonradan anladım. Hatta bunun hayatımın en iyi seçimi olduğunu söyleyebilirim pekala. Öncelikle, Deloitte Consulting firmasını tercih ettiğim için daha fazla sorumluluk verdiler. Sonraki sekiz yıl içinde danışmanlık konusunda, pek çok insanın yirmi yılda öğrendiğinden çok daha fazla şey öğrendim. İkinci olarak, kıdemli ortaklara ulaşabiliyordum ve bu da fark yaratmamı sağlayan bir unsurdu. Üçüncüsü ve en önemlisi, bana mesleki anlamda mentorluk yapacak tecrübeli bir büyüğüm vardı. Sizi bir birey ve profesyonel olarak yetiştirmek için zaman ve çaba harcamaya istekli böyle birini bulmak, sadece maaş veya itibara dayalı kariyer kararları vermekten çok daha önemli bir kazanımdı.

Ayrıca, o dönem para önemli değildi. Hani bir söz vardır, yirmilerinde öğrenirsin, otuzlarında para kazanırsın der. Çok şey öğrendim gerçekten de. Her yıl Pat ile birlikte Grifone'da en az üç akşam yemeği yedik. Deloitte'ta çalıştığım süre boyunca ne zaman kendisiyle konuşmak istesem CEO'm beni dinledi. Ortaklarına benim hakkımda sorular sorardı. Benimle yakından ilgilendi ve her şeyin yolunda gidip gitmediğini dikkatle takip etti.

Pat ile ve Deloitte'taki diğer harika insanlarla çok yakın çalıştım. Bu yakın çalışma bana büyük insanlarla ve büyük hocalarla kendi aranda bir bağ kurmanın önemini öğretti. Pat ile ve onun sağ kolu Bob Kirk ile çalışmak hiç kolay değildi. Bana odaklı davranmak konusunda büyük dersler öğrettiler. Cesurca fikirlerin yeterli olmadığını, fikri uygulamaya geçirmek gerektiğini; ayrıntıların kuramlar kadar önemli olduğunu; insanların, ama sadece sizden daha yüksek mevkilerdeki insanların değil, tüm insanların her şeyin önünde geldiğini bana onlar öğretti. Pat beni birkaç kere işten kovabilirdi. Ama öyle yapmadı. Beni, istediği gibi bir yönetici ve daha da önemlisi lider yapmayı tercih etti. Böylece hem şirket kazanacak, hem de mentorum olarak kendisi de başarılı olacaktı. Pat ile aramızdaki ve aslında her mentorluk ilişkisinde başarıyı getiren iki temel bileşen vardır. Pat bana rehberlik yapmayı kabul etti. Çünkü, ben de karşılık olarak bir söz vermiştim. Bana aktardığı bilgiyi onun ve şirketinin başarısı için kullanmak adına durmaksızın çalıştım. Birlikte her türlü faydanın da ötesine geçen bir durum yarattık. Pat beni sevmişti. Gelişimime duygusal anlamda yatırım yaptı. Beni düşünüyor, özel bir ihtimam gösteriyordu. Başarılı bir mentorluk için esas unsurlardan biri de buydu. Başarılı mentorluk ilişkilerinde fayda ve duygu iki eşit bileşendir. Birine gidip "Bana şahsi olarak yatırım yapar mısın?" diyemezsiniz. İşin içinde bir karşılıkta bulunma olması gerekir. Karşılık olarak belki çok çalışmanız gerekir, belki sadakat. Birinin size yatırım yapmasını ancak bu şekilde sağlayabilirsiniz. Sonra, süreç işlemeye başladığında mentorunuzu koça dönüştürmeniz gerekir. Sizin başarınız az ya da çok, onun başarısı olur. Pat'e çok şey borçluyum. O olmasaydı bugünkü durumuma gelemezdim. Tabii başka insanların da emeği büyük. En başta annem ve babam, Kiski School'dan Jack Pidgeon ve "amcam" dediğim Bob Wilson... Ayrıca bu kitapta adları geçen birçok kişi ve adları geçmese de kendimi çok yakın hissettiğim onlarca insan...

Fayda anlamında ilk yapmanız gereken, yardım talep eden değil, teklif eden taraf olmaktır. Bilgisine ihtiyaç duyduğunuz biri varsa, o kişiye yararlı olmanın yollarını bulun. İhtiyaçlarını düşünüp onlara ne şekilde yardım edebileceğinizi araştırın. Belli bir konuda yardımcı olamıyorsanız, üye oldukları hayır derneklerine, şirketlerine ya da mensubu oldukları topluluklara, cemaatlere katkıda bulunmanız da mümkün. Mentorlarınıza, en başta, emeklerinin karşılığı olarak sizin de bir şeyler yapacağınızı söylemelisiniz. Pat, yılda üç kere benimle yemek yeme fikrini düşünmeden evvel, Deloitte için kendimi adayarak çalışıp çalışmayacağımdan emin olmak durumundaydı. Kendimi kısa sürede güvenilen bir kişi durumunda bulmam, sonrasında Pat ile arkadaşlığımızı ilerletmemiz hep bu sayede gerçekleşti.

Yardım edebileceğiniz bir konu bulamıyorsanız, o kişiyle temas kurarken sağduyulu ve makul bir yaklaşımı benimsemelisiniz. Neredeyse hemen her gün, gençlerden e-posta alıyorum. Çok keskin ifadeler kullanıyorlar. Mesela "Ben bir iş istiyorum" ya da "Sanırım bana yardım edebilirsiniz. Bana mentorluk yapın" diyorlar. Gençlerin süreci ne kadar yanlış anladıklarını görünce ürperiyorum. Benden yardım isteyeceklerse ve karşılığında bir yardım önermiyorlarsa, hiç değilse kendilerini bana sevdirmeye, bende sempati uyandırmaya çalışsınlar. Bana neden özel olduğunuzu söyleyin. Ortak bir yanımız mı var, anlatın. Teşekkürlerinizi, heyecanlarınızı ve coşkularınızı ifade edin.

Sorun şu ki bu insanlar çoğunlukla daha önce bir mentordan feyiz almamışlar ve sürecin nasıl işlediğine dair sınırlı bir görüş alanları var. Bazıları akıl hocalığından yararlanabilecek çok az sayıda insan vardır ve o kişiye ulaşmak çok ama çok zordur diye düşünürler. Gel gelelim, babamın da bana öğrettiği gibi akıl hocaları aslında her yerdedir. Akıl hocanızın patronunuz hatta sektörünüzden biri olması bile gerekmez. Akıl hocalığı hiyerarşik düzenden uzak bir sistemdir. Meslek yaşamlarında büyük dönüşümler yaratabilir ve bütün organizasyonel seviyeleri aşabilir.

Bir CEO da bir müdürden bir şeyler öğrenebilir, bir müdür de CEO'dan bir şeyler alabilir. Bazı akıllı şirketler bu gerçeğin farkında olduklarından çeşitli programlar uygularlar. Yeni işe alınan kişiler, bu firmalarda mentorluk yapar. İşe alındıklarından bir ay sonra bu yeni elemanlara izlenimlerini yazıya dökmeleri söylenir. Bunda amaç, yeni gözlerin eski sorunları daha iyi görebileceği ve başkalarının getiremeyeceği yenilikçi öneriler sunabileceği fikridir.

Aslına bakarsanız, mentorluk yaptığım insanlardan çok şey öğrendim. Bu insanlar, düzenli olarak yetenek ve becerilerimi güncelleme imkanı yaratırken, dünyayı da daha taze bir bakışla görmemi sağladılar.

Yukarıya giden yolda ilerlerken, arkaya bakmayı ve geriden gelenlere yardım elinizi uzatmayı unutmayın. Gençlere yardım etmeye her zaman özen göstermişimdir. Bu gençlerin çoğu sonunda bir şekilde benim için çalıştılar. Ya stajyerim ya da personelim oldular. Paul Lussow, Chad Hodge, Hani Abisaid, Andy Bohn, Brinda Chugani, Anna Mongayt, John Lux, Jason Annis ve daha birçokları...

İlk başta konuyu anlayamayanlar oluyor. Şaşkın şaşkın soruyorlar: "Yaptıklarınızın karşılığını size nasıl ödeyebilirim?" Onlara diyorum ki: "Zaten şu anda ödüyorsunuz." Samimi bir teşekkür ve öğrendiklerini uyguladıklarını görmek bana yeter.

Brinda'nın Deloitte içinde yükselişini, Hani'nin şirketlerimden birine ortak olup sonra kurduğum bir başka şirkete geçişini, Chad'in Hollywood'daki en başarılı genç yazarlar arasına girişini, Andy'nin Hollywood'da oyunculuğa başlamasını ya da Paul'ün Wharton'a katılmasını görmekten duyduğum mutluluk ve heyecanı kelimelerle anlatamam. Daha da mutluluk vereni, kariyerlerine belli bir noktaya geldiklerinde kendilerinin de akıl hocalığı yapmaya başlamalarıydı.

Bu süreç, son derece güçlü ve önemli bir süreçtir. Bu nedenle ona saygı göstermeli ve zaman ayırmalısınız. Karşılığında, vermiş olduğunuz bütün tavsiyelerin değerini kat be kat aşacak şeyler, mesela coşku, mesela güven, empati alacak, cesaret bulacaksınız.

Akıl hocalığını ciddiye alırsanız ve ona hak ettiği zamanı ve enerjiyi ayırırsanız, kendinizi çok geçmeden, Intel'in kullandığından daha farklı bir öğrenim ağı içinde bulursunuz. İnsanlardan meydana gelen kuvvetli bir ağ içinde bir yandan usta, bir yandan çırak rolünü oynarken eşzamanlı olarak öğretir ve öğrenirsiniz. Bunun da sonucunda hayal bile edebileceğinizden çok daha fazla bilgi sahibi olursunuz.

BİR ÜNLÜNÜN PROFİLİ

Eleanor Roosevelt (1884-1952)

"İnsanlarla ilişki kurmak, ilkelerinden ödün vermeyi değil onları geliştirmenizi sağlamalıdır."

İnsanlarla ilişki kurmayı genel anlamda, arkadaşlık ile misyonu birleştirmek olarak tanımlarsak, bu durumda First Lady Eleanor Roosevelt'in yirminci yüzyıldaki en iyi uygulamacılardan birini olduğunu rahatlıkla söyleyebiliriz. Otobiyografisinde Roosevelt şöyle yazıyor: "İş amaçlı olarak bir araya gelmek, arkadaşlıklar kurmanın ve dost kalmanın en tatminkar yollarından biridir. Uluslararası Çalışan Kadınlar Kongresi ve Barış ve Özgürlük Uluslararası Kadınlar Birliği (WILPF) gibi zamanımızın en önemli toplumsal davaları uğruna faaliyet gösteren gruplar sayesinde Roosevelt çok sayıda dostla ve birkaç da düşmanla tanıştı.

Roosevelt, kişisel çevresini çetrefilli toplumsal konularla uğraşırken kullanmak konusunda ürkek biri değildi. Mesela, kadınların işyerlerindeki hakları için mücadele verdi; işçi sendikalarına girmelerini ve hakkaniyetli bir ücret almalarını sağladı. Bugün bunlar kimseye garip gelmiyor. Fakat 1920'lerin sonlarında ve 1930'ların başlarında pek çok Amerikalı, Büyük Bunalım sırasında, evlerine ekmek götüren erkekleri işlerinden ettikleri için kadınlara *kızgındı.*

Roosevelt, demokrasi içinde yaşamanın güzelliğini ve bunun getirdiği ödevi inanılan şeyi sonuna kadar savunmak olarak tanımlıyordu. Roosevelt bir yandan arkadaşlarınızın ve meslektaşlarınızın güvenini ve hayranlığını kazanırken bu savunmayı da yapabileceğinizi kanıtlamış canlı bir örnekti. Ayrıca, bazen davanızı savunurken *karşısına* dikilmeniz gereken kişilerin de arkadaş ve meslektaşlarınız olabileceğini kanıtlamıştı.

1936 yılında, büyük oranda Eleanor Roosevelt'in sayesinde Marian Anderson adındaki opera şarkıcısı, Beyaz Saray'da şarkı söyleyen ilk siyahi insan oldu. Ancak Anderson'ın Beyaz Saray'a girişi sıradışı bir olaydı. Anderson, gişe hasılatları açısından ülkenin en başarılı üçüncü sanatçısıydı. Gel gelelim, yaşadığı çağa hakim olan ırkçı önyargılardan o da nasibini alıyordu. Başarısı ona bir ayrıcalık kazandırmıyordu. Seyahat ederken, "renkli"lere özel bekleme odalarında oturuyor, otellerde kalıyor ve vagonlarda gidiyordu. Amerika'nın güneyinde yayımlanan gazeteler, ona nadiren "Bayan Anderson" derlerdi. Daha çok "Sanatçı Anderson" ya da "Şarkıcı Anderson" diye bahsederlerdi.

1939'da Anderson'ın menajeri ve Howard Üniversitesi birlikte başkentteki Constitution Hall'da bir konser ayarlamaya çalıştı. Salonun sahibi olan Amerikan Devriminin Kızları (Daughters of American Revolution–D.A.R.) örgütü konsere izin vermedi. Örgütün üyelerinden biri olan Roosevelt, bu durumu protesto etmek için anında ve kamuoyuna duyurarak istifa etti. D.A.R. örgütüne yazdığı mektupta şöyle diyordu: "*Büyük bir sanatçının Constitution Hall'da konser vermesini reddederken takındığınız tavra kesinlikle katılmıyorum... Çok coşkulu bir şekilde önderlik etme fırsatınız vardı. Bana öyle geliyor ki örgütünüz başarısız olmuştur.*"

Bayan Roosevelt, Anderson için Lincoln Anıtı'nın basamaklarında bir konser tertip etti. Konser 9 Nisan 1939'da yani Paskalya Pazarı'nda gerçekleştirildi. Konsere 75 binin üzerinde kişi iştirak etti.

Evet, sadakat önemlidir. Fakat, ilkelerinizden ödün vermenizi gerektirdiğinde önemini kaybeder.

Eleanor Roosevelt'in yurttaşlık hakları konusundaki konumu bugün hiç de aşırıymış gibi gözükmese de, bunların telaffuz edildiği zamanlar için toplumun kabul edebileceğinin çok ilerisindeydi. Bütün bunlar, 1954 yılındaki "Brown, Eğitim Kuruluna Karşı" olarak bilinen davada Yüksek Mahkeme'nin "ayrı ama eşit" doktrininin reddetmesinden yıllar önce olup bitti.

Bayan Roosevelt, toplumsal konularda öne çıkıp fikirlerini her söyleyişinde, zencilerin kilisesinde ya da bir sinagogda hoşgörü üzerine her konuştuğunda, hatta o sıralarda yeni kurulmuş ve tartışmalı İnsan Hakları Evrensel Bildirgesi'ni kabul etmiş olan Birleşmiş Milletler'de delege olarak yer aldığında arkadaşları tarafından terk edildi. Akıntıya karşı kürek çektiği için sert şekilde eleştirildi.

Yine de bu büyüleyici kadın sebat etti ve ilerlemeci bir gündem oluşturulmasında başarıyla rol oynadı. Bize çok önemli bir miras bıraktı. Ona hepimiz borçluyuz. Eleanor Roosevelt'ten ne öğrenebiliriz? Konu sadece başkalarıyla ilişkiler kurmaktan ibaret değildir. Hepimiz insanları bir araya getirme çabalarımızın, dünyayı daha iyi bir yere dönüştürme çabalarımızla uyum içinde olmasını da sağlamalıyız.

İlkelerin rehberliğinde ilerliyorsanız, elbette bazı fedakarlıklar da yapmanız gerekebilir. Fakat insanlarla yakınlaşma çabanızın sizi değerlerinizden fedakarlıkta bulunmaya zorlamasına asla izin vermemelisiniz. Akıllıca seçilmiş iş arkadaşları ve dostlarınızdan oluşan bir çevreniz varsa, inandığınız davalar uğruna daha etkili mücadeleler yürütebileceğinizi unutmamalısınız.

OTUZUNCU BÖLÜM

Denge Masalı

Denge, bir masaldır.

Bir günlük programıma bakarsanız, alışılagelmiş standartlara göre bunun dengeli bir program olduğunu söylemeniz imkansızdır. Gelin sıradan bir güne birlikte bakalım. Pazartesi: Saat sabahın dördünde uyandım. New York'taki ekibimle telefon görüşmeleri yaptım. Sonra telefonla birkaç saat daha çeşitli kişileri arayıp, adaylığını açıklayan bir arkadaşım için bağış toplama etkinliğinin organizasyonuyla uğraştım. Saat sabahın yedisinde, Portland, Oregon'a uçmak için havaalanındaydım. Yeni bir müşteriyle tanışmaya gidiyordum. (Bu arada iki cep telefonum çalıp duruyordu ve ben elimde BlackBerry kısa e-postalar gönderiyordum. Dizüstü bilgisayarım da elimin altındaydı.) Toplantıdan sonra arabamla Seattle'a dönerken ve elimde yine telefon, bu akşam, yarın ve sonraki hafta için toplantılar ayarlamaktaydım. Asistanımla sürekli temas halindeyim. Bir ay içinde vereceğim büyük yemekli partinin davetiyeleriyle uğraşıyorum. Seattle'da, Bill Gates'in CEO'larla bir araya geleceği bu seneki konferansı düzenleyen arkadaşlarla akşam yemeği yiyeceğim. Sonrasında bazı dostlarla birkaç kadeh bir şeyler içeceğim. Yarın yine dörtte kalkacağım ve aynı şekilde çalışacağım.

Arkadaşlarımın, şakayla karışık "Ferrazzi Zaman Dilimi" olarak adlandırdığı bölgeye hoş geldiniz. Burada iş güç durmak bilmez ve insanlığın o bildik telaşı nefes almadan sürer gider.

Böyle bir programı görünce insanın aklına çok önemli bazı soruların gelmemesi mümkün değil: Böyle hayat mı olur? Böyle çalışan birinin iş ve özel hayatı arasında denge kurması söz konusu olabilir mi? Ve siz, Tanrı esirgesin, başarılı olmak için Ferrazzi temposuyla çalışmaya mecbur musunuz?

Cevaplar şöyle: Evet, böyle bir hayat elbette olur, ama o hayat benim hayatımdır. Evet, dengeyi bulabilirsiniz, ama sadece kendi dengenizi... Ve hayır, çok şükür böyle yapmak zorunda değilsiniz.

Benim için, ilişkilerden gücünü alan bir kariyerle ilgili en güzel şey, bunun aslında bir kariyer filan olmamasıdır. Bu, bir yaşam tarzıdır. Yıllar önce gördüm ki, insanlarla ilişki kurmak bir tür dünyaya bakış yöntemiydi. O şekilde düşünüp hareket ettiğimde, hayatımı profesyonel ve kişisel olarak ikiye ayırmanın artık gereksiz olduğunu anladım. Her iki boyutta başarının temel koşulu diğer insanlar ve onlarla aranızdaki ilişkiydi.

Bu insanların aile üyeleri, iş arkadaşları ya da dostlarımız olması fark etmez. Gerçek ilişki kurma olgusu, her ilişkiye aynı oranda değer katmayı şart koşar. Netice itibariyle, iş hayatımdaki mutlulukla özel hayatımdaki mutluluk arasında artık bir ayrım yapma mecburiyeti kalmadı. Bunların ikisi de benim parçam, ikisi de benim hayatım.

Hayatımın anahtarının, onun içindeki ilişkiler olduğunu ayan beyan gördüğümde, artık işi ailemden ya da dostlarımdan ayrı tutmaya da gerek kalmadığını anladım. Doğum günümü bir konferansta, çevrem sıcak ve harika dostlarla kuşatılmışken geçirebilirim pekala. Nitekim, geçenlerde aynen böyle bir doğum günü kutlaması yaptık. Veya aynı derecede yakın arkadaşlarımla New

York'ta ya da Los Angeles'taki evimde de doğum günü kutlaması yapabilirim. Hiç fark etmez.

Bir yarısından alacağınız saatleri öteki yarısına aktarabileceğiniz, bir tür denklemi çağrıştıran o baştan sona hatalı denge fikri pencereden uçup gideli çok oluyor. Onunla birlikte, çokça duyup okuduğumuz o mükemmel denge durumuna ulaşma stresi de sona ermiş bulunuyor.

Denge parayla alınmaz, satılmaz. Empoze edilemez. Denge, bir bakış açısı, bir mantalitedir. Tıpkı genetik kodumuz gibi kişiye özeldir. Mutluluğu nerede buluyorsanız, denge de oradadır. Benim eksantrik programım, benim işimi görüyor ama herhalde başka birinde sonuç daha farklı olurdu. Mesleki ve özel hayat arasındaki sınırların bulanıklaşması herkese uygun değildir. Önemli olan, başkalarıyla ilişki kurmayı bir hedefin başarılmasına yönelik kurnazca bir yol olarak değil, bir yaşam biçimi olarak görmek gerektiğidir. Dengeyi yitirdiğinizde bunu anlarsınız çünkü aceleci, kızgın ve mutsuz olursunuz. Dengeyi bulmuşsanız, o zaman mutlu, coşkulu ve minnettar olursunuz.

Zamanı kullanmak için kendi yönteminizi oluşturmaya çalışmaktan korkmayın. Başkalarıyla yakınlaşma, irtibat kurma şekliniz, kocaman bir gorili yeme şeklinizle aynı olmalıdır: Her ısırışta küçük bir lokma.

Hepimizin tek bir hayatı vardır. O hayat ise birlikte yaşadığımız insanlarla şekillenir.

Daha Çok İnsan Daha Çok Denge

Benim de bir zamanlar inandığım gibi siz de denge masalına inanıyorsanız (hayatı denklem gibi görenlerdenseniz yani), "Madem o kadar başarılıyım, neden daha fazla eğlenmiyorum?", "O kadar düzenliysem, neden kendimi bu kadar kontrolsüz hissediyorum?" gibi soruların yanıtları hayatının en temel bileşenlerini "basitleştir", "kategorize et" ve "azalt"tır.

Öğle yemeklerimizi masamızda yiyerek zaman kazanmaya çalışıyoruz. Mutfağa su içmeye gittiğimizde arkadaşlarla, misafirlerle ya da diğer insanlarla daha az sohbet ediyoruz. Takvimlerimizi birleştirerek sadece en önemli şeyleri kapsamasına uğraşıyoruz.

İnsanlar bize şöyle der: "Daha düzenli olduysan, iş ve ev arasında bir denge kurmuşsan, kendini hayatındaki *önemli* insanlarla sınırlıyorsan, daha mutlu olursun." Çok yanlış bir düşüncedir bu. Bunun yerine şunu söylemek gerekir: "Sevdiğim insanların doldurduğu bir hayatım olmalı." Benim görebildiğim kadarıyla sorun ne iş yaptığınız değil, kiminle çalıştığınızdır.

İşinizden nefret ediyorsanız hayatınızı da sevemezsiniz. İnsanların büyük kısmı işlerinden, sevmedikleri kişilerle çalışmak zorunda kaldıkları için nefret etmektedir. Başka insanlarla ilişki kurmak, sizi yeni ve heyecan verici işlere götürecek fırsatları iki-üç katına çıkarır.

Günümüz dünyasında sorun, hayatımızda çok fazla insan olması değil, tersine, yeterince insan olmamasından kaynaklanıyor. *Refrigerator Rights: Creating Connections and Restoring Relationships* adlı kitaplarında Dr. Will Miller ve Glenn Sparks, artan hareketliliğimizin, Amerikalıların bireyselciliğe yoğun şekilde vurgu yapmalarının ve medyanın aşırı düzeyde kafa karıştıran mesajlarının bizlere görece yalıtılmış hayatlar yaşattığını savunuyor.

Kaç kişi evimize girip buzdolabını açıp keyfince içeride ne var, ne yoksa karıştırabilir? Pek az kişi. İnsanlar, "buzdolabı karıştırabilecekleri ilişkiler"e ihtiyaç duyuyorlar. Daha açık belirtmek gerekirse, birinin mutfağına girip buzdolaplarını sormadan açıp içine bakabilecekleri, canlarının istediğini alıp yiyebilecekleri, rahat, resmiyetten uzak ve samimi ilişkiler istiyorlar. Bizleri mutlu, dengeli ve başarılı yapanlar da bu türden yakın ilişkilerdir.

Amerika'nın bireyselcilik merakı, başkalarıyla temas kurma çabalarını sabote ediyor. İş stresi ve çalışan memnuniyetsizliği üzerine yapılan kıyaslamalı araştırmalar, bireyselciliğin ağır bastığı kültürlerden gelen insanların, "biz" duygusunun daha güçlü olduğu kültürlerden gelen insanlara göre daha yüksek düzeyde stres yaşadıklarını ortaya koyuyor. Yaşam standartlarımız ne kadar yüksek olursa olsun, zenginlik ve imtiyazlar, duygusal rahatlık durumu yaratmıyor. Araştırmalar, mutluluğun altındaki unsuru, "ait olma duygusu" olarak belirlemiş durumda.

Yalnız hayatlarımız başımıza sorun olduğunda, kendi kendine yardım vaat eden kitaplara yöneliyoruz. Ama ihtiyacımız olan şey kendi kendimize yardım etmek değil. Bu konuda iddialıyım. Bize gereken, başkalarının yardımı. Buna inanıyorsanız –ki inanacağınızı umuyorum– bu kitapta size söz konusu dengesizliğin panzehirini veriyorum. İnsanlarla ilişki kurmak pastamızı alıp yememizi sağlayan nadir bir şeydir. Bizler en sonunda kendimizi hem işimizin, hem hayatımızın, hem kendimizin, hem de başkalarının çıkarlarına hizmet ederken buluruz.

Oscar Wilde'ın çok isabetli şekilde söylediği gibi, sevdiğimiz bir işi yapıyorsak, hayatımızda bir gün bile çalışmış gibi hissetmeyiz kendimizi. Hayatınızı sevdiğiniz ve sizi seven insanlar doldurmuşsa, bir şeylerin dengesini ayarlayacağım diye kendinizi paralamanın artık bir anlamı kalmamış demektir.

OTUZ BİRİNCİ BÖLÜM

Bağlantı Çağına Hoş Geldiniz

Biz insanlar, sosyal canlılarız. Başkalarının yaptıkları sayesinde dünyaya geldik. Başkalarına muhtacız ve bizi bu dünyada ayakta tutan da budur. İstesek de istemesek de başkalarının yaptıklarından bir yarar görmediğimiz bir an neredeyse hiç yok gibidir. Bu nedenle, mutluluğumuzun esas kaynağının başkalarıyla ilişkilerimiz olmasında şaşırtıcı bir yan yoktur.

–DALAY LAMA

İnsanlarla ilişki kurmak için en uygun çağda yaşıyoruz. Toplumsal ve özellikle de ekonomik dinamikler her geçen gün daha fazla karşılıklı bağımlılık ve ilişkiler temeline dayanır hale geliyor. Başka bir ifadeyle, her şey ve herkes birbirine daha çok bağımlı hale geldikçe, biz de ilişkide olduğumuz her şeye ve herkese daha çok bağımlı hale geliyor, onlara daha çok ihtiyaç duyuyoruz.

Katı bireyselcilik on dokuzuncu ve yirminci yüzyılın büyük kısmında egemendi. Ama topluluk ve ittifaklar yirmi birinci yüzyıla hakim olacaklar. Dijital çağda, internetin coğrafi sınırları yıkıp geçtiği, dünyanın dört bir yanındaki milyonlarca insanı ve bilgisayarı birbirine bağladığı bir dönemde yalıtılmış bir halde yaşamak ve çalışmak mantıksızdır. Şunu artık anladık ki başarı, üstün teknolojilere ya da risk sermayesine bağlı bir şey değildir. Başarı, tanıdığınız kişilere ve onlarla nasıl çalıştığınıza bağlıdır. Başkalarıyla iyi ilişkiler içinde olmanın gerçek kazanım olduğunu yeniden keşfetmiş durumdayız.

Bu hayati noktayı yeniden öğrenmek için hayli sıkıntı çektik. Geçen on yıldaki bütün değişimler, gelip geçici bütün hevesler ve bütün teknolojiler insan faktörünü görmezden gelmeyi tercih etmişti. Bu da iş dünyasının insanları baytlardan ve birimlerden oluşan yaratıklarmış gibi görmelerine, insanı insan olarak kabul etmemelerine kapı açmıştı. İnancımızı teknolojik zamazingolara, süreçlere, yeni örgütsel yapılanmalara ve hisse senedi fiyatlarına bağlamıştık. Bunlar, vaatlerini yerine getiremediklerinde "biz"e, "sen ve ben"e dönüş yaptık.

Hayat, çalışmakla ilgilidir, çalışmak da hayatla ve her ikisi de insanlarla ilgilidir. Fütürist John Naisbitt şöyle diyor: "Yirmi birinci yüzyılın en heyecan verici başarısı teknoloji sayesinde değil, insanın değeri ve öneminin artması, daha iyi kavranması sayesinde olacak." Kişiler arası ilişkiler konusunda teknolojinin bize verebileceği bir alternatif yok. Tersine, bu ilişkileri geliştiriyor gibi görünüyor. Çevrenize bir bakın. Bir insan olmanın ne anlama geldiğine dair algılar genişliyor. Birbirimizle nasıl etkileşim kuracağımıza dair fikirler de öyle. Bütün bunları kendiniz de görebilirsiniz. İşte birkaç saptama ve gözlem:

- Bu aralar en gözde trend, insanlar arasındaki ilişkileri esas alan yazılımlar. Spoke Software, Plaxo, Ryze ve LinkedIn gibi çeşitli teknolojik araçlar sayesinde insanlar güven ve arkadaşlık bağlarıyla birbirlerine ulaşıyor. Bazıları buna toplumsal devrim diyor.
- Aynı fenomenin bir başka ayağını ise bloglar meydana getiriyor. Sağlam içerikli, tutku dolu insanların milyonlarca kişiye ulaşmasını sağlayan bloglar, hızlı bir şekilde büyüyor ve yayılıyor. Gelecekte, kişisel marka kavramının kendisini ekonominin ana unsurlarından biri olarak konumlandırıp yerini sağlamlaştıracağı günlerde bloglar, özgeçmişlerin yerini alacak.
- Toplumbilimciler, toplumsal ağların gücü hakkında çok çarpıcı keşifler yapıyorlar. Yeni yapılan araştırmalar, başka in-

sanlarla yakın ilişkiler içinde olan kişilerin daha uzun ve daha sağlıklı bir yaşam sürdüğünü ortaya koyuyor. İnsanların birbirleriyle temas halinde olduğu toplumlarda okullar daha iyi çalışıyor, suç oranları düşüyor ve ekonomik büyüme oranı artıyor. Kişisel ilişkiler kurarak insanları bir araya getirmek, bir kariyer stratejisi olmanın çok ötesine geçiyor ve Amerika'nın toplumsal ve şehir yaşamını iyileştiren en etkin yollardan biri olarak kabul ediliyor.

- Eski tip işçi sendikaları ve esnaf birlikleri yeniden canlanma belirtileri gösteriyor. İşlerin ABD dışındaki yerlerde dış kaynak kullanımı yoluyla yürütülmesi sürerken ve her birimiz günden güne serbest ajanlara dönüşürken, Amerikalılar, kendilerinden daha büyük bir oluşuma üye olarak güçleniyorlar. Artık sadakatimizi ve güvenimizi şirketlere değil kendi meslektaşlarımıza vermeyi tercih ediyoruz.

İleride bizi neler beklediğine dair birkaç öngörüyü bu şekilde sıralayabiliriz. Bağlantı ve toplum çağının kuruluş aşamalarını yaşıyoruz. Artık siz de bu ortamda başarıya ulaşacak bilgi ve beceriye sahipsiniz. Ama amacınız ne olacak? *Nasıl* başaracaksınız? Gerçek anlamda "bağlantılı" bir hayat sürmenin anlamı nedir?

Bazılarımız başarıyı gelir ve primler olarak algılayacaktır elbette. Bazıları ise tanınmaya başlanan biri olmayı veya sahip olduğu heyecan verici bir uzmanlığı başarı olarak tanımlayacaktır. Başkaları içinse başarı, verdikleri ihtişamlı partiler ya da ahbaplık kurdukları şahsiyetler olacaktır.

Fakat, böyle bir başarıda bir şeyler eksik olmayacak mıdır? Sizi seven bir aile ve güvenilir bir arkadaş çevresi olmadan sadece meslektaşlarınız ve müşterilerinizle mi yetineceksiniz?

Er ya da geç, şöyle ya da böyle, hepimiz bu soruları kendimize sorarız. Ayrıca, geçmişe dönüp bakar ve "Benim geride bırakacağım miras nedir?", "Hayatımı anlamlı kılmak için ne yaptım?" deriz.

General Motors, IBM ve Wal-Mart'ın son üç CEO'sunun adını kaçınız hatırlar? Aklınıza gelmiyor mu? Vatandaşlık Hakları Hareketi'nde yer almış üç önemli ismi hatırlamaya ne dersiniz? İnsanlar bu soru sorulunca genellikle altı ve üzerinde isim sayabiliyor.

Tanıdıklarınızı ve yeteneklerinizi en iyi şekilde kullanarak insanlar arasında köprüler kurmak, arkadaşlarınıza, ailenize, şirketinize ya da mensubu olduğunuz topluluğa, en önemlisi de dünyaya katkıda bulunmak demektir.

Nereye gittiğinizi ve en çok neye değer verdiğinizi size sorgulatan olaylar genelde komik olanlardır. Örneğin, gençliğimde kendime ait bir Brooks Brothers marka, yakaları düğmeli gömleğim olmasını çok isterdim. Annemin temizliğe gittiği evlerin çocuklarının eskilerini ve elden düşme gömleklerini çok giydim. Ama yepyeni bir Brooks Brothers gömleğim hiç olmamıştı. Brooks Brothers mağazasından içeri girdiğimi ve parasını verip *yeni* bir gömlek satın aldığımı hayal eder, o günün gelmesini iple çekerdim.

O gün sonunda geldi. Yirmili yaşlarımın ortalarındaydım. Brooks Brothers'da satılan en güzel ve en pahalı gömleği satın aldım. Ertesi gün işe giderken o gömleği giydim. Sanki Viktorya devrinden kalma, zümrüt işlemeli nadide bir kıyafet giyiyordum. Sonra gömleği yıkadım. Çamaşır makinesinden gömleği çıkarıyordum ki dondum kaldım! Gömleğin iki düğmesi kopup düşmüştü. Şaka yapmıyorum. Kendi kendime sordum sonra, bütün hayatım boyunca beklediğim şey bu muydu diye.

Tanınmış yazar ve konuşmacı Rabbi Harold Kushner'in bir keresinde çok bilgece ifade ettiği gibi "Ruhlarımız şöhrete, rahatlığa, servete ya da iktidara aç değildir. Bu ödüller çözdüklerine denk miktarda sorunları da beraberinde getirir. Ruhlarımızın açlık duyduğu şey, manadır. Hayatımızı nasıl yaşayacağımızı, böylece, bir önem arz etmesini sağlayan, bunun sonucunda da içinde yaşadığımız dünyayı biraz da olsa farklılaştıran manayı ararız hepimiz."

Kendi kendime, ruhumun hangi manayı aradığını sormam içinse pek çok düğmenin kopup düşmesi gerekecekti.

O zamanın gelmesi, kendi kişisel mini devrimim ile oldu. Devrimler bazen en umulmadık kahramanlarla ve en umulmadık yerlerde başlar. Kim derdi ki ufak tefek, aksanı bozuk bir Hintli bana hayata dair sıkı bir ders verecek? Ya da on gün boyunca, her şeyi bir anda yapmaya çalışmak yerine hiçbir şey yapmadan ve konuşmadan durmanın hayatımın akışını değiştirebileceğini kim tahmin edebilirdi ki?

Devrimimde ilk perde İsviçre'de katıldığım Dünya Ekonomik Forumu kapsamındaki bir konuşma ile oldu. Konuşmaya katılmak için insanlar kuyruk olmuştu. Konuşmanın başlığı "Mutluluk" idi. Salon dünyanın zengin ve güçlü insanlarınca hınca hınç doldurulmuştu. Demek ki düğmesini kaybeden başka insanlar da vardı.

S.N. Goenka adında kısa boylu, kalıplı ve son derece mesut görünen, işadamıyken guruluğa terfi etmiş bir adamın Vipassana adı verilen eski bir meditasyon yöntemi ile sağlığı ve mutluluğu nasıl bulduğunu dinlemek üzere toplanmıştık.

Goenka yavaşça podyumda yürürken bir saat boyunca dinleyicileri mest eden bir konuşma yaptı. Söyledikleriyle hepimiz kendi kafamızın içine taşındık ve yetersizlik, stres ve dengesizlik gibi görünüşte başarılı hayatlarımıza eşlik eden duygularla yüzleşmeye mecbur kaldık.

İş hakkında kimsenin ağzından tek kelime çıkmadı. Bilançolardan ya da nüfuzlu tanıdıklardan hiç bahsedilmedi. Goenka, mutluluğun ne kadar para kazandığımızla ya da parayı ne şekilde elde ettiğimizle ilgili olmadığını anlattı.

Gerçek huzuru ve uyumu bulabileceğimiz tek bir yer var. Orası da insanın kendi içi. İş konusunda çok ustalaşmış olsak da kendi düşüncelerimiz ve duygularımız söz konusu olduğunda ustalıktan çok uzaktaydık.

Goenka bize doğru soruları sormanın ve zihinlerimizin efendisi olmanın bir yolu olduğunu söyledi. O yol Vipessana idi. Bir tür meditasyon tekniği olup anlamı da "varlıkları oldukları gibi görmek" idi. İç huzuru için bir teknoloji de denebilirdi. Gerçekte kimse o kişi olmak için gereken cesareti bize verecek, korkuyu yüreğimizden silecek bir araçtı. Goenka on günlük zorlu bir kurstan bahsetti. Bu on gün boyunca mutlak sessizlik içinde uzun saatler boyunca gerilme hareketleri yapılması, kimseyle göz göze gelinmemesi, her günün sonunda öğreticilerle kurulan temas dışında kimseyle yazılı-sözlü temas kurulmaması zorunluydu.

Mutlu ve anlamlı bir hayat sürmek içimizde olan bir şeydi. Sadece doğru sorular sormamız ve zamanımızı bakarak ve dinleyerek geçirmemiz gerekiyordu.

Diğer yönetici arkadaşlarından kaç tanesinin Vipassana öğrenmek konusunda istekli olduklarını bilmiyorum ama Goenka'nın anlattıklarının bizi derinden etkilediği açıktı. En azından o an için işimizin ve hayatımızın bir anlam ve önem taşıması, bir fark yaratması için gereken güce sahip olduğumuzu bizlere hissettirmiş, ruhlarımızın söylediklerini dinlememiz durumunda mutlu olmayı öğrenebileceğimizi göstermişti.

Oradan tazelenmiş ve esin bulmuş olarak ayrıldım. Ama Vipassana'yı öğrenmem kesinlikle mümkün değildi. On gün boyunca konferans çağrıları veya önemli kişilerle yenen yemekler olmadan ve ağzımı açmadan susarak oturmam imkansızdı. On koca gün! Kesinlikle mümkün değildi. Bu süreyi yaratamazdım.

Sonra birden, istediğimden daha fazla zamanı buluverdim. Starwood'dan ayrılışımdan sonra hayatımda çok sayıda düğmenin eksik olduğunu, bulmam gerekli cevapların varlığını ve daha da önemlisi mutlu olmak istediğimi gördüm.

O dakikaya kadar on günlük bir içe bakış için zamanım veya cesaretim olmadığını düşünmüştüm. Ama en nihayetinde Vipassana kursuna başladım ve hayatımda belki de ilk defa yavaşlamayı ve gerçekten dinlemeyi öğrendim. Kurs, hayatım içerisinde yapmaya mecbur olduğum birçok şeyi –hepsini olmasa da– bir kenara atmayı başardım.

Tutkunuzu aramaya kendinizi adarsanız bu çabanın size ödül olarak bir sürü cevap getirmesini görerek şaşırabilirsiniz. Meditasyon sonunda ben de birtakım cevaplara ulaştım. Bu cevaplar, itibar ve para sahibi olma yolundaki arayışımı yeniden değerlendirme imkanı sunmakla kalmadı, şahsen en çok önem verdiğim konu olan insan ilişkileriyle ilgili olarak yeni bir değerlendirme yapmama zemin hazırladı.

Vipassana, insanın aklındaki sorulara net cevaplar bulmasının yegane yolu elbette değildir. Ama gerçekten kim olduğumuzu ve ne istediğimizi daha iyi kavramak istiyorsak diğer yollardan pek azı bir gereksineceğimiz zamanı ve boşluğu verebilir. Tanıdığım onca zeki ve yetenekli insanla birlikte nasıl oldu da hayatımı böyle çığırından çıkarmayı başardım? En önemli soruları kendimize sormaktaki beceriksizliğimiz yüzünden elbette. Tutkularınız nelerdir? Sizi gerçekten ne mutlu eder? Fark yaratmak için ne yapmalısınız?

Meditasyon kursunu bitirip hayatımın olağan düzenine döndüğümde kendimi şekerci dükkanındaki bir afacan gibi hissediyordum. Tanışmak ve yardımcı olmak istediğim sayısız insan vardı. Başarı arayışı, fark ettim ki, neyin başarmaya değeceğini bildiğinizde çok eğlenceli ve ilham verici olabilir.

Bize hayatı bir arayış, şansımız varsa sonunda bir mana, sevgi ve altın yıllarımızı güzelce yaşayabileceğimiz bir emekli maaşına sahip olacağımız bir yolculuk gibi görmeyi öğrettiler. Oysa bir nihayet, bir son durak yoktur. Arayış hiç bitmez. Nihai bitiş çizgisi görevi görebilecek ne bir maka vardır, ne Brooks Brothers gömleği ya da bir para miktarı... Bazı amaçların başarılmasının başarısızlık kadar hayal kırıklığı yaratmasının da nedeni budur.

Başkalarıyla yakın ilişkiler içinde sürdürülen bir hayat insanı farklı bir bakış açısına götürür. İnsanların birbirlerine sıkı bağlarla bağlı oldukları hayatlarda bakış açılarının zenginliği yaşanır. Bir bakış açısı, diğerine götürür. Hayat bir arayıştan öte, yama işi bir yorgana benzer. Başka insanlara kendi yollarını bulmaları için yardım ederiz. Bu cesurca yardım çabalarımızı birbirine yama işinin bir parçası gibi dikerken manayı, sevgiyi ve refahı da bulmuş oluruz. İlmek ilmek dokuduğumuz ilişkilerimiz, zarif ve sonsuz bir desene dönüşür.

Bu felsefeyi çok hoş bir şekilde anlatan bir konuşma vardı *How to Make an American Quilt* adlı filmde; şöyle diyordu: "Genç âşıklar mükemmeliyeti arar. Yaşlı âşıklar, parçaları birlikte diker ve yamaların çokluğundaki güzelliği görür."

Siz geriye ne bırakacaksınız? İnsanlar sizi nasıl hatırlayacak? Bu sorular, sadece yaşayıp gitmek değil bir fark yaratmak isteyenler için çok güvenilir ölçülerdir. Dünyanın en iyisi olmayı istemekte kötü bir taraf yoktur; yeter ki bunu isterken dünya için en iyisi olmayı istemeyi de unutmayın. Çünkü ikisi aynı kapıya çıkar.

Sevgi, dayanışma ve bilgi, kullandıkça küçülen banka hesapları gibi değildir. Yaratıcılık yaratıcılığı getirir, para parayı, bilgi daha fazla bilgiyi, daha çok arkadaş daha çok arkadaşı, başarı daha fazla başarıyı beraberinde getirir. En önemlisi de, vermek daha fazla vermek demektir. Dünyamız, ilişki kurma ilkeleri doğrultusunda hareket ediyor artık. Bundan dolayıdır ki, tarihin hiçbir döneminde bolluk yasası, içinde bulunduğumuz şu ilişkiler çağındaki kadar elle tutulur olmadı.

Hayatınızda şu anda bulunduğunuz konum ve bildiğiniz her şey, ömrünüz boyunca ister şahsen, ister kitaplar, müzik, e-posta ya da kültür yoluyla etkileşim içinde olduğunuz fikir, deneyim ve insanların bir sonucudur. Bolluğun daha fazla bolluğa götürdüğü durumlarda çetele tutmak gerekmez. O halde hemen bugünden başlayarak, hedeflerinize ulaşmanızda size yardımcı olacak isimlerle tanışmak ve gereken bilgi, deneyim ve kişileri bir araya getirmek üzere kolları sıvayın.

Ama önce kendinize karşı dürüst olun. İnsanlarla ilişki kurmak, bir şey almadan önce bir şey vermek için ne kadar zaman ayırabilirsiniz? Kaç mentorunuz var? Kaç kişiye mentorluk yaptınız? Neyi yapmaktan mutlu oluyorsunuz? Nasıl bir hayat sürmek istiyorsunuz? Kimleri yama işi yorganınızın bir parçası olarak görmek istersiniz?

Kendi deneyimlerime dayanarak söyleyebilirim ki alacağınız cevaplar sizi şaşırtacak. Belki de en önemlisi cevaplarınızda bir iş, bir şirket ya da yeni bir teknoloji değil, insanlar ağırlıklı olacak. Dünyayı yaşanılır bir yer kılmak, sevdiğimiz insanlarla birlikte çalışarak gayret göstermemize bağlı. Antropolog Margaret Mead'in bir keresinde söylediği gibi, "Küçük, azimli ve duyarlı bir grup insanın dünyayı değiştiremeyeceğini düşünmeyin sakın. Tam tersine, dünyayı değiştirmek için bu kadarı yeterlidir." Umuyorum ki bunu gerçekleştirecek donanıma sahipsiniz. Fakat bunu tek başınıza gerçekleştiremezsiniz. Bu işte hep birlikteyiz. Göstereceğiniz çabalarla gerçekten bir fark yaratabilirsiniz.

Yazarlar Hakkında

Ketih Ferrazzi pazarlama ve satış danışmanlığı şirketi FerraziGreenlight'ın kurucusu ve CEO'sudur. *Inc.*, *Wall Street Journal* ve *Harvard Business Review*'da yazıları yayımlanmaktadır. Kariyerinin başlarında Deloitte ve Starwood Hotels & Resorts'ta CMO olarak, YaYa Media'da ise CEO olarak görev yapmıştır.

Tahl Raz *Fortune Small Business* dergisinin editörüdür. *Inc.*, *Jerusalem Post*, *San Francisco Chronicle* ve *GQ*'da yazıları yayımlanmaktadır.